KB135302

강좌동양
철학사상

중국 유학의 전승은 하·은·주 3대 즉, 요·순·우·탕·문·무·주공의 문화를 계승한 공자는 체계적으로「오경」을 편찬하여 중국유학의 정초를 설립하였다. 공자제자 가운데 가장 학문적 적자라고 할 수 있는 사람이 바로 안자와 증자이다. 공자의 손자인 자사는 증자에게 수학하였고, 맹자는 자사 계통을 계승하였다는 점에서 볼 때, 안자, 증자, 자사, 맹자는 공자의 학통을 정통으로 이어온 셈이다. 따라서 유학은 진대에 와서 중국을 최초로 통일제국으로 만들려든 진 시황에 의해 학문적으로 가장 비참하고 참혹한 수난기를 겪게 되었다. 그것이 바로 서적은 모조리 불태워지고 신비들을 산채로 매몰시키는 끔직한 이변을 당하게 되었다. 그리하여 한대에 와서는 해재때 동중서가 국가의 유학부흥을 위해 왕에 올린 건의문에서 약간의 반영은 있었지만 겨우 유학의 명맥을 유지해 왔을 뿐이었다. 그리고 후한 말에 와서 인도에서 불교가 들어와 유학은 다시 빛을 보지 못한 채 훈고주석의 과정에서 밀려나고 말았다. 위·진·수의 삼국에 와서 불교의 교세에 어눌려 문사속에서 겨우 지엽적 역할만 하고 있을 뿐이었다. 그리고 당대에 와서는 불교가 중국 화 되는 격의불교 과정에서 숭불정치를 표방함에서 유학을 더욱 더 쇠퇴하게 만들었다. 그러자 한퇴지와 같은 명유가 나와 억불숭유를 천양하였지만 대세는 이미 도가와 불가사상으로 기울어져 갔다. 그리하여 유학은 송 대에 와서 다시 찬란한 황금기를 맞게 되었다.

|천병준 지음|

강좌동양
철학사상

KSI 한국학술정보(주)

필자는 가끔 학기 초에 학생들에게 어려운 철학과목을 왜 신청했느냐고 질문을 던진 일이 있다.

그렇게 할 때, 여러 답변이 나왔지만 나를 철학 속으로 빠져들게 하는 학생은 극소수였다. 사실 철학은 다른 학문과 달리, 다른 학문은 객관화하여 말할 수 있지만 철학은 그런 성질이 못 된다. 특히 동양철학은 더더욱 그러하다. 동양철학은 진정한 지혜를 내증(內證)하는 데 있다. 외적 경험과 실제는 단지 그것의 발전을 도와줄 뿐이다. 동양철학은 먼저 동양사상의 일원성(一元性)에 감추어진 철학정신을 내증하면서 몸소 갖추어야 하는 것이다.

예컨대, 한 화가가 연 날리는 그림을 그렸다고 하자. 여러 아이들에게 연 날리는 방법에 대해서 말하라고 할 때, 여러 아이들이 시적 환상을 자아낼 만큼 아름답게 말하는 아이들도 많을 것이다. 그러나 진짜 연을 날려 본 경험이 있는 아이만이 그 연줄에 실린 하늘의 고동치는 대기의 역량을 말할 수 있을 것이고, 연의 승강과 줄에 버티는 자기 자신에서 우주와 자기가 하나 되는 내증을 말할 수 있을 것이다. 철학함이란 위의 연날리기하는 경험과 같이 발전적 사상체계를 파악하고 다만 헛된 사변이나 공상의 상대가치로 흐르는 일은 철저히 배제해야 하며, 반드시 우주본체의 창조적 본성을 자기 본성 속에 집중시켜서 다시 고매한 형이상학적 지혜와 고도의 도덕정신을 표현할 줄 알아야 하는 과목이다.

사실 우리 앞에 놓인 동양의 여러 경전들은 사상과 이념이 너무 심오(深奧)하고 난해(難解)하여 그것을 현실성에 맞게 적용하고 쉽게 전달하기란 쉽지 않을 것이다. 그리하여 필자는 각 경전들이 갖고 있는 본뜻과 거의 가깝게 접근하려고 늘 글 쓰는 고삐를 늦추어 보았지만 실제로는 많은 차이가 있었다. 필자는 이러한 난점에서 동양사상의 광범위한 철학사상들을 나름대로 개괄하고 정리한 끝에 결국 장과 편을 나누어 합본하기로 하였다. 그리하여 필자는 독자들과 서로 공감대를 이루면서 뛰어난 표현력을 전달하고 싶었다. 하지만, 고어를 현대어로 그리고 문어(文語)를 구어(口語)로 옮기는 과정에서 번역상의 어려움 때문에 많은 시간을 보냈다. 하지만 필자는 워낙 우직한 성격이라 한번 마음먹으면 꼭 해내야겠다는 고집 때문에 강의노트를 편과 장으로 분류하고 작업에 들어갔다. 이것이 바로 무언의 회초리로 필자 자신을 깨우쳐 주는 것 같았다. 이 점을 계기로 하여 독자 여러분께 보다 한 단계 더 고양해 갈 것을 약속드린다. 필자는 제현님들의 인용문이나 주석을 활용함에서 인색하지 않았다는 것을 솔직하게 알린다. 앞으로도 여러분의 따가운 질책(叱責)과 비정(批正)으로 항상 지도편달을 바랄 뿐이다. 사실 이 책에 실린 글이 정통한 논문처럼 완벽한 체제를 갖추지는 못했지만, 동양철학사상을 두루 실었다는 점에서 사상의 기초를 정립하고 이해해 가는 데는 큰 무리가 없을 것으로 본다. 그리고 동양사상은 주로 경전에서 사상 전반을 발췌해 내기 때문에 국문보다는 중문에서 철학적 해명을 해 가는 것이 사실이다. 그래서 꼭 국문만으로 이해 못 할 부분에는 중문을 쓰고, 그 외에는 국문전용으로 쓸려고 무척 애를 썼다. 이 점을 무척 죄송스럽게 여긴다.

그리고 동중한(動中閒)의 여유를 갖고 편집을 허락해 주신 한국학술정보(주)의 채종준 사장님께 깊이 감사드리며 아울러 한 자도 빠뜨리지 않고 교정을 봐 주시고 프로그래머가 되어주신 편집장님께도 고맙다는 말씀을 올리는 바이다. 필자는 여러 가지 어려운 난국에도 늘 한국학술정보(주)가 꾸준히 번창하고 "날로 생하고 또 날로 이루며(日生日成)" 발전하기를 바라는 마음 간절할 뿐이다.

2007년 9월, 교정에서 어느 날 오후
저자 드림.

목 차

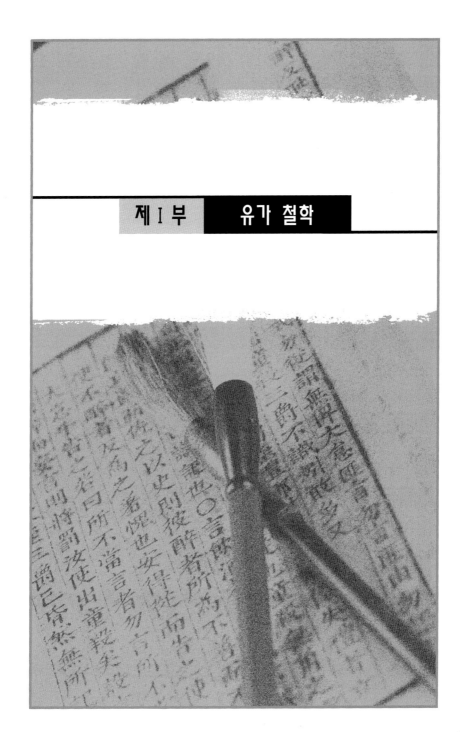

제 I 부　　유가 철학

제1장 유학의 철학과 사상

1. 유학의 학술적 의의

하나의 문화 속에는 과거가 언제나 현실 속에 들어와 미래를 열어가고 있다. 현대인들은 서구과학에서 오는 문명의 건설로 인해 우리의 전통가치를 비교하고 부정한 데에서 현실의 추진력을 발견하였다. 이에 따라 물질가치와 인간에 대한 자체의 반성이 심화되어 왔고 우리가 국제화를 수반하면서 현실에 대응하려는 자기동일성(Self-identity)에 대한 근본적 물음을 야기했다. 이에 따라 학문을 보는 새로운 시각이 급증한 것도 사실이다. 또 현대의 우리들은 과학문명에서 실존의 한계성과 취약성을 보안하고 극복하려는 전환기를 맞았다. 우리는 이러한 취약성을 보안하는 데는 바로 전통문화를 현실과 접목시켜 자생적 연계점을 모색하지 않으면 안 되겠다. 그러한 방안에서 먼저 유가라는 개념부터 철저히 이해되어야할 것이다. 유(儒)라는 개념은 인(人)과 수(需)의 합자이다. 수(需)는 필요로 한다. 적의적소에 맞는 인간을 꼭 필요로 한다는 것이다. 그러므로 유는 정치, 경제, 사회 문화에서 없어서는 안 될, 꼭 필요로 하는 것을 의미한다. 이것이 바로 유의 개괄적 개념인 것이다. 이러한 유가의 의미를 우리는 각 경전에서 더 깊이 있게 정착해 가도록 하자.

공자시대에 와서 공자의 삼천 제자와 공문학파들이 유도를 숭상하는 상황에서 타자와 구별하기 위해 사문(斯文) 혹은 유가(儒家)라고 처음 일컬었다. 그리고 유는 최초로 『논어』, 「옹야」에서 발현되었다. 공자가 자하에게 말한 대목에서 "군자가 유는 추구할지언정 소인의 유를 추구해서 안된다."라고 말한 것을 감안해 보면 공자가 주장하는 유(儒)는 유사(儒士) 혹은 군자이며 사회에서 민중을 리더하고 덕성을 두루 겸비한 학자를 말하고 있는 것이다. 『맹자』에서도 동일하게 나온다. "부귀에도 타락함이 없고 위무(威武)에도 굴복하지 않는 대장부"라고 언급하였다. 그리고 주자도 『논어』에서 주석을 달고 극명하게 말한 바 있다. 그의 논의를 직접 보도록 하자.

"정현(127-200)의 주석에 의하면, 육예(六藝)에 통하고 백성을 교화시킬 수 있는 지식층의 학자를 유(儒)라고 한다. 그리고 『설문해자』에도 유(儒)란 도술이 뛰어난 지식층의 군자를 말한다. 재덕이 뛰어난 사람을 군자라 하므로 군자의 유는 도를 밝혀 경세제민(經世濟民)하는 실천력이 있는 학자이다."(『논어』, 「옹야, 11」)라고 하였다.

고대의 『주례』, 「대재」에는 임금이 백성을 다스리는 방법에서 최초로 유자가 처음 나온다. "네 번째로, 유는 도로써 백성을 얻는다."라고 하였고 『설문해자』에서도 "술사지칭(術士之稱)"이라고 말했다. 이것을 보면, 유(儒)는 덕성을 두루 갖춘 선비를 총칭하며 백성들을 교화하고 예(禮)로써 가치규범을 정립시킬 수 있는 상위 그룹의 리드를 의미하고 있는 것이 일반적이다. 지금까지 유의 개념을 짧게나마 살펴보았다. 그 다음, 유학이라는 학문은 어떤 성격을 갖고 있으며 역사와 문화 전반에 걸쳐 유학이 미친 영향이 무엇이며, 우리의 삶에 주는 의미가 무엇인가가 논리적으로 규명되어야 할 것이다.

공자는 교학낙도하려는 초인적 입장에서 "나의 도는 하나로 꿰뚫었다."(『논어』, 「이인」)라고 말했다. 그가 일생 동안 학문함에서 구도(求道)를 하기 위한 핵심이 무엇이냐고 일축하라 한다면 "아침에 도를 깨달으면 저녁에 죽어도 좋다" 할 정도로 도 한 자에 전력해 왔다. 이것은 일상의 견문지에서 말할 수도 있겠지만 그는 학문(學)함과 사유(思)함을 겸비하고 시종일관 구도에 전념하여 생명까지도 불사하겠다는 태도를 보였다. 그러므로 유학은 스승께 배우는 학문과 더불어 끊임없이 자신이 성지(誠之)하고 또 성지해 가는 과정에서 체득되는 것이다. 그것은 철학적 지혜와 고매한 인격이 하나로 농축된 인간만의 소산인 것이다. 그래서 우리가 종교와 예술 그리고 철학 전반에 걸쳐 학문(學)과 사유(思)가 병행될 때, 비로소 도덕법칙은 도의 당위규범으로 발현하게 되며, 당위규범에 의한 도는 유학을 재도약하게 하여 인간다운 대동사회를 이뤄왔던 것이다. 이러한 유가의 근원적 바탕은 바로 천도(天道)에 입각하여 인도(人道)의 철저한 자기 성찰이 있을 때 수신에서 발단하여 가정을 가지런하게 할 수 있고 나라를 다스리고 천하를 평정할 수 있는 군자단계로 상등하려는 초인적인 노력이었다. 이것을 유자들은 오직 수덕(修德)과 강학(講學)으로 매진하여 유학의 맥을 이어 왔던 것이다.

오늘날, 우리는 서구의 과학문명에 밀려 대응과 도전이라는 시대를 맞고 있다. 그러나 과학이 아무리 발전한다 하더라도 인간을 떠난 과학은 있을 수 없으며, 과학이 스스로 인간의 한계를 넘어설 수는 없다. 사실 필자는, 찬란한 현대과학기술을 홀대(忽待)하거나 폄하(貶下)시켜 말하고자 하는 의도는 절대 아니다. 예컨대, 일부 사람들은 오늘날 컴퓨터가 인간의 다반사를 해결해 줄 수 있다고 믿고 또 그렇게 외치고 있다. 그러나 그것은 단지 우리 생활의 신선한 청량제 역할에 그칠 뿐, 컴퓨터라는 것은 빠른 정보와 업무의 가속기에 불과하다. 아울러 컴퓨터에서 바라는 이상적 출력은 우리가 입력한 양만큼의 더 이상도 더 이하도 아니라는 것은 명약관화하다. 반면에, 유학에서는 정신적 믿음에서 '천리(天理)'가 있고, 명석

14

(明晳)판명하게 사유함에는 '성리(性理)'가 있으며, 도덕적 규범에는 '의리(義理)'가 살아서 우리 앞에 바른 정의를 내리고 있다. 오늘의 과학을 더 깊이 탐구함에는 '사리(事理)'의 치밀한 과학성이 우리를 기다리고 있다는 것은 두말할 나위가 없다. 우리는, 유학이 고금 이래로 항상 인간 저변에서 본류(本流)를 이뤄왔으며 자기동일성으로 자리잡아 왔다는 사실을 쉽게 간과해서는 안 될 것이다. 그리고 오늘날 유학을 바탕으로 하여 모든 학문이 전문화·개별화되는 과정에서 성리의 철학적 사유만이 그것을 개발해 낼 수 있을 것이다. 우리 앞에 놓인 현실적 타개책은 우리가 할 수 있다는 가능성을 잠재력에 호소하여 유한에서 무한으로 제한을 무제한으로 열어갈 수 있다는 한국적 혜지(慧智)에서 유학의 의의(意義)를 찾을 수 있을 것이다.

2. 유학이 변천해 온 과정

1) 유학의 흐름과 학문과정

중국 유학의 변천과정은 너무나 다변하게 발전해 왔다. 중국 유학의 흐름을 일목요연하게 파악하려는 것은 그리 쉬운 일이 아닐 것이다. 그리하여 필자는 고대의 삼대와 춘추전국시대를 원시유가의 시기로 정하고 진·한·위·진을 도가철학의 시기로 간주했으며 수·당을 불가의 시기로 보았고, 송대를 신유가 시기로 보고, 원·명을 심학의 시기로 보았다. 청대를 기철학과 실학 그리고 고증시대라는 역사적 맥락에서 시기와 그 시대의 대표적 사상가에서 그의 대표적 저술을 논의하고 약술해갈까 한다.

중국 유학의 전승은 하·은·주 3대, 즉 요·순·우·탕·문·무·주공의 문화를 계승한 공자는 체계적으로 『오경』(시경·서경·역경·예경·춘

추)을 편찬하여 중국 유학의 정초를 설립하였다. 공자제자 가운데 가장
학문적 적자(嫡子)라고 할 수 있는 사람이 바로 안자와 증자이다. 공자의
손자인 자사는 증자에게 수학하였고, 맹자는 자사 계통을 계승하였다는
점에서 볼 때, 안자, 증자, 자사, 맹자는 공자의 학통을 정통으로 이어 온
셈이다. 따라서 유학은 진대에 와서 중국을 최초로 통일제국으로 만들려
는 진시황에 의해 학문적으로 가장 비참하고 참혹한 수난기를 겪게 되었
다. 그것이 바로 서적은 모조리 불태워지고 선비들을 산 채로 매몰시키는
(焚書坑儒) 끔직한 이변을 당하게 되었다. 그리하여 한대에 와서는 혜재
(惠宰) 때 동중서(B.C. 179-104)가 국가의 유학부흥을 위해 왕에게 올린
건의문에서 약간의 반영은 있었지만 겨우 유학의 명맥을 유지해 왔을 뿐
이었다. 그리고 후한 말에 와서 인도에서 불교가 들어와 유학은 다시 빛
을 보지 못한 채 훈고주석의 과정에서 밀려나고 말았다. 위·진·수의 삼
국에 와서 불교의 교세에 억눌러 문사(文詞)나 청담(淸談) 속에서 겨우
지엽적 역할만 하고 있었을 뿐이었다. 그리고 당대에 와서는 불교가 중국
화되는 격의불교(格義佛敎) 과정에서 숭불정치를 표방함에서 유학을 더욱
더 쇠퇴하게 만들었다. 그러자 한퇴지(768-824)와 같은 명유가 나와 억
불숭유를 찬양하였지만 대세는 이미 도가와 불가사상으로 기울어져 갔다.
그리하여 유학은 송대에 와서 다시 찬란한 황금기를 맞게 되었다. 송나라
태종이 중국을 통일한 후 958년에 과거제도의 창설과 더불어 992년에 국
자감 창설로 말미암아 국가안정과 인재배출은 오직 성학(유학)에 있다고
주장하였다. 그러자 태종은 성학을 권장하고 한(韓)·당(唐)에서 이어진
훈고풍(訓詁風)을 일신(一新)하고 도학(道學)을 크게 제창하기에 이르렀
다. 그 후 유학은 진대의 분서갱유 사건으로 인해 맹자 이후 약 700년 동
안 끊어졌던 도통이 송대 주렴계(1017-1073)에서 다시 이어지게 되었다.
그러자 주렴계는『주자전서(周子全書)』7권을 저술하였다. 그 중『태극도
설』과『통서』는 그의 대표작으로서 우주의 본원을 무극이태극이라는 명제

를 세상에 처음 드러내게 되었다. 당시 장재(1020-1077)는 『서명』과 『정몽』을 저술하여, 우주만물의 근원을 기(氣)로 간주하고 그것을 태허 혹은 태화라고 칭했던 것이다. 그는 인간도 예외 없이 세계 내의 존재라는 의미에서 만물과 동일하게 보았으나 이성적 존재라는 차원에서 덕성의 차이를 더욱 극명하게 부각시켰다. 그래서 인간은 기질지성을 잘 수양하면 성(性)과 기(氣)가 원융한 경지에 이를 때 본연지성이라는 보편성을 획득할 것으로 믿었다. 이것이 바로 인간이 하늘과 일치한다는 천인합일설의 등장인 것이다. 따라서 그는 『서명』에서 인간과 하늘이 합일되는 철학적 논리를 정연하게 제시하고 있다. 그리고 정이천(1033-1107)은 주렴계를 스승으로 모시고, 『대학』과 『중용』 2편을 『예기』로부터 분리하였으며 『논어』와 『맹자』를 합하는 작업과 그리고 주역에 의거하여 태극(太極)과 이(理)는 동실이명이라는 것을 확신하고 자신의 이기이원론(理氣二元論)을 완성하였던 것이다.

그 후 주자(1130-1200)에 이르러 송학은 마침내 집대성을 이룬다. 주자는 주역의 태극개념과 아울러 주돈이의 태극도설, 그리고 정이천의 이기이원론을 체계적으로 종합하여 자신의 거대한 이(理)철학을 원만하게 정립하였던 것이다. 이것은, 즉 태극을 두 개의 거대한 단락으로 나눈 것이다. 먼저 하나는, 우주 전체를 이(理)로 간주하고 하나의 태극(萬物統體一太極)이라 명명하였으며, 또 다른 하나는, 개개사물에 내재하는 이(理)를 사물에 각각 갖추어진 하나의 태극(一物各具一太極)이라 불렀으며 이 둘을 종합하여 이철학(理哲學)의 근본적 구조를 세웠던 것이다. 이철학(理哲學)에 맞서, 소옹(1011-1077)과 장재는 이(理)의 본성이 본래 공허(空虛)하고 공소(空疎)하다고 단언하여 우리의 사유가 사변성에 흐를까를 염려하고 기철학이라는 거대한 산맥을 형성시켰다. 이렇게 하여 송명 유학은 정이천과 주자에 의해 이학(理學)의 완성을 보았으며, 소옹과 장재에 의해 설립된 기학(氣學)의 양대 산맥은 중국 어느 시기에도 비견할 수 없는 풍만한 성리학(性理學)의 체계를 이루게 되었다. 그리고 원대에 와서 유학의 발전은 송대 정·주학의 범위를 넘어서지 못했었다. 명대에 이르러, 이 성리학은 점점 심학(心學)으로 바뀌어 하락하게 되었다. 그리하여 육상산(1139-1192)은 주희의 성즉리(性卽理)에 대한 학구적 반성으로 심즉리설(心卽理說)을 세웠으며 그리고 왕양명(1472-1528)은 30년 동안 도가와 불가의 학문에 방황하다가 유·불·도가의 세 학통을 두루 섭렵한 후 자신이 거처해 왔던 용장생활에서 심즉리설(心卽理說)을 회오하였다. 마음과 덕성에서 그의 제2전환이 지행합일설(知行合一說)이며 그리고 마음과 세계관계에서 얻은 제3전환이 바로 치양지설(致良知說)이다.

왕양명은 마음의 본체는, 즉 천리라고 하는 주장에서 마음을 말하여 이(理)의 본체라고 하였으며, 천리는 허령(虛靈)함으로 심을 선천적 양지로 간주하고 이(理)와 심(心)은 본질적으로 이체가 아니고 일체가 된다고 주장하였다. 양명의 심학은 명 말에 와서 가장 절정을 이루게 되었다. 사실, 실학적 입장에서 본다면, 심학이라는 것은 인간의 발랄한 실천력을 무시하고 심학을 설립했기 때문에 돌이킬 수 없는 결례가 바로 조국(中華)을 송두리째 이적(夷狄)의 손에 넘겨주는 결과를 초래했다. 그래서 한족(漢族)이 조국을 잃고 이족에게 당하는 회유와 협박 그리고 간난(艱難)과 수모는 이루 말할 수 없었다. 그다음 들어선 청조는 명대의 공소한 학문에서 조국을 잃고 이족에게 당한 굴욕을 깊이 반성한 후 오직 실사구시(實事求是)와 경세치용(經世致用)의 실질적 도를 제창할 수밖에 없었다. 이때 삼대 유로(遺老)로 고염무(1613-1682), 왕부지(1619-1692), 황종희(1610-1695)를 들 수 있다. 이들은 실재(實在)에 의거해서만 도를 세워야 했기 때문에 기학(氣學)이라는 공통점을 가지고 있다. 우리가 우주본체론 쪽에서 거론해 보면, 송대에는 이론(理論)이 주축을 이뤄왔고 명대에 와서는 심학(心學)으로 기울어졌다가 청대에 와서는 기일원론의 기학이 본체론을 이루어 온 셈이다. 이 기론(氣論)은 왕부지에 이르러 "천하는 오직 기(氣)뿐이며, 도(道)를 설사 기(氣)의 도(道)라고는 할 수 있으나, 기(氣)를 도(道)의 기(氣)라고는 할 수 없다."라고 하여 이(理)를 기(氣) 속에 내재시키는, 즉 기이일원론을 확고히 정착시키게 되었다. 이 점을 고려해 볼 때, 청대철학은 실유(實有)의 기(氣)에 바탕을 두고 있지만, 이 기(氣)는 이(理)에 대립되거나 맞서는 것도 아니고 물질을 일차에 둔 유물론의 입장도 아니다. 이 기학(氣學)에서 기는 기화일신(氣化日新)의 끊임없이 생생(生生)하는 그 자체이기 때문에 오히려 만유를 생동시키는 생기(生氣)로 보아야 옳을 것이다. 그 후 이 기학은 고증학의 염약거(1636-1704)와 모기령(1623-1713)에 의해 실사와 실증을 징험하는 고증학풍이 일어났다. 이 밖에 정주학파, 육왕학파, 절충학파, 공양학파, 실학파들이 섞여 있었으나 대체로 고증학파와 실학파가 청대유학의 본류를 이루었다고 할 수 있겠다.

3. 공자: 유학의 정초확립

1) 학문과 경세에서의 인론(仁論)

공자는 이름이 구(丘)이고, 자는 중이(仲尼, 551-479)이다. 『사기』에 의하면, 그는 주나라 영공 21년, 즉 노나라 양공 22년에 태어나서 주나라 경왕 41년, 노나라 양공 16년에 생을 마쳤다고 적혀 있다. 공자가 처한 시대적 상황을 고려해 보면, 정확히 춘추 말·전국 초라고 하는 일대 전환기에 활약한 인물이었다. 그 당시 주나라 왕조는 이미 권위가 땅바닥에 떨어질 대로 떨어지고 정치체제 역시 붕괴될 때로 되어 있어 정치부재와 도덕부재의 소용돌이 속에 놓여 있었다. 그래서 가장 시급한 선결과제가 바로 인간 윤리규범의 회복과 정치질서의 확립에 있었다. 일반적으로 이러한 시기를 전환기라고 말하는데 이러한 전환기는 구질서의 붕괴에 따르는 새로운 질서 확립에 있으며, 그보다도 인간 모럴의 확립만큼 더 시급한 것은 없었을 것이다. 그런 시기에 그는 정치질서 회복에서 제일의 요건으로는 백성이 종교의 사신학(事神學)에 있는 것이 아니고, 인간의 사인학(事人學)에 있다고 생각했었다. 그래서 현대철학이 주장하는 것처럼, 주체로서 "인간이 인간으로서 어떻게 살 것인가?" 또 방법론에서 "어떻게 살아야 인간답게 사는 것이 되는가?" 하는 점이었다. 그다음 현실적 성찰로서, "가장 인간다운 삶이란 어떻게 살아야 할까?" 하는 최종적 단안은 현실의 당면과제로 귀착되었다. 전환기의 철학 자체는 이상을 추구하는 철학이 아니라 상황타개를 위한 극복을 삼는 상황철학이며, 직접 고뇌하고 몸부림치는 주체적 입장에서, 즉 그는 천(天)·인(人)의 성명적(性命的) 일관성을 자각하고 자신의 인론(仁論)을 모색하였던 것이다.

『논어』에서, 공자와 그의 제자들과의 대화에서 인의 문답이 58회나 나오고 있지만, 시간·장소·대상에 따라 인의 개념은 정말 애매하기 그지없다. 그리고 공자가 인에 대해 우리에게 인의 정체(正體)를 부각하고 이렇다 하고 정곡(正鵠)을 찌른 부분은 한곳도 찾아볼 수가 없다. 우리는 그가 제자들과의 대화, 그리고 대화 속의 강조점을 면밀히 검토하고 분리하면서 재정립하는 작업이 선행되어야 함은 물론이다. 공자는 인을 실행함에서 "자신을 위해서 하는 학문(爲己之學)"과 "남을 위해서 하는 학문(爲人之學)"으로 나누고 있다. 이것은 모두 인의 실행을 강조하고 있다는 점에서 우리는 그 단초를 모색해 갈까 한다.

(1) 위기(爲己)를 목적으로 하는 인(仁)

정자는 "옛날의 배움이란 자신을 위함이고, 오늘의 배움이란 남을 위함이다."(『논어』, 「헌문」)라고 하였다. 이 점에서 '자신을 위함'이란 무엇을 말함인가? 학(學)이란 진실로 참다운 주체의 발견이며, 자아성찰과 각성에 있다. 그것은 개인의 자주와 독립을 지향하며, 자신의 의식 속에 내재한 덕성을 발견하는 데 있는 것이다. 위기의 학으로서 인을 실행하는 데는 두 가지로 나누어진다. 일차적으로는, 나에게 내재된 천의 덕성을 어떻게 함양하고 타의 관계를 내가 어떻게 합류시키는가 하는, 자신을 성찰하는 단계(成己)이다. 이차적으로는, 사회와 민중의 인류애를 위해 전개하고 확산해서 사물을 이루어주는 단계(成物)인 것이다. 공자는 『논어』에서 위기의 학(爲己之學)으로 인의 실행을 말한 구절이 많이 나온다. 이것을 자세히 나누어 살펴보도록 하자.

① 자신의 본성성찰에서 인의 실행
"자기를 극복하고 예로 돌아간다(『논어』, 「안연」.)
"강직하고, 과감하고, 질박하고, 말이 더디고 둔한 것이 인에 가까운 것이다."(『논어』, 「자로」.)
"듣기 좋게 꾸미는 말과 보기 좋게 꾸미는 낯빛은 인이 드물다."(『논어』, 「안연」.)
"참으로 인에 뜻을 두면 악한 일이 없다."(『논어』, 「이인」.)
"인에 사는 것은 아름다운 것이다."(『논어』, 「이인」.)

② 자신을 먼저 닦고 남에게 봉사하는 인의 실행
"자장이 공자께 인에 대해서 묻자 공자가 답한다. 공손, 관대, 신의, 민첩, 은혜를 베푸는 것이다. 이것을 부연하기를, 공손하면 다른 사람에게 멸시 당하지 않고, 관대하면 여러 사람의 마음을 이끌 수 있고, 신의가 있으면 다른 사람이 신임한다. 민첩하면 공을 이루고, 은혜를 베풀면 남을 부리기에 만족하다."(『논어』, 「양화」.)

(2) 위인(爲人)을 목적으로 하는 인(仁)

공자는 남을 위해서 하는 학문(爲人之學)은 자신이 남과 공동으로 참여할 때 먼저 자신으로부터의 출발함을 자각하는 데 있다고 강조한다. 이것은 첫째, 자아의 자주정신과 봉사의식을 동시에 배양하고 확산해 나가는 과정이다. 이것은 자신의 자주로부터 사회 또는 세계로 확산하면서 연계(連繫)해 가는 것이다. 다시 말해서, 위기(爲己)가 완성되어 위인(爲人)의 단계로 넘어갈 때, 각성된 자아는 만인의 공통된 존재근원을 체인하는 것이고 자아 존재에서 세계존재를 이뤄 주며 사물도 이뤄준다는 의미에서 성물(成物)이라고 한다. 이 점을 공자는 『논어』에서 이렇게 나타나고 있다. 인의 절실한 실행은 나로부터 남에게 미치어감(推己及人)이고, 백성을 널리 베풀고 민중을 구제하는 것(博施濟衆)을 넘어 성인의 경지라고 극찬하였다.

① 나로부터 남을 이루어 주는 인의 실행
"자기 몸을 닦아 남을 편안하게 해준다."(『논어』, 「헌문」.)
"널리 은혜를 백성에게 베풀어 중인들을 환란으로부터 구제한다."(『논어』, 「옹야」.)
"만약 널리 백성들에게 베풀고, 많은 사람을 구제해 줄 수 있다면 어떻겠습니까? 이것을 인이라 할 수 있겠습니까?'라고 묻자 공자가 말하기를, 어찌 인이라고만 하겠는가? 틀림없이 성인이라 할 수도 있다. 요·순도 그렇지 못함을 걱정하였다. 원래 인이란 자기가 서고 싶으면 먼저 남을 서게 해 주고, 자기가 영달하고자 할 때는 남을 먼저 영달하게 해 주어야 한다."(『논어』, 「옹야」.)

우리는 인간 주체와 외부대상과 만나는 관계에서, "남에게 듣기 좋은 말을 꾸미거나, 보기 좋게 꾸미는 얼굴빛을 교묘하게 한다."(『논어』, 「학이」) 그리고 "간교한 말로 본래의 덕을 어지럽힌다."(『논어』, 「위령공」)라고 하는 이런 것들은 인(仁)과의 거리를 멀게 하는 요인이 된다고 공자는 거듭 부정한다. 그래서 그는, 높은 인도주의 차원에서 누구나 귀감이 될 수 있는 인격의 최고 소유자, 즉 군자를 부각시키고 있는 것이다. "공손하면 다른 사람에게 멸시 당하지 않고, 관대하면 사람의 마음을 붙잡을 수 있고, 신의가 있으면 다른 사람으로부터 신임을 받는다. 민첩하면 남에게 공을 세워주고, 남에게 은혜를 베풀면 남을 부리기에 충분하다"라고 하는 군자의 자질을 제일의로 말하였다. 이것이 바로, 자신의 동일성으로 있는 자기 자신을 위해 가고 있는 학문의 여정(爲己之學)인 것이다. 그러므로 위에서 언급한 교언영색과 교언난덕이 외재적이라고 말한다면, 이와는 달리, 공자는 수기(修己)하고 수덕(修德)함을 강조하기 위해 강(剛)·의(毅)·목(木)·눌(訥)을 들고 있다. 즉 이 강·의·목·눌은 의지력이 강하고, 굳세며, 순박하고 언행의 가벼움을 삼가하여 각자의 천성에 내재된 천리를 내적 주체성으로 하여 성실하게 확립하도록 성찰하고 내중한다는 것이다. 자기를 망각하고, 자신이 만사에 불성실할 때 자기 본성을 다할 수 없는 것이다. 다시 말해서, 진정으로 자기 자신을 극복하지 못할 때 모든 인간의 제반사는 이룰 수가 없다. 인간의 내면적 본성은 누구나 보편적으로 부여받은 천부적인 것으로 이것은 자기 개개인에 속한 사유물이 아니다. 나와 남이 다를 바 없는 공리(公理)로서의 하늘의 본성(天性)이다. 그러므로 자기를 이루려고 성실하게 하려는 의식 속에는 이미 세계성(천성 혹은 본성)이 자리잡고 있다는 것을 의미한다. 내가 "성실치 못하면 세계도 존재하지 않는다(不誠無物)."(『중용』, 「22장」)라는 것이다.

공자는 일생 동안 자기를 위한 학문을 수련하면서 인의 종착점에 도달하기 위해 "늙음이 오는지도 몰랐다"는 대목에서 좋은 실례를 찾을 수 있겠다. 그 결과, 그의 학문은 도덕적 규범과 주체적 신념으로 융화되어 인간 공자만의 불유구(不踰矩)라는 경지를 이루게 되었다. 또 그는 위기의 학문으로써, 자신의 주체성이 진실무망(眞實無妄)함에서 얻은 사무사(思無邪)의 경지는 어느 누구도 겪을 수 없는 초인적인 증득(證得)으로 인을 실현하고자 하는 절실한 과정에서 얻어진 결실이었다.

그 다음, 공자는 위기과정에서 불온정신(不慍精神)을 강하게 강조하고 있다. 이것을 그는 이렇게 말하고 있다. "남이 왜 나를 알아주지 않을까

걱정하지 말고 내가 남을 알지 못함을 근심한다."(『논어』, 「학이」) 또 "지
위가 없음을 근심하지 말고, 지위에 올라갈 자격을 갖출 것을 근심하며,
자기를 알아주지 않음을 걱정하지 말고, 알아줄 수 있는 바탕을 갖추기에
힘쓴다."(『논어』, 「이인」)라고 하였다. 이것은 그가 자신을 성찰하고 남에
게 미치어 가는 과정에서 자신의 의도를 표출하려는 것이었다.

　그는 위기지학에서 위인지학으로의 연계된 과정이 "자기를 미루어 남에
게 닦아가는(推己及人) 것이며, 이는 위기(爲己) 자체가 어느 쪽으로 치
우친 편협한 위기가 아니고 반드시 위인(爲人)에 이르도록 해 가는 것이
유가인성의 진로과정인 것이다." 이는 개체를 위해 있음이 아니고 세계
내 존재들에게 천명(天命)이 내리는 소명의식이고 도덕적 실현이다. 세계
내의 충만한 가치와 인격은 개체의 독립성에 있는 것이 아니고 타인과 맺
어지는 계기성(繼起性)에 있다. 그러므로 우리는 자신만의 성취나 집착에
서 초탈할 때 오히려 타인에 의해 자신이 결정지어진다는 것을 명백히 인
식해야 할 것이다. 이 점에서, 유가는 지행(知行)을 종지(宗旨)로 하고 있
지만 최종의 종착역은, 즉 자신의 본성을 다하면 하늘의 명을 아는 군자
로 승화하는 데 있다. 이것은 오직 인간만의 끊임없는 노력의 성지(誠之)
로만 가능할 뿐이다.

2) 경세(經世)를 위한 예론(禮論)

　고대로부터 예(禮)는 인간과 역사의 굴레에서 얻어진 인문발전의 궤적
(軌跡)이라고 할 수 있다. 고대 예의 기원은 신을 모시는 제사과정에서
시작되었다. 그것이 점차 전해져 내려오면서 인간의 예로 바뀌었고, 길
(吉)·흉(凶)·군(軍)·빈(賓)·가(嘉)라는 각종의 예의제도로 전환하기
시작하였다. 그러므로 이 예는 시대의 흐름에 따른 인문변천의 필연적 추
세라고 할 수 있겠다. 공자시대의 주례(周禮)는 전제(田制), 기제(器制),

군제(軍制), 관제(官制) 등의 일체가 예에 기준을 두고 변화하여 왔다는 것이다. 역시 오늘날의 예도 옛날의 예와 다르지 않고 연령이나 선후배 그리고 남녀관계와 직장관계 등, 좁게는 가정의례와 넓게는 국제간의 예로 매우 다양하다. 이 예는 개인의 도덕적 가치를 기준으로 하여 사회를 이뤄왔고, 그 나라의 국가나 사회의 척도는 개인의 관계를 어떻게 설정하고 있는가 하는 것을 예로써 판정한다. 이러한 예는 중국에서 우리나라로 전래되어 포괄적으로 종교, 정치, 경제, 교육, 윤리, 도덕 어느 분야에도 관련되지 않는 것이 없다. 예의 총괄적 의미를 담고 있는 『논어』에서 그 내용과 의미들을 살펴보도록 하자.

"예를 알지 못하면 입신(立身)할 수 없다"(『논어』, 「요일」)

공자는 천명을 알지 못하면 군자가 되는 자질이 부족하고, 인간으로서의 예를 알지 못하면 입신할 수 없으며, 다른 사람의 말을 판단하는 데 뛰어나지 못하면 타인의 장단점과 선·악을 알지 못한다고 강도 높게 지적한다. 이것을 보면, 예는 천명을 확립하고(立命), 자신을 확립하고(立身), 타인을 세워주는(立人) 가치기준으로써 극기(克己)의 준거가 되고 있음을 알 수 있다.

" '예(禮)다, 예다.'라고 운운하면서 옥과 비단을 말해서 무엇 하며, '악(樂)이다, 악이다.'라고 운운하면서 종과 북 정도나 말하면 무엇 하겠는가?"(『논어』, 「양화」)
"예가 사치를 함께 가져올 경우라면, 오히려 예 없는 검소함이 훨씬 더 낫다."(『논어』, 「팔일」)
"극기복례(克己復禮)할 때 비로소 인이 이루어진다."(『논어』, 「안연」)

공자는 인과 예의 관계를 언급하면서 인을 이루기 위해 예에 의해 예로써 삶을 실천하였다. 위에서 보듯이, 우리는 그가 예의 형식측면을 무척 혐오하고, 예의 본질을 너무나 중시하고 있음을 직시할 수 있겠다. 따라서 예는 인을 실현하는 준거가 되는 반면에, 인은 예로 하여금 인을 실현하게끔 하는 인간준칙이 되고 있다. 그리하여 공자는 예로써 종법의 전통적 상례를 세우려고 노력하였다. 이것은 공자와 재아의 대화 속에서, 재아는 현실의 실재적 입장에서 공자가 주장하는 삼년상의 예를 신랄하게 부정한다. 또 공자는 주례의 입장을 고수하면서 재아를 비판하고 있다. 그 문답은 아래에서 잘 나타나고 있다. 재아(宰我)와 공자 간의 대화 속에서 예의 가치를 비교해 보자.

재아가 공자께 묻는다.

"3년상(喪)은 기간이 너무 길다고 생각합니다. 왜냐하면, 군자가 삼 년 동안이나 예를 익히지 않으면 반드시 예가 무너질 것이요, 삼 년 동안이나 악(樂)을 다루지 않는다면 악도 반드시 무너질 것입니다. 1년이 지나면 묵은 곡식도 다 없어지고 햇곡식이 나올 뿐만 아니라, 불을 취하는데도 나무를 뚫어 새로운 불을 얻으니 3년상을 1년상으로 끝내는 것이 좋을 듯합니다."(『논어』, 「양화」)

공자가 답한다.

" '쌀밥을 먹고 비단옷을 입는다고 네 마음이 편하냐?' 재아가 답하기를, '편안합니다.'라고 한다. 네 마음이 편하거든 그렇게 하여라. 군자는 3년상 동안은 맛있는 음식을 먹어도 달지 않고, 음악을 들어도 즐겁지 않으며, 편한 곳에 거처하여도 편하지 않기 때문에 그렇게 하는 것이다. 이제 네 마음이 편하다니 그렇게 하여라."(『논어』, 「양화」)

재아가 떠나니, 공자가 말한다.

"너의 어질지 못함이여! 자식은 나서 3년 후에야 부모의 품을 벗어날 수 있다. 그래서 3년상이란 천하의 공통된 상례인데, 아마 재아도 부모에게 3년 동안 사랑을 받았겠지"(『논어』, 「양화」)

여기에서 공자가 삼년상을 주장하는 것은 아기를 낳으면 삼 년은 부모 슬하에서 사랑으로 지내야 하기 때문에 '부모의 은혜'를 기준으로 말하였으나, 재아는 '자연의 순리'를 현실의 근거로 주장하였던 것이다. 공자가 재아에게 '불인(不仁)'이라고 단정하는 것은 예의 기준을 종법에 두고 종법을 보호하고 주대의 관례를 그대로 유지하려는 의도에서였다. 두 사람의 주장에서 보듯이, 예는 인간의 자율성이 아닌 강제적인 타율성에 입각하여 인간의 행동을 강요하는 성격을 갖고 있다는 것은 우리가 알고 있는 바이다. 그러나 인간의 이성과 사유과정은 능동적이고 자주적이며 자율성에 있기 때문에 예와 더불어 살고 있는 우리의 삶은 언제나 상호 대립성을 지니고 있는 것이 사실이다.

그 다음, 공자는 안빈낙도(安貧樂道)하는 과정에서도 예를 강조하는 대목이 나온다. 그의 제자인 자공과의 대화를 잘 들어보도록 하자.

"'가난 속에서도 남에게 아첨하지 않고, 부유하더라도 남에게 교만하지 아니한다면 어떻습니까?' 공자는 답한다. '좋지!' 그러나 가난 속에도 즐거워해야 하지만, 부유하게 되어 예(禮)를 좋아하는 것만은 못하다."(『논어』, 『학이』)

이 말은 공자의 생활에서 물질적으로는 가난하다 하더라도 항상 즐거움을 망각하지 않는 낙도정신을 보여주는 좋은 내용이기도 하다. 이렇게 본다면, 공자가 주장하는 안빈(安貧)은 곧 낙도(樂道)의 정신이며, 더욱이 외물에도 흔들림이 없이 자기를 완강히 지키는 자수정신(自守精神)에 있는 것이다. 이와 같이 낙도에서 오는 자수정신 속에서도 그는 인의 도덕성이 부여되고, 따라서 낙(樂)의 경지에서도 항상 그 인도의 실행, 즉 예를 잃지 않는 절제의 즐거움이 겸비되어 있다는 것을 알 수 있다.

3) 정치 철학에서의 정명론(正名論)

유가의 정명론(正名論)은 공자에서 비롯되었다. 중국 선진시대의 제자백가나 어느 학파를 막론하고 명(名)에 대한 관심은 지대하게 컸었다. 그것을 시대별로 보자면 노자는 무명(無名)으로, 장자는 제물(齊物)을 주장하여 정치체계를 구축하였다. 그리고 묵자는 삼표(三表)로, 양주는 실무명(實無名)으로, 공손용은 명실(名實)을, 순자 역시 공자와 동일하게 정명(正名)으로 주장한 것을 보면 이것은 모두 명(名)에 의한 명(名)과 학(學)을 정치에 기조로 삼았다는 것을 알 수 있는 것이다.

그리고 각 학파의 명학들은 그 시대에 대한 학문과 밀접한 관계를 갖고 정치철학도 그에 따라 각각 달리하고 있음을 발견할 수 있겠다. 유가의 정명론은 민중을 위해 자신의 위치를 정치에 두었고 묵가의 삼표는 지식 위주의 지식 면에 두었으며, 명가의 명실은 명과 실의 논리를 논리에 치중했으며, 도가의 무명은 허와 실의 존재에서 각각 학술과 정치의 관계를 그 시대에 적절히 적용했음을 알 수 있겠다.

공자가 주장하는 정명론은 혼란이 없고 안정된 사회의 태평성대를 이룩하고자 하는 목적으로 오직 정명(正名)을 확립하는 일이라고 생각하였다. 이러한 정명은 개인과 정치에서 무엇을 의미하고 있는가?

이것은 우리가 실제 사물에 언어로 이름(名) 붙임과 그 실질(實)이 일치되어야 한다는 것이다. 공자는 정치와 실질의 질서는 "명(名)을 바르게 하는 일"(『논어』, 「안연」)을 제일의 과제로 삼았고, "다스린다고 하는 것은 모든 일을 바르게 할 때 이루어진다."라고 생각하였다. 사물과 인간 그리고 언어도 시간에는 일체 변화해 가는 과정에 있다. 인간이 말하고 있는 언어도 실제와 일치하지 않을 때가 많다. 공자는 옛 성인(堯·舜)이 규정해 준 언어에 따라 사람들이 그 내실을 갖출 것을 주장한 것이 바로 정명론의 요지이다. 제경공이 공자에게 정치하는 도리를 물었을 때, 공자는 "군군(君君)신신(臣臣)부부(父父)자자(子子)"(『논어』, 「안연」)라고 대답하였다. 이것은 "임금은 임금답게, 신하는 신하답게, 아버지는 아버지답게, 자식은 자식답게 행동해야 한다."라고 대답하였다. 이것을 다시 부연하자면, 모든 사람들이 자기의 명칭(名)과 사실(實)이 부합되어 임금은 임금다운 노릇을, 신하는 신하다운 노릇을, 아버지는 아버지 된 노릇을, 자식은 자식 된 노릇을 다할 때 이에 따라 개인은 상부한 책임과 의무를 다할 수 있고, 사회는 질서와 윤리적 기강이 스스로 확립되는 것을 말한다. 공자는 명과 실이 부합되거나 부합되지 않는 좋은 실례를 우리 앞에 극명하게 제시하고 있다. 그것을 다음에서 말한다.

> "명실이 부합된 자가 집권하기를 백 년이면 민중은 잔인하고 포악한 행위가 없어지고 사형제도는 스스로 폐지될 것"(『논어』, 「자로」)이며, 또 "백성을 덕으로 인도하고 예로 다지면 염치를 느끼게 되고 또 국가는 바르게 된다."(『논어』, 「위정」)

반면에 말한 말은 이러하다.

> "권력으로 이끌고 형벌로써 엄하게 다스리면, 국민이 법망을 빠져나가려는 잔꾀만 일삼을 것이며 그것을 그렇게 일삼아도 백성이 부끄럽게 여기지 않는다."(『논어』, 「위정」)

공자가 처한 시대에는 낡은 명칭과 부패로 말미암아 사실을 날조하고 가식으로 꾸미는 것이 태반이었으며, 새로운 명칭을 정립하기란 정말 어려운 형편에 놓여 있었다. 그래서 그는 실질을 중시하고, 지나치게 환상적

인 일은 과감히 없애려 했으며 실질을 밟아가는 과정을 너무나 중시하였다. 위나라를 대상으로 공자와 자로의 대화 속에 그 점을 분명히 강조하고 있다. 이것은 그와 자로와의 대화 속에 잘 드러난다.

> "만일 위나라 임금이 선생님을 맞이해서 정치를 논할 때 선생님께서는 무슨 말부터 하시겠습니까?" 공자가 말한다. "반드시 명(名)부터 바로잡을 것이다." 자로가 말한다. "이다지도 선생님은 정치사정에 어두우시니 말이야! 무엇 때문에 명분(名分)부터 먼저 잡는다고 말하십니까?" 공자는 말한다. "교양이 없구나, 중유야! 군자란 자기가 모르는 일에 대해서는 말을 회피하는 법이다. 명분(名分)이 바르지 못하면 언어에도 조리가 없고, 언어에 조리가 없으면 일을 성사시킬 수 없다. 일이 이뤄지지 않으면, 예악교화(禮樂教化)가 번성하지 못한다. 예악교화가 번성하지 못하면 형벌제도도 적절치 못하게 된다. 형벌제도가 부적절하면 백성들이 편안하게 살 수가 없다. 그러므로 군자는 정치함에서 가장 중요한 것은 명(名)을 바로 하는 일이다. 명이 바로 서게 되면 반드시 도리에 맞게 말할 수 있고, 도리에 맞으면 반드시 만사가 순조롭게 행해질 수 있는 것이다. 때문에, 군자는 말을 함에 있어 끌어당기거나 얽혀도 펴지 못하는 것이 없다." (『논어』, 「자로」)

공자는 자로와의 대화에서 정치하는 사람은 명(名), 즉 명분(名分)을 바로 세우는 것이 정치함의 바른 자세일뿐더러 정치체계를 바로 세울 수 있고 민중의 마음을 바로잡을 수 있다고 주장하고 있다. 그런데 이와 관련하여 공자는 예악(禮樂)의 의미에서 위정과의 관계를 깊이 연관시키고 있다. 이것은 무엇을 말하려는가?

일이 이뤄지지 못하면 예악(禮樂)이 풍성하지 못하고, 예악이 풍성하지 못하면 형벌의 평형조화를 이루지 못하고, 형벌이 평형조화를 이루지 못하면 백성은 손발을 둘 곳이 없어진다고 주장한다. 우리는 여기에서 예악이 정치와 무슨 관계가 있는가에 주목되지 않을 수 없다. 이것을 주자는 『논어』에서 세주를 달아 그 의미를 우리 앞에 극명하게 제시하고 있다.

"범씨는 말하기를, '일이 차례를 얻는 것을 예(禮)라 하고, 사물과의 조화를 얻는 것을 악(樂)이라고 한다.' 일이 이뤄지지 않으면 차례가 없어지고 조화를 얻지 못하며 예악이 흥하지 못한다. 예악이 흥하지 못하면 정치를 시행함에서 모두 도를 잃게 되어 형벌이 그 도리에 맞지 않는 것은 분명하다."(『논어』, 「자로」)

공자는 정명론(正名論)을 확립한 후 정치함에는 다섯 가지 미덕은 보존하고 네 가지 악덕은 개혁해야 한다고 다시 주장하였다. 이것을 정치에 가장 지혜로운 제자 자장과 대화 속에 그 의미가 잘 나타나고 있다.

"자장이 공자에게 묻는다. '어떻게 해야만 정사(政事)에 잘 종사할 수 있습니까?' 공자가 답한다. '다섯 가지 미덕을 기리고 '네 가지 악덕을 개혁한다면 정사에 온전히 종사할 수 있다.'라고 말했다. 자장이 다시 말한다. '무엇을 다섯 가지 미덕이라고 합니까?' 공자가 말한다. '재위(在位)에 있는 이는 국민에게 은혜를 베풀어 주되 허비하지 않고, 국민을 수고롭게 하지만 국민에게 원망을 사지 않고, 의욕은 갖되 탐욕으로 보이지 않게 하고, 태연하되 교만하게 보이지 않고, 위엄이 있으되 사납지 않게 보이는 것이다.'라고 하였다. 자장이 말한다. '은혜를 베풀되 허비하지 않는다는 것은 무엇을 말하는 것입니까?' 공자가 말한다. '백성이 이로와 하는 것을 이롭게 해 주니 이것이 은혜를 베풀되 허비하지 않는 것이 아니겠는가? 힘든 일을 할 만한 시간과 상황을 가려서 힘들게 시키니 또 누가 원망하겠는가? 인(仁)을 구하다가 인을 얻었는데 또 무엇을 탐내겠는가? 군자는 사람이 많거나 적거나, 세력이 크거나 작거나 관계없이 감히 거만하지 않으니 이것이 태연하되 교만하지 않는 것이 아니겠느냐? 군자가 의관(衣冠)을 바르게 하고 바라봄을 정중히 하여, 엄연한 모양을 지으면 사람들이 바라보고 두려워하게 되니, 이것이 위엄스러우나 사납지 않은 것이 아니겠느냐?'"(『논어』, 「요일」.)

그리고 자장이 또 말하기를, "무엇을 네 가지 악덕(惡德)이라고 합니까?"라고 하자 공자는 답한다. "가르치지 않고 죄를 지었을 때 죽이려는 것을 잔학(虐)이라 하고, 미리 훈계하지 않고 결과만을 따지는 것을 포악

(暴)이라 하고, 명령을 늦게 하고서 기한을 재촉하는 것을 잔적(賊)이라 하고, 사람에게 내 주는 것은 마찬가진데도 출납(出納)에 인색한 것을 창고지기의 근성이라고 한다."(『논어』, 「요일」)라고 하였다.

그리고 공자는 은혜로움(惠)·부림(勞)·의욕(欲)·태연함(泰)·위엄 있음(威)의 명(名)과 실(實)이 부합하는 다섯 가지 미덕의 정명론을 제시하였고, 반면에 잔학함과 포악함과 잔적과 출납에 인색한 창고지기 근성(有司)을 네 가지 악덕이라고 하였다. 이것을 극복해야만 정치에는 명분이 서는 지도자가 될 수 있다고 주장하였다. 이와 같이, 우리는 공자가 비록 언어의 명분을 중요시하고 있지만 그것은 언어나 이름 그 자체에 대한 관심은 아니었음을 알 수 있다. 사실 명(名)은 언어에서 비롯되고 뜻(志)을 나타내는 것이 언어지만, 명은 언어에 의한 유일한 수단으로 의지할 수밖에 없는 실정이다. 그러므로 명으로써 옳고 그름을 정하게 된다. 사물의 형상에 따라 명을 정하고, 명으로 사물을 규정하고 사물은 명으로 말미암아 인간의 언어에서 불리게 되거나 부림을 당하게 된다. 다시 말해서, 명(名)은 우리 마음속의 사유를 직접 나타내고 전달하기 위해서 만들어진 방편에 불과하지만, 우리의 지향적인 사고는 실(實)에 있는 것이다. 그러므로 명(名)과 실(實)이 질서정연하게 정립된 이후에야 정치질서나 사회질서는 연역적 논리를 성립시킨다는 것이다. 육조(六朝)의 사상가 왕필(226-249)은 "명에 대해서 따질 수 없다면 이론을 말할 수 없게 되고, 명을 정할 수 없다면 실을 논할 수 없다."(『노자징지예약』)라고 하였다. 사실 우리는 의식으로 대상을 인식하는 데는 필수적으로 그 개념이 일차적이다. 그리고 존재사물을 인식한 후에 그 이치를 궁구할 수 있게 되고 이론이나 논리도 새롭게 정립할 수 있다. 만약 존재사물을 개념적으로 인식하지 못하고 있다면 뚜렷이 보이는 객관적 존재에 대해서도 일체 언급할 수 없게 된다. 그리하여 순자도, "명(名)에는 본래 정해진 의미가 없고 약속을 통해 명명(命名)한 것이다. 약속이 정해져 습속이 이루어지면 그

것은 의미를 갖게 되고 약속이 어긋나면 그 의미를 잃어버린다."(『순자』,
「정명」)라고 하였다. 이것에서 보면, 공자의 정명론을 순자가 전승하였지
만 순자의 정명론은 언어분석이나 지식 부분에 치중했기 때문에 국민 스
스로 정치에 참여하는 언급이 거의 없고 리더십 부분만 언급하고 있어 정
치철학에는 미흡한 부분이 많은가 하면, 공자의 정명론은 궁극적으로 국
민과 밀접한 관계를 갖고 있다. 그러므로 국민 스스로 책임과 의무를 다
하도록 하기 위해, 즉 정치, 문화, 존재로서의 도덕규범 및 정치질서에 공
존하도록 하기 위한 정치가의 잠재적 지도력, 즉 명분과 실질이 부합되는
견인차 역할을 하는 것이 뛰어난 점이라고 할 수 있겠다.

4. 맹자: 주정(主情)에 의한 선천주의 성선설

1) 자연법칙에서 도덕법칙의 근거연역

　　인성에 있어서 최초로 인간의 본성(性)이라는 개념을 제공한 『중용』은
"하늘이 명한 것을 인간의 본성이라고 한다."라는 명제에서 출발한다. 유
가철학은 주야와 사계절에 의한 순환 그리고 하늘·못·불·우뢰·바람·
물·산·땅(天澤火雷風水山地)에서 자연현상을 세밀히 관찰하여 왔다는
데서 특징을 찾을 수 있다. 이러한 자연현상은 음양이기의 운동법칙을 갖
고 있으며 이 음양이기는 서로 교감하여 다시 만물을 화생한다. 이러한
화생은 물·불·나무·쇠·흙(水火木金土)으로써 이 오행은 천지의 기능
으로 환원되어 이것을 태극의 본질로 삼았다. 낮과 밤이 교체되고 사계절
이 순환하는 가운데 만물이 태어나고 자라고 거두고 감추며(生長收藏) 원
·형·이·정(元亨利貞)이라는 사덕(四德)을 이룬다. 그리고 인간도 천지
만물의 범위에서 예외가 아니므로 인·의·예·지(仁義禮智)라는 인간의

사덕(四德)을 대응시켜 인간의 도덕법칙을 연역해 낸 것이었다. 주자는 세계의 자연법칙(所以然)에서 인간의 당연법칙(所當然)을 연역해 낸 개연적 이유를 이렇게 말하고 있다.

> "인간이 당연히 해야 할 바를 안다는 것은 천명(天命)을 앎이고, 그러한 까닭을 안다는 것은 천리(天理)를 앎이요, 천리의 소종래(所從來)를 앎이라 한다."(『대학혹문, 주자주』)

그래서 맹자는 인간의 도덕법칙은 천지의 당연법칙과 동일하며 인간의 감정이란 항상 현상을 분석하고 거기에 인간본성이 직관하는 유자입정(幼子入井)의 구절에서 인간의 본성이 선하다는 선천성의 논리를 확보했던 것이다.

2) 사단에 의한 성선설

맹자는 우주의 자연법칙에서 인간이 지켜야 하는 도덕법칙을 연역하여 인간본성이 선함을 제창하였다. 이것은 동양인성론에서 의의를 찾는다고 한다면 금과옥조(金科玉條)와도 같은 성취이다. 그것은 우주본체라는 천도의 자연법칙에서 인도라는 도덕법칙을 현현했던 것이다. 그러므로 맹자의 사단은 우주본체가 명한 자연법칙이 인간에게만 직수(直受)했기 때문에 진실무망(眞實無妄)한 것이며 인간도 소우주를 내포하고 있다고 할 수 있을 것이다. 그래서 맹자도 소당연의 인간본성을 궁구해 나가면 결국 소이연이라는 발원처를 알게 된다고 강조하고 있다. 맹자는 이것을 말한다.

> "그 마음을 지극히 하면 그 성(性)을 알게 되고, 그 성을 알게 되면 하늘을 알게 된다."(『맹자』, 「진심」)

위에서도 주지하듯이 맹자가 주장하는 인간의 마음은 곧 천부의 마음이며, 그 마음을 극진히 발휘하면 성을 알게 되고 성을 끝까지 궁구해 나가면 결국 소이연의 우주의 본성을 안다고 주장한다. 그러므로 『중용』이 유가 철학의 심성적 기조를 이루고 있는 것도 모두 이것에 연유하고 있다. 맹자에서 발단한 중국고대 인성론은 최고 주체성, 즉 인성의 가치근원이 자각적인 주체에서 나왔다는 것을 알 수 있다. 그러면 다음 맹자가 주장한 사단에 의한 성선설의 선천성 관계를 논의해 보도록 하자.

공자 이후에 맹자는 인간의 성(性)은 천부적 성으로써 선(善)하다고 주장한다. 맹자의 선천적인 성선설에 대해 순자는 후천적인 성악설을 주장하여 서로서로 대립에 놓이게 되었다. 그러나 그 당시 맹자의 성은 유가적 가치자각의 성으로 높이 평가받았으나, 순자가 주장하는 성은 인간이 교정하고 순화해야 하는 성으로서 스승의 법도로 교화하고 예의로 인도하는 그러한 후천적 성이다. 이 때문에 가변적이며 경험적인 성이 성악을 말할 때에는 어떻게 선이 생기고 그것이 당위규범이라는 근거를 제공할수 있을까 하는 점에서 어려운 궁지에 몰리게 되었다. 맹자는 인성을 천의 사덕으로 있는 존재근거와 현상적 인식근거로 나누고 현상분석의 기반을 주정주의에 두고 있다. 먼저 인성이 발단해 나온 존재근거(자연법칙)부터 논의해 보도록 한다.

인간은 모두 성인에서 범인까지 사단의 단서, 즉 측은(惻隱)·수오(羞惡)·사양(辭讓)·시비(是非)를 선천적으로 갖고 있다. 이것을 맹자는 천명(天命)이 시공에 따라 발현하는 존재법칙이라 하였다. 인간이 재현한 관습이나 습관에서 일어나는 것이 절대 아님을 주장한다. 그는, 하늘의 명은 한순간도 빠짐없이 내리고 인간은 하늘의 명을 쉴 사이 없이 받는 관계에서 성을 선천적 천부적인 성으로 확신한 것이었다. 맹자는 성 속에는 이미 인의예지의 네 가지 단서를 인간이 태어나기 이전에 본래부터 원초적으로 본구(本具)하고 있다고 단호히 주장한다. 이것을 맹자는 이렇게 말했다.

"인의예지는 밖에서부터 나를 녹여 스며들어온 것이 아니라 내가 본래
지니고 있는 것이다."(『맹자』, 「고자」)

맹자의 선천성을 설명하려면 우리는 감정이 발하지 않는 상태(未發)와
감정이 이미 발한 상태(已發)의 관계를 잘 이해할 필요가 있겠다. 미발
(未發)이라는 것은 인간의 감정이 밖으로 나오지 않는 상태이고 이발(已
發)은 이미 감정이 밖으로 표출된 상태이다. 맹자는 이발 이전에는 자연
의 사덕이 인간본성에 본래 갖추어져 있는데 이발로서 표출될 때는 사단
이 밖으로 나타난다는 것이 맹자의 인성론의 요지이다. 이에 대해 주자는
그것은 다음과 같이 천명한다.

"만약 이(理)라는 것이 인간본성 속에 본구(本具)되어 있지 않다면 무엇
으로 이 사단(四端)이 밖으로 나타나는가? 사단이 밖으로 나타남으로써 그
안에 이(理)가 있다는 것을 왜 알지 못하는가?"(『주자집, 76』)

주자의 논리는 사단이 안에 있는 이(理)로 인하여 인식근거가 제공되는
반면에, 안의 이(理)는 밖의 사단에 의해 존재근거가 발현된다는 논리이
다. 다시 말해서, 인의예지(仁義禮智)는 선천성이고 성(性)이며 이(理)가
된다. 반면에, 불쌍히 여기는 마음, 부끄러워하는 마음, 사양하는 마음, 옳
고 그름을 가리는 마음은 이미 감정이 밖으로 표출된 우리 인간의 정(情)
인 것이다. 그러므로 맹자는 사단을 말할 때 반드시 현상지반의 감정 영
역을 들어서 말했다. 그것을 잘 음미해 보자.

"인간은 모두 차마 참지 못하는 마음을 가지고 있다. 인간이 모두 차마
참지 못하는 마음(不忍人之心)을 가지고 있다고 하는 말은, 지금 사람이 갑
자기 어린아이가 우물에 빠져 들어가려는 순간, 그것을 언뜻 보고서 모두
깜짝 놀라 측은히 여기는 마음이 본구(本具)하고 있기 때문이다.(……) 이
측은한 마음은 어린아이의 부모와 친분을 맺으려는 사회적 이유 때문이 아

니고, 마을의 벗들에게 칭찬을 받으려고 한 것도 아니며, 불선(不善)하다는 소문을 듣기 싫어해서 그렇게 하는 것도 아니다. 측은히 여기는 마음은 인(仁)의 실마리이며, 부끄러워하고 미워하는 마음은 의(義)의 실마리이며, 사양하는 마음은 예(禮)의 실마리이며, 옳고 그름을 가리는 마음은 지(智)의 실마리이다. 사람이 이 네 가지 단서를 지니고 있는 것은 사람이 몸에 팔다리를 가지고 있음과 같다."(『맹자』, 「공손축」)

주자의 주장에서 본성 내에 이(理)가 없다고 한다면 무엇으로 사단이 밖으로 나타나겠는가라고 하는 주장에서 이(理)는 성(性) 내에 조리로 항상 있어서 인간감정의 효력을 발동하도록 한다는 것을 잘 대변해 주고 있다. 자연의 존재법칙과 인간의 도덕법칙이 같은 존재 내에 같은 원리로 적용되어 인성론의 기조를 이루고 있다. 맹자가 현상적 기반 위에 감정 영역을 파악하는 것, 즉 당연법칙과 도덕법칙 그리고 사덕과 사단, 이(理)와 현상의 감정들을 모두 동일 시간과 동일 장소에서 성이 정으로 발함에 있어서 도덕적 가치로써 선이 성립된다는 것이다. 이 감정현상의 분석은 한국철학의 사단칠정논변에서 절정을 이루었다. 위의 예문에서 주지하듯이 주자는 인(仁) 혹은 성(性), 즉 선천성의 이해가 가능한 이유는 현상지반의 감정 영역에서 증험, 즉 유자입정(幼子入井) 때에 참지 못하는 인간의 마음(不忍人之心)이 있다. 이는 내리(內理)의 인(仁)이 외단(外端)의 측은한 마음(惻隱之心)의 존재근거가 되며, 외단(外端)의 측은한 마음(惻隱之心)은 내리(內理)의 인(仁)에 의하여 인식근거가 됨을 얻기 때문에 선천적 원리를 추론할 수 있다는 것이다. 다시 말해서, 현상의 분석을 감정 영역에 두고 있는 점에서 주정(主情)이며 이 주정(主情)에 의해 직관(直觀)된 선천성(당연법칙에서 말하면 선천주의이고 인성에서 말한다면 선천성이다.)의 본질을 인정할 수 있다는 것이다.

그리고 우리는 그가 인간의 본성이 선천적이며 모두 선하다고 할 때, 악의 원인은 어디에 있는가? 또 악은 어떻게 발생하는가 하는 점을 거론하지 않을 수 없다. 맹자는 성인에서 범인까지 모두 선하다고 하는 것은 인간과 사물의 보편성에 입각해서 말했다. 맹자는 이러한 보편성을 마음과 감각기관에서도 동일하다고 피력한다.

> "시각에 보편성이 있어 자도(子都)를 미인으로 보는 까닭이다.(……) 마음에는 오직 보편성이 없다고 할 수 있겠는가?"(『맹자』, 「고자」)

위에서 보듯이, 맹자는 형색(形色)을 천성(天性)으로 인정하긴 하지만 미각이나 청각은 육체이므로 성(性)이라고 인정하지 않고 있다. 그는, 즉 육체는 물욕으로 말미암아 본심을 물욕에 빠뜨린다고 간주하기에, 후천적 육체의 욕망을 악(惡)으로 간주하였다. 다시 말해서, 맹자가 주장하는 성은, 육체가 아닌 정신에서 오는 순수 선이다. 육체에서 오는 행위는 모두 악의 원인으로 단정하고 있는 것이다. 그러므로 그는 정신적으로 성인을 따르는 사람을 대체(大體)라고 하였고, 육체적 욕망을 따르는 사람을 소체(小體)라고 한 것을 보면 선과 악의 구분이 확실해질 것이다. 그의 선악의 의제는 고대로부터 지금까지 인성을 논함에 누구나 지면을 할애하였으며 인성문제에 지대한 영향을 미쳐왔었다. 그러나 사실, 우리는 인성을 이해하는 데 천부적 선천성을 지나치게 주장한다면 형체를 떠난 이(理)로 바뀌어 현실성을 잃어버릴 우려가 있고, 반면에, 태어난 후의 후천성을 지극히 강조한다면 형상에 집착하여 형이하의 물질로 전락되어 인간이 받은 선천적인 하늘의 덕성을 상실할 우려가 빈번히 있다. 그러므로 인간을 학술적 이론으로 파악하려는 것은 무리한 일이 아닐 수 없다. 그리고 자연법칙에서 도덕법칙이 연역될 수 있는가 하는 점과 자연법칙과 도덕법칙을 동일하게 보아도 되는가 하는 점이 유가 윤리학에서 난점으로 남아 있는 것이다.

5. 중용: 성(誠)에 의한 천도와 인도의 합일

1) 철학으로 본 중용(中庸)의 의미

우선 중용이라는 책 한 권을 손안에 넣었을 때 우리에게 던져주는 중용이라는 의미가 무엇인가를 따지고 싶어질 것이다. 그래서 먼저 우리는 중(中)과 용(庸)의 개념을 별개로 논의한 다음, 다시 두 자를 합하여 생각하도록 한다. 먼저 중의 개념부터 살펴보면, 중국 유학의 집대성자로 알려진 주자는 『중용』, 「서」에서 중에 대한 의미를 너무나 세밀히 우리 앞에 드러내고 있다. 그것을 그는 이렇게 말한다.

> "중(中)이란 것은 치우침이 없고 의지함이 없으며, 지나치거나 미치지 못함도 없다. 용(庸)이란 것은 평범한 것을 말한다. 또 정자는 말하기를, '치우치지 않는 것을 중이라고 하고, 바뀌지 않는 것을 용이라 하였다.' 중(中)이란 것은 천하의 정도(正道)이며, 용(庸)이란 것은 천하의 정리(定理)이다."라고 하였다.(「중용장구서」)

> "희노애락(喜怒哀樂)의 감정이 아직 밖으로 나타나지 않는 정심(靜心)을 일컬어 중(中)이라고 한다. 감정이 밖으로 발하여 모두 중(中)의 절도에 맞는 것을 조화라고 한다. 중(中)이라는 것은 천하의 위대한 근본이며, 조화라고 하는 것은 천하에 통달한 도이다."(「제1장」)

주자는 중(中)에 대한 참신하고 적의한 해석을 가하여 치우치지 않음(不偏) 혹은 의지함이 없음(不依) 그리고 지나침이 없음(無過)과 미치지 못함(不及)의 평범 속에 있는 중(中)이야말로 진솔한 진리(眞理)라고 주장한다. 우리의 감정을 밖으로 표출하여 내외에서 적의하게 맞고 조화를 이룰 때 이것을 중화(中和)의 중이라고 하고 내외가 시간상에 부합하여 한 치도 어긋남이 없이 중과 일치될 때를 일컬어 시중의 중(時中之中)이라고 하였던 것이다.

그 다음, 용(庸)에는 무슨 의미를 함의하고 있을까? 왜 중(中)과 합하여 만사의 근원을 이룰까? 용(庸)이라는 것은 평상적인 것, 평범한 것, 특수화 되지 않고 보편화된 것으로 일반적인 것을 의미한다. 이러한 의미는 『중용』 에서 잘 드러나고 있다.

> "순(舜)은 아마도 크게 지혜로운 듯하다. 그는 묻기를 좋아하고, 비천한 말 에 삼가기를 좋아한다. 다른 사람의 단점은 감춰주고, 다른 사람의 장점은 드 러내 주며, 양단(兩端)을 파악하여 중용(中庸)에 맞는 것을 백성에게 베푼다. 이것이 순이라는 인간이 순으로 존경받는 까닭이 바로 이 점이다."(「제6장」)

위에서 언급한 것을 보자면, 순이라는 인간이 순으로 대접받는 까닭은 평범 속에 있는 진리, 즉 용(庸)에 대해서 정확하게 실천하고 있음을 언 급하였다. 여기에서 양단이란 개념은 바로 평범한 용(庸)의 의미를 함의 하고 있는 것이다. 이것은 치우치지도 않고 의지하지 않고, 묻기를 좋아하 고 비근한 말은 우회하고, 남의 단점은 감추어 주면서 장점은 밝게 드러 내 주며, 개개인의 특별한 장점에서 나오는 용(庸)이 아니고 뭇 범인들의 일반 행위에서 나오는 용을 백성들에게 베푸는 것을 양단이라고 하였다. 중용의 진리는 누구나 평범한 것에 있기 때문에 이해하기는 쉬워도 실행 하기란 지극히 어렵다고들 말한다. 『중용』은 다음과 같은 글을 우리에게 전하고 있다.

> "군자는 지위에 맞게 행동하고 그 외는 바라지 않는다. 부귀의 지위에 있 다면 귀한 사람이 마땅히 할 일이 있고, 빈천에 있으면 빈천한 사람이 마땅 히 해야 할 일이 있으며, 이적의 환경에 처하더라도 이적에 마땅히 해야 할 일이 있고, 환난에 처하면 환난 중에도 마땅히 할 일을 해야 하는 것이다. 그래서 군자는 어떤 지위에 있든지 유연하고 스스로 얻으니 높은 자리에 있 을 때는 아랫사람을 업신여기지 않고, 낮은 자리에 있으면 윗자리를 넘보고

욕심내지 않는다. 자기를 바로잡아 남에게 요구하지 않으며 원망하지도 않는다. 위로는 하늘을 원망하지 않고, 아래로는 사람의 허물을 들추어 내지 않는다."(「제14장」)

  그리고 『중용』은 평범하면서 가까운 곳에서 남을 위해 실천할 수 있는 것들을 충(忠)과 서(恕)로써 들고 있다. 자기의 마음을 다하는 것이 충이고, 자기를 미루어 남에게 미치어 가는 것을 서라고 하였다. 이 점에서 인간 주체의 충(忠)과 외적으로 만나는 객체로서의 서(恕)는 서로 떨어질 수 없는 관계에 있으며 이것은 반드시 내·외가 합일(合一)되는 관계에서 중용은 이뤄진다고 말한 이것은 다음과 같다.

  "충서(忠恕)는 도(道)로부터 멀지 않다. 자기가 실행하여 만족을 느끼지 못하면 남에게 베풀지 않는다. 군자의 도는 네 가지가 있다. 나는 그중 한 가지도 아직 실행하지 못하고 있는 것이 있다. 아들에게 바라는 것을 가지고 어버이를 섬겨야 하되 아직 실행하지 못하고 있으며, 아랫사람에게 바라는 것을 가지고 어버이를 섬겨야 하되 아직 실행하지 못하고 있으며, 아랫사람에게 바라는 것을 가지고 윗사람을 섬겨야 하되 아직 실행하지 못하고 있으며, 동생에게 바라는 것을 가지고 형을 섬겨야 하되 아직 실행하지 못하고 있으며, 친구에게 바라는 바를 먼저 베풀어야 하는 데 나는 아직 그것을 실행하지 못하고 있다."(「제13장」)

2) 성(誠)과 성지(誠之)

  군자의 길을 가려면 평범하면서 평상적인 진리를 깨달아야 하고, 또 깨달은 진리를 몸소 체득해야 하며, 체득하여 얻은 덕은 왜 내면에 수지해야 했는가는 인간의 성으로만 가능하다고 중용은 지적하고 있다. 그것은 아래와 같이 말하고 있다.

"지(智)·인(仁)·용(勇) 세 가지는 곧 천하에 통용되는 덕목이다. 그것을 실행하는 것은 하나의 성(誠)으로만 가능하다."(「제20장」)

따라서 우리는, 천하의 삼달덕(三達德)을 얻는 길은 지(智)·인(仁)·용(勇)에 기초를 두고 있으며, 또 맨 마지막 삼달덕의 근본은 성(誠)에로 귀착된다고 하였다. 이 삼달덕의 이치는, 즉 지(智)는 학문함을 좋아하는 것이며 인(仁)은 힘써 최선의 노력으로 경주하는 것이며, 용(勇)은 부끄러움을 아는 것에 있다는 것이다. "이 세 가지를 알면 수신하는 것을 알게 되고, 수신하는 것을 알게 되면 정치하는 것을 알게 된다."(「제20장」)라고 하였다. 이것과는 달리 주자는 구경(九經)으로 다음과 같이 천명한다.

"무릇 국가를 다스림에는 구경(九經), 즉 자신이 먼저 수신하고(修身) 어진 사람을 존경하며(尊賢) 부모를 친애하고(親親) 대신을 공경하며(敬大臣), 여러 신하들의 마음을 몸소 살피며(體群臣), 백성을 자식처럼 사랑하고(子庶民), 백공(百工)을 근면하게 하며(來百工), 먼 지방 사람들에게는 관대하게 대하고(柔遠人), 제후를 감싸 안음(懷諸侯))이 있으니, 이를 시행하는 까닭은 오직 하나(一)이다."(「제20장」)라고 하였다.

주자는 분명히 하나(一)를 강조하면서 이 하나를 성(誠)으로 간주한 것 같다. 이 삼달덕의 근본이치로서 성(誠)을 실천할 수 있는 사람을 『중용』에서는 성인이라 부르고 있는 것이다. 그래서 중용은 다시 말한다.

"성(誠) 자체는 하늘의 도(道)이고 성실해지려고 노력하는 것(誠之)은 인간(人間)의 도(道)이다."(「제20장」)

하늘은 인간에게 원만한 본성을 품부했기 때문에 인간이 내재하고 있는 본성은 바로 진실무망(眞實無妄)한 성(誠)이다. 이것을 우리들에게 그대로 감지하게 하는 것이다. 자기 마음을 다하고 자기의 본성을 다함이 인간의 본연의 실존(實存)하는 태도라고 할 수 있을 것이다. 다시 말해서, 우리는 천하의 지극한 성실이라야 진리에 참여하는 길이 열리게 되며, 자기 인격완성에 박차를 가하고 자기를 이루고(成己) 남도 이뤄 주며(成物) 맡은 바의 사명을 말없이 완수해 나가는 것이다. 그것을 중용은 우리에게 말한다. "성(誠)이란 자기의 인격만을 완성하는 것이 아니고 인(人)·물(物)을 동시에 완성시켜 주는 실존자이다. 자기의 인격을 완성하려는 것은 인(仁)에 속하고 인·물을 완성시켜 주려는 것은 인간의 지혜(知)에 속한다."(「제25장」) 중용이 주장하는 성은 인간의 원초적 본질을 말함이며 천지만물이 갖는 공통된 근원이라고 할 수 있겠다. 그러므로 "성은 하늘의 도이고, 성실히 노력해 가는 절차탁마의 인간의 과정은 본연의 길이다."라고 하였다. 성의 본질은 선천적 인간본성이지만, 그 자체 내에 미래지향적 속성을 갖고 있어서 "성(誠)은 모든 사물사건의 시작과 마침이며, 성실하지 않으면 만물의 존재가치마저도 실현해주지 못할 것이다."(「제25장」) 그리고 "지극한 성은 쉼이 없었다."(「제26장」)라고 하였다. 사실, 자신을 망각하고 불성실하며 경거망동하는 자는 자기 본성을 다할 수 없음은 당연하다. 진정한 자기를 떠나서는 제반사를 이룰 수 없음은 명약관화한 것이다. 그래서『중용』은 다시 말한다.

> "인간본성이 성실하면 밖으로 드러난다. 밖으로 드러나면 뚜렷해진다. 뚜렷해지면 밝아진다. 밝아지면 감동시킨다. 감동시키면 악을 개변시키게 되고 악을 개변시키게 되면 선으로 변화하게 된다. 오직 천하의 지극한 성실만이 이것을 변화시킬 수 있다."(「제23장」)

성(誠)으로 인간의 성실한 내면성을 성찰함으로써 객체의 외적질서 및 사물의 법칙을 명석하게 분석할 수 있게 된다. 즉 우리는 인간의 순수한 본성의 노출이 안으로 향하면 성실성(誠實性)이 되지만, 밖으로 향하면 사물의 성질에 대한 명석(明晳)한 판단을 가지게 된다고 할 수 있다. 다시 말해서, 인간의 순수한 주체성 그 자체가 곧 진리라는 것을 깨닫게 되는 것이다. 이로써 보면, 인간의 지극한 성실을 실현하게 되면 타인도 움직일 수 있고, 사회도 움직일 수 있으며, 사물도 이뤄 주고 나아가 천지와의 화육에도 참여하는 길이 된다고 할 수 있겠다. 그래서 『중용』은 이것을 말한다.

> "오직 천하의 지극한 성실만이 자기의 본성(本性)을 빠뜨림 없이 실현할 수 있다. 자기의 본성을 빠짐없이 실현시킨다면 다른 사람의 본성을 다하도록 할 수 있다. 다른 사람의 본성을 빠짐없이 실현시킬 수 있다면 천지(天地)를 도(道)와 만물과도 화육(化育)할 수 있다. 천지를 도와서 만물과 화육할 수 있으면 천지와 더불어 나란히 갈 수 있다."(「제22장」)

『중용』에서 강조하는 성실은 자기 인격의 완성됨을 성기(成己)라고 하였고, 타인의 인격을 완성시켜 주는 것을 성물(成物)이라고 하였다. 다시 말해서, 내(內)·외(外), 충(忠)·서(恕), 성(誠)·성지(誠之), 성기(成己)·성물(成物)이 일치하는 근거는 오직 성(誠)으로 일관(一貫)된다고 할 수 있다. 이것을 일관할 수 있는 가능근거가 바로 지극한 성실(至誠)이며, 내·외는 성이 아니고는 합일될 수 없다는 결론에 이르게 하고 있다. 그리하여 "성이라는 것은 내·외의 도를 반드시 합일시킴"(『제25장』)에서 명료하게 드러내고 있다.

『중용』은 삼달덕인(지(智)·인(仁)·용(勇))과 오달도인(군신(君臣)·부자(父子)·부부(夫婦)·곤제(昆弟)·친우(朋友)) 그리고 천하의 구경(九經)인 (수신(修身)·존현(尊賢)·친친(親親)·경대신(敬大臣)·체군신(體群臣)·자서민(子庶民)·래백공(來百工)·유원인(柔遠人)·회제후(懷諸侯)) 그리고 진실한 학문을 위한 수련에서, 즉 (박학(博學)·심문(審問)·신사(愼思)·명변(明辯)·독행(篤行) 등) 모든 하늘과 인간의 도(道)가 성(誠)을 근원으로 삼지 않는 것이 없다고 극명하게 제시하고 있는 것이다.

6. 대학: 인식론의 형성

1) 학문수련을 위한 삼강령 팔조목(三綱領 八條目)

주자는, 『대학』이라는 책은 특히 다른 범주와는 달리 인식론의 대의가 뛰어난 경전이라고 극찬하였다. 그래서 그는 "이 책을 통달해야 비로소 다른 책을 읽을 수 있을 것이다."라고 하였다. 그는 다음과 같이 말했다.

> "나는 일생에 다만 이 글귀들이 뛰어남을 알았고, 선현(先賢)들이 미처 보지 못한 점을 나는 보았다. 사마온공이 『통감』을 짓고, 평생의 정력을 모두 이 책에 쏟았다고 하였다. 나도 『대학』에 있어 느낀 바가 또한 그러하다. 먼저 모름지기 이 책을 통달해야 비로소 다른 책을 읽을 수 있을 것이다.(……) 이 책 속에서 먼저 격물치지(格物致知)함을 체득하고 난 후에 성의(誠意)·정심(正心)·수신(修身)·제가(齊家)·치국(治國)·평천하(平天下)하는 일을 알게 된다."(『대학』, 「독대학」)

『대학』의 도(道)는,

> "밝은 덕을 밝힘에 있고(明明德), 백성을 새롭게 함에 있으며(新民), 지극한 선에 머문다.(止於至善)"(『대학』, 「대학장구」)

『대학』의 도는 자신에 내재한 밝은 덕을 밝혀야 하고, 이 밝은 덕으로 다시 백성들을 위해 봉사하는 신민에 있다. 이 신민의 귀착점은 지극한 선에 머무는, 즉 지선의 경지에 멈추어 자기 의지를 옮기지 않음이다. 자기의 의지를 옮기지 못하게 함은 바로 이 삼강령과 팔조목을 실행해야 한다고 씌어 있다. 정자는 『대학』의 삼강령 팔조목을 이렇게 말한다.

> "『대학』은 대인(大人)의 학문이다. 명은 밝힘이다. 명덕이란 것은 사람이

하늘에서 얻은바, 허령하고 어둡지 않아 뭇 이치를 갖추고 만사에 응하는
것이다. 다만 기품에 구애되고 인욕에 가릴 때 어두울 적이 가끔 있으나,
그 본체의 밝음은 아직 쉬어 본 적이 없다. 그러므로 학자는 마땅히 남에게
미치어, 그로 하여금 옛날에 찌든 더러움을 제거함이 있어야 한다. 지(止)는
반드시 이것에 이르러 옮기지 않는다는 뜻이며, 지극한 선은 사리의 당연한
표준이 된다. 그리고 명명덕과 신민은 모두 마땅히 지선의 경지에 멈추어
옮김이 없도록 함을 말한 것이니, 반드시 천리의 극(極)을 다함이 있게 하
고, 한 점이라도 사욕의 사사로움이 없도록 하는 것이다. 이 세 가지가 『대
학』의 강령이다.”(『대학』, 「대학장구」)

  “명덕을 천하에 밝힌다는 것은 천하 사람들로 하여금 모두 명덕을 밝힘이
있게 하는 것이다. 심(心)은 신체의 주가 되며, 성(誠)은 실질이며, 의(意)는
마음의 발현이며, 그 마음이 발현하는 것을 성실히 하여 반드시 스스로 만
족하고 스스로 속임이 없도록 하는 것이다. 치(致)는 지극히 극추(極推)함이
며, 지(知)는 식(識)과 같으니, 나의 지식을 미루어 지극히 하고 아는 것을
다하지 않음이 없고자 하는 것이다. 격(格)은 도달함이다. 물(物)은 사(事)와
같다. 사물의 이치를 궁구하여 그 이치가 극처(極處)에 이르지 않음이 없고
자 한다. 이 여덟 가지는 『대학』의 조목이다.”(『대학』, 「대학장구」)

2) 인식론을 정립하기 위한 격물치지(格物致知)

  인식론(認識論)에서 격물치지(格物致知)라는 것은 사물을 분명히 헤아
리고 그 사물에 대한 의의를 바르게 꿰뚫어 판별하고 논술할 수 있는 철
학의 한 범주이다. 이것을 인식론이라고 한다. 우리는 여기에서 인식론이
라 할 때, 막연히 대상사물을 안다고 함이 아니라 지식 자체를 대상으로
하는 학문이며, 앎 자체를 반성하고 탐구하는 학문이기도 하다. 그러므로
인식론의 성격은 인식하는 주체와 인식되는 객체와의 양자 간에 철학적
사유문제가 발생한다. 가령 “책이 있다”라고 할 때, 책을 아는 나의 주체
와 대상인 책과 또 나와 책의 관계는 인식과정에서 분석되고 사유하는 것
이 된다. 여기에서 우리의 사유가 극단에 치우칠 때, 인식하는 주체에 모

든 비중을 싣고 논의하면 관념론으로 흐르게 되고, 대상에 비중을 전적으로 실어 버리면 유기론(唯氣論)이 되어 버리는 것이다.

그리하여 격물치지는 『대학』에서 지식을 얻으려면 반드시 사물에 이르러야 한다는, 즉 치지는 격물에 있음(致知在格物)을 강조하고 있다. 이것은 인식 주체인 치지(致知)가 바로 인식되는 객체의 격물(格物)에 있다는 것을 우리에게 알리는 것이다. 이것을 주자는 인식 주체와 인식되는 객체 간의 구분을 『대학』, 「보망장」에서 다음과 같이 말하고 있다.

> "이른바 지식을 이룸이 사물을 격(格)하는 데 있다고 한 것은 내 지식을 이루고자 하려면 사물에 밀착하여 그 이(理)를 궁구하는 데 있는 것이다. 대저 인심의 영(靈)함이 지식을 소유하지 않음이 없으며, 천하의 만물이 이(理)가 있지 않음이 없으니 오직 이(理)에 궁구하지 못함이 있는 것이다. 이래서 『대학』에서는 처음 가르침에 있어서 반드시 배우는 이로 하여금, 무릇 천하의 사물에 즉하여 이미 알고 있는 이치를 근거로 해서 더욱 궁구해야 한다. 그 극진한 데 이르면 추구되지 않음이 없으니, 노력하기를 오래하여 하루아침에 환히 뚫리는 데 이르면, 모든 것의 밖과 안(表裏)과 세밀함과 엉성함(精粗)에 이르지 않음이 없다. 그리고 내 마음의 본체(體)와 작용(用)이 밝지 않음이 없으니 이것이 사물에 격(格)함이며, 이것이 지식의 지극함이다."(『대학, 5』) 『대학』은 격물에 접근하는 방법으로 사(事)와 물(物)을 구분하여 말하기를, "물에는 본(本)·말(末)이 있고, 사에는 종(終)·시(始)가 있다. 이것의 먼저 할 일과 나중에 할 일을 알면 도(道)에 가깝다."(『대학』, 「대학장구」)

우리는 사물에는 반드시 본·말이 있고, 사실(사건)에는 종·시가 있다는 것이다. 그리고 이 사물과 사건에서 치지로 옮기는 일에는 먼저 해야 할 일과 나중에 해야 할 일의 순서가 있음을 강조하고 있는 것이다.

> "사물에는 본·말이 있다는 것은 만물의 생성소멸에 관한 창조의 원리인 선천성에서 말한 것이다. 사에는 종·시가 있다는 것은 논리적인 것으로 인간이 주체가 되어 밝혀 가는 성물(成物)로써 인위적 후천성이다. 이로써 천

하 만물은 본·말, 종·시와 개물성무(開物成務)에 따라 생성되고 인간의 저변에서 완성된다."(『주역서문』)

사물에는 본·말이 있고, 사건에는 종·시가 있으니, 먼저 하고 뒤에 할 일을 알면 도에 가깝다는 것을 강조하고 있다. 대학의 8조목에서 사물과 사건을 구별하여, 사물이 선행할 때 사건은 거기에 언제나 수행하고 있는 것이다. 다시 말해서, 사물은 본(本)·시(始)가 있으므로 먼저 접하고 사건은 말(末)·종(終)에서 인식해야 된다고 말한다. 그러므로 격물치지에 있어 물에 밀착함이 일차가 되고, 지혜에 와 닦음은 이차가 되는 셈이다.

"사물의 이치가 이른 다음에 지식이 지극해지고, 지식이 지극해진 다음에 뜻이 성실해지고, 뜻이 성실해진 다음에 마음이 바르게 되고, 마음이 바르게 된 다음에 몸이 닦아지고, 몸이 닦아진 다음에 집안이 가지런해지고, 집안이 가지런한 다음에 나라가 다스려지고, 나라가 다스려진 다음에 천하가 평정된다."(『대학』, 「대학장구」)

여기에서 보면, 반드시 격물이 지식보다 우선하고 있으며 지식이 격물 다음에 오게 된다. 그래서 격물(格物)이 선행한다면 지식의 이름(致知)은 후행을 이룬다. 즉, 우리는 물(物)은 마음(心)과 신체(身) 그리고 가정(家)과 국가(國) 그 다음이 천하(天下)라고 말할 수 있겠고, 인간이 다스려야 할 사(事)는 성실 함(誠)과 바르게 함(正) 그리고 학문을 닦음(修)과 정리정돈을 가지런히(齊) 하여 다스리는 지혜(治)와 천하를 평정(平)함으로 구분할 수 있을 것이다. 이것은 먼저 격물로써 사물의 본성을 밝히고, 그 다음 객관적 사물의 이치가 주체화되어 이치를 완성시킨다는 의미를 갖고 있다. 그러므로 사물이 먼저 이르게 되고 지식은 나중에 이름을 인식하여 스스로 성명(性命)이 바로 서게 되고, 사물의 본(本)·말(末)과 사건의 시(始)·종(終)이 양유(兩有)함을 사유하고 일체에 귀일시키니 이는 곧 진리 인식의 귀결처가 된다.

그러므로 사물에 있는 본(本)·말(末)의 내면에 사건의 종(終)·시(始)가 내재하게 되고, 사건의 종·시 내면에 본·말의 사실적 법칙이 연계됨으로써 내외일관. 물아일체(物我一體)의 인식이 가능하게 된다. 그리하여, 『대학』의 삼강령 팔조목에는 우리가 실행해야 할 선후관계를 주자는 잘 말해 주고 있다.

> "격물·치지·성의·정심·수신은 명덕(明德)으로 향하는 것이고, 제가·치국·평천하는 신민(新民)을 위한 것이다."(『주자어류, 권18』,「대학혹문」)

> "명덕은 근본이 되고, 신민은 말단이 되며, 지지(知止)는 시(始)가 되고, 능덕(能德)은 종(終)이 되니 근본과 시작은 먼저 해야 할 일이며, 말과 종은 뒤에 해야 할 일이다."(『대학』,「대학장구」)

격물치지에서 격물이란 객관적 사물을 위주로 해서 한 말이고, 지식의 이름이란 주체인 오심(吾心)의 지(知)를 위주로 말한 것이다. 그러므로 격물이란 사물의 이치의 극처에 이르러 밖에서 안으로(表裏), 정미한 것에서 조잡한 것(精粗)에 이른다. 그러므로 밖에 있으면서 안에 있고, 안에 있으면서 밖에 있는 안과 밖이 간극이 없는, 즉 표리무간(表裏無間)인 것이다. 겉으로는 단절되어 보이는 양사(兩事)가 다만 일사(一事)가 되는 것이다.

> "밖과 거침이 이치의 작용이라면 안과 정미함은 이치의 본체이다. 모든 이치의 본체는 나의 마음의 본체이며, 모든 이치의 작용은 곧 나의 마음의 작용이다. 나의 마음에 전체와 대용이 분명하지 않을 수 없는 것은, 즉 명덕의 단서가 여기에 있게 된다. 그러므로 격물치지가 비록 두 가지 일 같지만 사실은 하나의 일인 것이다."(『대학』,「대학장구」)

그리고 주자는 격물치지 자체가 대학 3강령 8조목의 방법론에서 이치를 궁구함(窮理)과 대상의 물사접물(物事接物)에서 차근차근 수사우물(隨事遇物)해 나갈 때 그 사의 공효를 알 수 있다고 주장한다. 이것을 그는 다음과 같이 말한다.

> "사건에서 사물과 만나는(遇事接物) 사이에 각각 하나하나씩 이해하여 가면 비로소 얻어지게 된다. 세밀하고 미세(精微)한 것만 이해하고 성글고 잡된(粗雜) 것은 지나쳐 버려서는 안 되고, 큰 것만 이해하고 작은 것은 묻지 않는다면 끝내 결점이 있게 된다. 그러므로 사건에 따라 사물과 만나는 것(隨事遇物)에 있어 하나하나씩 궁진해 가면 자연적으로 사유가 분명할 수밖에 없다."(『주자어류, 권15』, 「대학」)

주자는, 이(理) 없이는 물(物)이 없고, 물(物) 없이는 이(理)가 존재하지 않듯이 정(精)·조(粗), 대(大)·소(小), 귀(貴)·천(賤)을 막론하고 모두 격물이 아닌 것이 없다고 주장한다. 이것은 상학처(上學處)에 집착하기보다는 하학처(下學處)를 먼저 궁구하고 추구하라는 의도이다. 일반적으로 우리의 인식은 현상 자체는 가깝고, 적고, 얕게 있지만, 먼저 자신이 가깝고 절실한 것에서 추구하고, 나중에는 정미하고 고원하고 유심(幽深)한 것에 이르도록 궁진(窮盡)하는 것이 통설이다. 그러나 격물치지의 공부방법은 주지적(主知的) 관점에서 우리는 지식의 축적에 있는 것이 아니고, 오직 밝은 덕을 밝힘(明明德)으로 하여 지혜가 활연관통하려는 것을 목적으로 하고 있다. 따라서 그렇게 되려면 사물에 접하여 이치를 궁구(卽物窮理)하는 개연적 방법에서 식별하는 지혜(識別知)를 토대로 하여 우리의 인식이 활연관통한 오각지(悟覺知)의 세계를 열고자 하는 데 있다. 다시 말해서, 훤하게 틔어 관통되는(豁然貫通) 가능근거는 객관적 물리측면에서 하나의 이치로 꿰뚫는(一理一貫) 주관적 마음의 지식(心知)측면에서 마음은 만 가지 이치를 포괄하는(心包萬理) 심령으로 진입하는 것을 목표로 하고 있다. 일단 활연관통하면 본체의 오심(吾心)이 완성되고, 하나의 근본이 되는 곳(一本處)에 이르게 될 때, 비로소 뭇 사물은 표리(表裏), 정조(精粗)로 구별되고 마음의 전체 대용(全體大用)이 훤하게 밝아져 내외가 합일하게 된다. 그러할 때, 우리에게 주는 인식적 공효는 도덕의 위대한 근원(大源)이 성취되고 사물에 응하고 이치에 순응(應物順理)하는 지평이 열리게 되는 것이다.

제2장 정·주의 성리학

1. 성리(性理)라는 학문의 형성

중국철학사 중에서 송대에 와서 드디어 성(性)과 이(理)라는 개념이 명실 공히 학문(學)이라는 명칭을 부여받았다. 이 낱자들은 고대로부터 송대까지 많은 경전을 통해 우리가 대해 온 낯익은 개념들이다. 아울러 그것은 중국인의 의식 속에 깊이 뿌리내린 개념이기도 하다. 이 성(性)과 이(理)를 합하여 학문으로 자리매김하는 것을 성리학(性理學)이라 부른다. 중국철학사 중에서도 송대의 성리학만큼 다채롭고 논리적이며 새로운 철학적 경향성을 띠고 있는 것이 하나의 특성이다. 왜냐하면, 선진시대에는 원시유학이 주류를 이루어 왔으며, 한·당시대에는 당연히 훈고학이 그 위치를 차지해 왔으며, 송대에 와서는 단연 성리학이 문학, 사학, 철학에서 크게 두각을 나타내었기 때문이다. 그리고 그것은 송대만의 고유한 특성이며, 즉 특히 자연법칙의 이(理)로 인해 방대한 우주론의 체계를 연역해 내었다는 점에서 이학(理學)이라고도 불린다. 근세에 와서 유가철학을 연구하는 과정에서 심(心)과 이(理)와 기(氣)의 세 갈래로 나누어 논술하고 있다. 그뿐만 아니라 이 송명 이학(理學)의 다양성은 신사유와 구조적 특징을 갖고 있다는 의미에서 신유학(Neo-Confucianism), (모종삼, 『심

체여성체』, 방동미『중국철학의 정신 및 그 발전』)이라고도 불린다. 현재 중국철학계에서도 신유학이라는 명칭을 그대로 적용하고 있다. 송대 성리학의 기조를 이룬 학자들은 북송의 오자(五者)들이다. 주렴계(돈이, 1017-1073)는 송학을 열어준 개조(開祖)라 부르고 있고, 정명도(정호, 1032-1085)와 그의 동생 정이천(정이, 1033-1107)은 부친의 청을 받아 "주렴계 문하에서 수학하였다."(『송사』,「권, 427」) 그 후, 주자(주희, 1130-1200)는 이정과 장재(횡거, 1020-1077) 그리고 소옹(강절, 1011-1077)의 학설을 두루 섭렵하고 이학을 집대성하게 되었다. 그리고 지금까지 그들의 대표적 저작은 주렴계의 『태극도설』과 『통서』, 이정의 『정자유서』, 장재의 『장재 집』과 『정몽』, 『서명』, 주자의 『주자전서』, 『주자어류』, 『주자문집』 등이 나와 있다. 그들의 다양하고 풍부한 저서들은 송대 철학연구에 있어서 본체론 부분에는 이(理)로써 태극이고, 도가 된다. 인성론 부분에는 성(性)이 곧 이(理)가 되어 이것을 인간의 도덕법칙으로 삼아 왔다.

2. 정이천의 이(理)와 기(氣)의 체용일원

정이천(명: 頤, 자: 正叔, 1033-1109)은 『주역』계사에서 도기사상(道器思想)을 계승하여, 자신의 치밀한 논리로써 우주본체론을 착안하였다. 그는 이(理)를 세계만물의 법칙, 조리, 원리 혹은 보편자로 간주하고, 그것이 현상과의 관계에서 소이연(그렇게 된 까닭)으로서의 이(理) 또는 도(道)라고 규정하였다. 그는 이와 도를 이렇게 말한다.

"음양을 떠나서 다시 도는 있을 수 없다. 음·양을 개합(開闔)하게 하는 까닭이 바로 도이다."(『이정전서』,「권16」)
"일음일양하는 것을 도라 하고, 도는 음양 자체가 아니다. 일음일양하게 하는 소이(所以)가 바로 도이다.”(『정씨유서』, 「권, 3」)

정이천이 주장하는 이(理)는 세계만물의 존재원리로서 이를 위주로 해서 보는 주장(理上看)에서의 이(理)와 사물과 이를 섞어서 보는(渾淪看) 이(理)를 명확히 구분하여 이(理)의 정체성을 확고히 하였던 것이다. 먼저 그는 이를 위주로 삼아, 기(氣)보다는 이(理)가 시간적으로 선재(先在)해왔다고 강조한다. 그 이유는 어떠한 사물이 존재하려면 사물이 사물 되게 하는 까닭이 있게 마련이다. 이러한 까닭을 “이(理)는, 즉 도”(『이정전서』, 「권, 40」)라고 주장하는 것이었다. 그는 이(理)의 위치를 현상사물과 완전히 분리시키고, 세계본질로 규정하였다. 그리고 그는,

> “만물이 있으면 반드시 거기에는 만물을 있게 하는 까닭이 있고, 일물(一物)에는 모름지기 이(理)가 있게 마련이다.”(『유서』, 「권, 18」)

그러므로 그는 우주 본체(本體)로서의 이(理)는 각 존재마다 본유(本有)하고 있다고 주장한다.

> “만물은 모두 하나의 이(理)를 갖추고 있다. 하나의 사물이나 하나의 일이 비록 작다 하더라도 모두 이 이(理)를 갖추고 있다.”(『상계서』, 「권, 15」)

그는 이(理)를 세계 유일의 절대적 본체라고 하면서 이(理)는 일사(一事), 일물(一物)이 작든 크든 간에 반드시 이(理)가 사물을 떠날 수 없다고 주장한다. 이러한 계기로 인해 그는 송대 이학에서 최초로 물질보다 이(理)의 선재성(先在性)을 제창하기에 이른다. 그의 이러한 이론은 후대에 이철학과 기철학의 분기점에 미친 영향은 지대한 성과를 가져왔다. 그리고 정이천은 다시 이(理)를 두 가지로 분류하고 있다. 그것은 총체(總體)로서의 이(理)와 분수(分殊)로서의 이(理)였다. 총체로서의 이를 이일

(理一)이라 명명하였고, 분수로서의 이를 일리(一理)로 명명하였던 것이
다. 총체적 이일(理一)은 완전무결한 절대자로 간주되었으며, 존재하는 조
건에서는 소이연으로써 세계 유일의 보편근거(조리, 원리, 원칙, 법칙)로
보았다. 그 다음, 그는 분수의 일리(一理)를 언급하였다. 분수의 일리는
개별에 내재하는 이(理)로써 개개사물에 내재되어 개개사물을 사물 되게
하는 조리와 법칙이 됨을 주장하였다. 그는 이(理)와 기(氣)의 관계를 다
음과 같이 천명한다.

> "유형(有形)은 모두 기(氣)이다. 무형(無形)은 다만 도(道)일 뿐이다. 음
> 양을 떠나면 도는 다시없다. 음양은 기이며 형이하이다. 도는 태허(太虛)이
> 고 형이상이다."(『성리대전, 권26』)
> "위로 하늘의 실음은 소리도 없고, 냄새도 없고, 들을 수도 없는 그 본체는
> 변역(變易)한다. 그것이 이(理)인 즉 도(道)라고 말한다."『이정전서, 권40』)

정이천은 이(理)를 위주로 보는 주장(理 上看)에서, 이(理)는 순수관념
의 무형, 도, 태허로 현현했으며, 기(氣)는 질료적으로 보아 기(器), 수
(數), 음양, 유형으로 나타내었다. 그리고 더 나아가 그는 이(理)의 속성,
즉 어느 공간에서도 두루 완만하고 어느 시간에서도 완벽하게 갖추어지는
추상적이면서도 변화하는 진면목을 잘 지적해주고 있다.

> "인간의 존망과 가감에도 상관하지 않고, 모든 이(理)는 그 자체로 완비되어
> 있으며 그 속에는 결코 조그마한 결함도 있을 수 없다."(『유서』, 「권2, 상」)

그리고 우리는 그가 이(理)를 형이상의 실체로 보는 관점에 주목해보도
록 하자. 이것은 절대적이며 현상을 초월해 있어 현상사물이 존재하는 데
그 근거를 제공하고 있다. 그러므로 그가 주장하는 이(理)는 현상계에 나
타나거나 나타나지 않거나 또는 인간이 알거나 말거나 관계하지 않고 "모

든 이(理)는 널리 확산되어 있다."(『유서』, 「권2, 상」)라는 순수관념이면 서 세계의 본질로 간주하였다. 그리하여 그는 중국 송대 철학에서 최초로 객관 관념론이라는 동기를 제공한 셈이다. 그는 또 이(理)를 물상간(物上 看)에서 보아, 본체와 작용을 하나로 봄(體用一源)과 드러남과 숨은 것도 하나의 근원(顯微一源)이라는 논리를 제공하고 자신의 이철학적 관점을 극명하게 보여주고 있다. 그는 다음과 같이 말한다.

> "지극히 미묘한 것은 이(理)와 견줄 만한 것이 없다. 이것이 사리일치(事 理一致)이며 현미일원(顯微一源)이다."(『유서, 25』) "지극히 미묘한 것은 이 (理)이다. 지극히 드러난 것은 상(象)이다. 이것이 체용일원(體用一源)이며 현미무간(顯微無間)이다."(『역전, 서』)

그가 주장하는 이(理)는 우주에 빈틈없이 꽉 차서 조밀하고, 지극히 미 세하며, 개합(開合)하는 소이(所以)로써 형이상이 된다고 하였다. 그 반면 에 기(氣)는 형상을 갖추고 드러나며 현상작용을 이룬다. 다시 말해서, 기 (氣)는 한마디로 유형의 질료적 형상이다. 정이천의 철학적 사유 세계는 너무나 이(理)를 상등(上等)시키는 노선에 있기 때문에, 그는 질료상에서 말할 때 이(理)를 억지로 끌어내려 이와 기의 관계를 불상리(不相離)라고 말할 뿐이다. 재언하자면, 그는 기(氣)가 있으면 거기에는 반드시 이(理) 가 있다고 하는 표현을 극구 부정하고 있다. 이것은, 즉

> "이(理)가 있으면 반드시 기(氣)가 거기에 있다."(『이정전서』, 「권41」)

라는 형상이나 질료보다는 관념적 현상사물을 초월한 이 철학체계를 구 축했던 것이다. 이 점만 보더라도 우리는, 정이천의 이(理)철학 체계를 이 해하려면 그가 주장하고 있는 이기관계에서 우리는 정신을 일차적인 것으 로 이해해야 하며, 물질은 이차적인, 즉 이(理)에 종속되는 체계를 이루고

있음을 알 수 있겠다. 다시 말해서, 그가 이(理)를 안전한 절대적 본체로 규정하는 반면에, 기(氣)는 생멸하는 가변존재의 현상작용으로 여겼을 뿐이다. 그리고 이(理)라는 것은, 본체로써 언제나 작용의 근원을 이루면서 조리(條理)가 되는 것이 당연하기 때문에 그가 체용일원(體用一源)이라고 말하였던 것이다. 그리고 이(理)는, 현상의 모든 존재가 발현하는 기작용에서는 기(氣)의 드러남과 동시에 이(理)의 미묘한 본성으로 인해 간극이 있을 수 없으므로 현미무간(顯微無間)을 이루는 것이다. 이것은 나중에 주자가 이철학(理哲學)을 수립하는 데 크게 영향을 미치게 된다. 주자는 태극(太極)과 이(理) 그리고 이(理)와 기(氣), 이일분수설(理一分殊說), 그리고 이 이(理)는 인성론에 접어들어 소당연(所當然)이라는 도덕법칙으로 등장하면서부터 중국철학사에 하나의 획을 그을 정도로 지대한 영향을 미치게 되었다.

3. 주자: 송대 성리학의 집대성

1) 주자에 의한 이 본체론(理本體論) 완성

주자(명: 熹, 자: 晦庵, 1130-1200)는 주렴계의 『태극도설』과 정이천의 이기이원론(理氣二元論)을 종합하여 태극을 이(理), 음양을 기(氣)라고 규정하고 송대 성리학을 집대성하게 되었다. 그의 철학적 기조를 이루는 주제어는 태극과 이(理)에 있었다. 주자의 태극, 즉 이(理)는 총체와 개체의 존재근거를 모두 포괄하고 있는 것이 특징이다. 먼저 존재근거로서의 총체의 태극을 논의해 보도록 하자.

주자는 천지만물은 모두 서로 공존하고 동시에 존재하면서 총체를 이루고 있다. 이러한 우주 전체는 총체적 천지만물의 이(理)를 태극(太極)이라고 하였던 것이다. 그것을 그는 다음과 같이 말한다.

> "사사물물(事事物物)에도 모두 개별적 극(極)을 갖고 있다. 이것이 진리이
> 고 극의 지극함이다. 장원진이 주자에게 묻는다. '임금의 인(仁)이라든가 신
> 하의 경(敬)과 같은 것을 극(極)이라 할 수 있습니까?'라고 물었다. 선생이
> 답한다. '이것은 일사일물(一事一物)의 극이요, 총체적 천지만물의 이(理)는,
> 즉 태극이다.' 태극은 본래 이름이 없고 다만 하나의 근거일 뿐이다."(『주자
> 어류, 94』)

주자가 주장하고 있는 이(理) 혹은 태극(太極)이란 모든 개체를 아우르
고 모든 존재를 존재하게 하는 조리, 법칙, 원리라고 하였다. 즉 우주 전체
의 조리를 일컬어 태극이라 하고, 개체의 조리를 일컬어 극이라고 일컬었
다. 그러므로 태극은 우주·만물의 근거가 되며, 천지만물은 이(理)의 총
화이고, 세계로 하여금 존재해야 할 모습을 부여해주는 하나의 원리인 셈
이다. 개체로 말하면, 개개의 사물을 개개의 사물로 만들어 주고 있는 원
리이며, 그것을 이(理)라고 하였다. 전자의 경우, 천지만물을 존재케 하는
이(理)의 총칭을, 즉 태극이라 말하고, 후자의 경우, 한 사물에는 한 사물
마다 사물의 성(性)이 주어진다. 이때의 성은 이(理)와 동일한 의미로 쓰
였다. 주자에 있어서 태극은, 총체와 개체의 존재를 총칭하고 있기 때문에
형이하의 기(氣)와 형이상의 이(理)를 모두 포괄하고 있는 셈이다. 주자는
존재론의 총체적 모습을 나타낼 때, 주렴계의 『태극도설』에서 무극이 태극
이라는 표현을 그대로 계승하고 있다. 그는 태극을 다음과 같이 말한다.

> "무극(無極)을 말하지 않는다면 태극은 하나의 사물(一物)이 되어 만물을
> 변화시키는 근원이 될 수 없고, 태극을 말하지 않는다면 무극은 공적(空寂)에
> 빠져 만화(萬化)의 근원이 될 수 있는 자격을 상실하게 된다."(『주자문집, 36』)
> "태극은 다만 극지(極至)이므로 다시 갈 곳이 없다. 지고(至高)·지묘(至
> 妙)·지정(至精)·지신(至神)으로서 이는 갈 곳이 없다. 주렴계는 사람들이

태극에 형상이 있음을 말할까 두려워 무극(無極)을 태극이라 말한 것이다.
이 무(無) 안에 극지의 이(理)가 있는 것이다.”(『주자어류』, 「권1」)

즉 주자가 주장하고 있는 무극은 태극과 동일한 의미로 쓰이고 있다. 만일 무극만을 강조한다면 태극은 무형이 되어 인간사유에서 허무로 보거나 사변에 흐를까 염려하여 이(理)에 실유를 강조하기 위해서 태극이라 말한 것이다. 그 반면에 지나치게 태극만을 강조한다면 그것은 실체적 존재로 보아 현상적·가시적 차원에 있기 때문에 무극으로 대변하였다. 그리하여 무극이면서 태극, 태극이면서 무극이라는, 즉 없으면서도 있고, 있으면서도 없는 의미를 동시에 갖고 있다고 그는 주장하였다. 사실 그가 주장하는 태극은 이(理)로서 당연히 존재하고 있다는 것이다. 그러므로 존재에서 무(無)라는 것을 부정하기 위해서 상대적으로 무극이라는 말을 덧붙여 놓은 것이라고 할 수 있겠다. 이것에 대해서 일본의 安田二郎 교수는 말하기를, “이(理)는 존재로서는 없는 것이며, 의미로서는 있는 것”이라고 강변하기도 하였다. 그리고 이러한 무극이면서 태극(無極而太極)이라는 명제는 주자의 철학에서 근간을 이뤄왔으며 태극(太極)이 천리(天理)라는 관점에서 이 본체론의 완성을 보았던 것이다.

주자학에 나타난 전체 철학개념들 비교

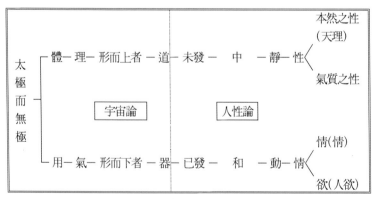

2) 이기(理氣)관계의 논리적 규정문제

세계 내의 존재와 사물 그리고 모든 현상을 이(理)와 기(氣)로 해명하려는 것이 주자철학이다. 그는 정이천의 이철학(理哲學)과 장재의 기철학(氣哲學)을 계승하여 재정립하고 집대성하였다. 필자는 일반적으로 주자의 이기의 문제를 원전에 나타난 대로 이를 이상간(理上看)에서 보는 것을 논리적 규정이라고 하고, 이를 물상간(物上看)에서 보는 것을 실재적 규정이라고 한 것을 그대로 적용하고자 한다. 그것을 나누어 논의해 보자.

(1) 이(理)를 논리상에서 규정

주자는 논리적 규정에서, "이와 기는 결코 이물(決是二物)이며, 서로 섞일 수 없다(不雜)."라고 주장하였다. 주자는 이와 기는 결코 이물이라고 하는 규정에서 이미 우리는 그의 주된 철학적 체계가 이기이원론(理氣二元論)이라고 하는 단서가 은은하게 숨어 있음을 예측할 수 있다. 그것은 다음에서 잘 보도록 하자.

> "이른바 이와 기는 결코 이물(二物)이다. 다만 물상간(物上看)에서 본다면, 이물(二物)은 혼륜하여 분개하고 각기 다른 곳에 있을 수 없다. 그러나 이물이 일물 됨을 방해하지 않는다. 반면에 이상간(理上看)에서 본다면, 비록 물이 있지 않더라도 이미 물의 이(理)는 있었다. 그러나 또한 그 이(理)만 있을 뿐이지 아직 일찍이 실제로 물이 먼저 있지는 아니하였다."(『주자대전』, 「권46, 답유숙문, 제1서」)

결론적으로, 우리는 주자철학에 나타난 이(理)의 논리적 규정은 다음과 같이 요약될 수 있겠다.

① 이기(理氣)는 결코 이물(二物)이며 이질적이다. 예컨대, 순수정신과 물질, 도(理)와 기, 순수와 잡박함, 공적의 세계와 물질의 작위 등으로 나

누고 있다.

② 이기(理氣) 중에서 이(理)의 가치를 기(氣)의 가치보다 상위에 두고 있다. 예를 들자면, 인간 이성의 도덕적 가치를 높이고 있는 데 있다.(存天理滅人欲)

주자는 정이천의 "음양이 한 번 음하고 한 번 양하게 하는 까닭으로서의 도이다."(『유서, 3』)라고 하는 것을 그대로 계승하여 자신의 철학적 변환을 가져온 것이 바로, "이(理)·기(氣)는 서로 섞일 수 없음(理氣不相雜)"을 확고히 하였다. 이것으로 인해 이(理)에는 순수성과 절대성이 있음을 인식하고 이존기비(理尊氣卑)라는 가치를 부여한 것이다. 주자철학에서의 논리적 규정에서 선후를 쉽게 간과할 수 없는 점이 바로 인성론(人性論)에 있다. 먼저, 이선기후(理先氣後)에서, 이(理)는 기(氣)보다 절대성·순수성의 입장에서 우선으로 보아야 한다. 왜냐하면, 존재근거와 가치규범을 생각할 때 인간본성의 성선(性善)문제를 들 수 있기 때문이다. 선한 인간본성의 궁극적 본원은 태극이요, 형이상이며, 천지지성이다. 아마도 주자의 이선(理先), 즉 이존(理尊)의 입장은 인간의 존엄성과 인륜질서를 강조함에 두고 있는 것 같다. 요약하건대, 그는 인간성의 회복, 즉 감성적 가치에서 이성적 가치를 격상시킨 것이라고 볼 수 있겠다. 왜냐하면 그 시대의 전도된 가치질서를 바로잡았어야 했고, 학문에서는 이학본연(理學本然)의 성실한 실천에 있다고 생각했기 때문이다.

(2) 이(理)를 실제상의 논리에서 규정

주자철학에 있어 이(理)를 실재상의 규정에서 논의해 보도록 한다. 실재상의 규정이라는 것은 이와 기를 모두 현상사물 측면에 본다는 논리이다. 우리는 주자가 피력하고 있는 개념들, 즉 이물(二物)은 혼륜하여 서로 나눌 수 없음(不可分開)과 서로서로 떠날 수 없음(理氣不相離)과 기(氣)는 드러나 있지만 이(理)는 미묘하여 인간의 외적 능력으로는 인지할 수 없다(氣顯理微)는 의미를 음미할 필요가 있다. 사실 현상의 모든 존재들은 기와 이의 혼합체이므로 어쩔 수없이 불가분개에 있을 수밖에는 없다. 왜냐하면, 이(理)와 기(氣)가 서로 떠날 수 없는 동시동소(同時同所)에서 존재를 생하고 또 보존해가며 존재들은 연대를 이뤄가기 때문이다. 주자는 그것을 다음과 같이 말한다.

"이(理)는 아직 기(氣)를 떠난 본 적이 없다. 그러나 이(理)는 형이상이고, 기(氣)는 형이하이다. 형이상·하로부터 말하면 어찌 선후가 없겠는가? 이(理)는 무형이지만 기(氣)는 조박(糟粕)하여 사재(渣滓)가 있는 것이다."(『주자어류 1』, 「이기, 순록」)

"만약 품부(稟賦: 실재물)에서 논할 것 같으면, 기(氣)가 있은 뒤에 이(理)는 따라서 갖추어진다. 그런고로 이 기(氣)가 있으면 이(理)가 있고, 기(氣)가 없으면 이(理)도 없다."(『주자대전, 권59』, 「답조치도」)

이(理)를 실재(實在)상의 논리에서 규정하고 종합해 보면 다음과 같이 적용될 수 있다.

① 이(理)와 기(氣)는 언제나 함께 있으며, 이(理) 자체로 독립해 있는 것이 아니고 반드시 기(氣) 중에 내재한다.

② 이를 실재상의 논리에서 규정해 보면 이기(理氣) 중에 실체인 기(氣)를 일차성에 두고 이(理)를 이차성에 둔다. 왜냐하면, 기(氣)가 있은 후에 이(理)가 따라 갖추어지기 때문이다. 그리고 이(理)는 기(氣)가 없다면 의지할 곳을 잃게 된다는 결론이다. 그리고 주자 자신의 창안으로 이(理)와 기(氣)가 서로 떠날 수 없다는 개념을 무척 강조한 것도 바로 여기에 있다. 그것은 각 사물들이 각각 상이하면서도 다양하게 작용하고 있다는 관점에서 이기(理氣)는 둘 다 동시·동존하며 존재를 이뤄가기 때문이다.

3) 이(理)의 이중적 논리구조

주자철학에 있어서 이(理)에 대한 또 하나의 특징을 이루는 것은 이중
적 구조에서 찾을 수 있다. 이것은 존재의 이(理)와 당위의 이(理)를 이
루고 있는 것이다. 이 둘의 관계를 본다면, 존재의 이(理)는 모든 존재를
존재케 하는 존재근거가 되는 반면에, 당위의 이(理)는 인간 도덕원리로
서 성(性)이며 이 성에서 정(情)을 발현해주는 인식근거를 제공하고 있다.
우리가 사물에 근접할 때, 인식의 주체인 성(性)의 이(理)가 소이연을 추
구하게 되면 오각지(悟覺知)가 되고, 소당연을 궁구하면 반성지(反省知)
가 된다. 이것으로 전자는 이(理)의 그렇게 된 까닭(所以然之故)이고, 후
자는 이(理)의 당연의 법칙(所當然之則)으로 되어 이(理)는 분명히 이중
적 구조를 이루게 되어 있다. 이(理)라는 것은 단독으로 존재하는 것이
아니고, 그것은 언제나 인간이나 사물에서 불리(不離)관계에 있다. 이(理)
는 자연의 조리(條理)·이법(理法)이지만, 인간 도덕의 소당연에 있어서
는 인륜의 이법이 된다. 이 이(理)는 바로 인간의 성(性)과 동일한 의미
를 갖고 있다. 모든 인간본성은 순수한 성(性)에서 나오지만, 순수한 성은
행위의 당위규범대로 행하게 된다. 그래서 맹자는 이(理)와 선천의 성(性)
을 동일하게 보고 네 가지로 분류한 이유도 바로 여기에 있는 것이다.

> "측은함을 느끼게 되는 것은 인성(仁性)에 기인한 것이고, 남의 잘못을
> 미워하고 나의 잘못을 부끄럽게 느끼는 것은 의성(義性)에 기인하며, 사양
> 하는 마음을 일으키게 되는 것은 예성(禮性)에 기인하며, 옳고 그름을 분별
> 하게 되는 것은 지성(智性)에 기인한다."(『맹자』, 「공손축」)

주자에 의하면 심(心) 가운데의 성(性)은 이(理)로서 체(體)가 되고,
심(心)에서 발현한 정(情)은 기(氣)로서 용(用)이 된다고 주장하였다. 그
러므로 이(理)인 성(性)은 인·의·예·지의 사단이 되며, 기(氣)인 정

(情)은 측은 · 수오 · 사양 · 시비로써 사단에서 발현된 정인 것이다. 이러한 정(情)이 발현할 때 조리가 필연적으로 따른다. 이것이 소당연의 법칙이다. 이러한 대상과 법칙의 관계를 주자는 다음과 같이 다시 분명하게 제시한다.

> "임금이 되면 당연히 인으로 다스리고, 신하가 되면 당연히 공경해야 하는 것은 곧 도리의 합당함이 이와 같다. 이와 같지 아니하면 모든 일을 할 수 없는 고로 소당연이라 한다. 그러나 인이나 공경 같은 것은 사람이 억지로 하는 것이 아니고, 태어날 때부터 곧 이(理)를 받는 것이므로 이는 곧 인간이 천리를 부여받는 것이다. 그러므로 이것을 소당연이라고 한다. 소당연의 도덕법칙을 앎은 성(性)을 아는 것이고, 소이연의 자연법칙을 앎은 천(天)을 아는 것이며, 이것은 곧 이(理)의 근원 처를 안다는 것이다."(『주자어류, 권18』, 「대학혹문격물전」)

주자가 주장하고 있는 물(物)은 임금과 신하, 연장자와 아랫사람, 부부, 아버지와 아들, 친구와 친구 간의 관계이다. 이러한 대상에서 임금과 신하는 인(仁)으로, 부부는 서로의 분별로, 아버지와 자식은 자애로, 연장자와 아랫사람은 순서로, 친구와 친구들끼리는 신임으로 각각 공통적 본원의 이(理)를 추구하는 관계에 있다. 그러므로 요약컨대, "무릇 일물(一物)이 있으면 반드시 일리(一理)가 있다."(『대학혹문, 2』)라는 말이 적용된다. 이러한 이(理)를 우리는 어떻게 인식할 수 있을까? 그것은 대상의 사물과 불리(不離)의 관계에 있기 때문에, 이 일리(一理)의 소재는 오직 감각적 · 경험적인 사물에서 그것이 현상에 드러나는 공효에서만 몸소 체득(體得)할 뿐이다. 이것을 주자는 우리에게 귀감으로 보내 준 말이 바로 "소당연은 이(理)의 실처(實處)에 있다"(『주자어류, 권18』, 「대학혹문」)라고 강조하였다. 그는, 우리에게 철학함에는 반드시 이(理)의 소당연과 이의 소이연에서 천리(天理)를 깨달아야 한다고 강조하고 다음과 같이 천명한다.

"소당연의 법칙이란 임금이 해야 하는 것이 인(仁)이고 신하가 해야 하는 것이 경(敬)이며, 소이연이 되는 까닭은, 임금은 어째서 인(仁)해야 하며, 신하는 어째서 경(敬)을 해야 하는가?'라고 하는 것과 같은 것이다. 이것은 모두 천리(天理)가 그렇게 한 것이다."(『대학혹문』,「주자 주」)

주자는 임금과 신하, 아버지와 아들, 부부, 연장자와 아랫사람, 친구와 친구들을 대상사물로 삼았으며, 이러한 대상에서 발현하는 가치, 즉 인(仁)·친(親)·별(別)·서(序)·신(信)은 이(理)가 발현한 소당연(所當然)의 법칙임을 극명하게 증명하였다. 주자는 맹자의 인성론을 그대로 계승하여, 대상의 가치는 모두 이(理)에서 발현되며 이것은 인간의 도덕적 당연법칙이며 각각에 갖추어진 태극이라고 하였다. 결론적으로 말하자면, 주자에 있어 이(理)라는 것은 소이연과 소당연의 이(理)를 겸유하고 있으며, 소이연은 실재의 천도이며, 소당연은 당연의 이(理)로서 인도이다. 그러므로 주자가 주장하는 이(理)는 천도와 인도의 이중적 구조체계에서 우주의 본체론과 인간의 인성론을 다양하게 구사했던 것이다.

제3장 명대의 심학(心學)

1. 왕양명: 심학의 3대 이론 설립

1) 심즉리설(心卽理說)

　왕양명(1472 – 1528)의 학문방향은 일생 동안 유가로부터 도가로 들어갔다가 도가에서 불가로 다시 불가에서 유가로 돌아왔다. 그가 유가로 돌아와 용장에서 머물 때 세월은 이미 30년이 흘렀다. 그는 일체의 영욕과 생사를 초월하고 인고의 단련과 학구적 체험을 통하여 개오(開悟)하게 되었으니 양명의 심학이야말로 전대의 어느 학파에도 편중되거나 집착함이 없는 독창적 철학사상이라 할 수 있다. 그의 심학구조를 일방적으로 말하라고 한다면, 왕양명『연보』에 나타난 사구교(四句敎)로써 대표할 수 있겠다. 이것은, 즉 선도 없고 악도 없는 것은 심의 체오와 선도 있고 악도 있는 것은 의(意)의 동(動)이요, 선도 알고 악도 아는 것은 양지(良知)요, 선을 하도록 하고 악을 제거하는 것이 격물(格物)이라고 대변하였다. 주자철학에 있어서 이(理)의 본원은, 즉 우주만물의 궁극적 원리를 태극이라고 하였듯이 양명의 심학에서는 모든 사물의 궁극처는 다름 아닌 심(心)에 있다고 할 수 있겠다. 왕양명의 심학은 크게 세 단계로 나눌 수 있다.

그의 첫 개오가 심즉리설(心卽理說)에 대한 확신이었고, 제2의 과제로 삼았던 것이 지행합일설(知行合一說)이었으며, 마지막 제3의 과제에서 그는 양지(良知)라는 명제를 얻어 존재론·우주론·인식론·가치론 그리고 천지만물일체는 마음이 양지를 체득할 때만이 가능하다고 보았다. 그래서 그는 그 다음 새로운 명제를 창출한 것이 바로 치양지설(致良知說)이다.

그는 심이 곧 이(理)라는 명제를 갖고 심 내에서 모든 궁극을 찾으려 했다. 이 논리는 자신의 제자인 서애와의 문답에서 왕양명이 주장하는 심즉리(心則理)라는 핵심이 잘 드러나리라고 생각된다. 그것은 다음과 같다.

"서애의 문: 지선(至善)을 단지 마음에서만 구한다면, 천하의 사리(事理)를 모두 밝힐 수 없는 것이 있을까 걱정입니다.

양명의 답: 마음이 곧 이치(心則理)이다. 천하에 또 마음 밖의 사(事)가 있으며, 마음 밖의 이(理)가 있겠는가?

서애의 문: 부모를 섬기는 효, 군주를 섬기는 충, 벗을 사귀는 신, 백성을 다스리는 인 같은 것은 그 사이에도 허다한 이(理)가 있는데, 아마도 살피지 않을 수 없습니다.

양명의 답: 학설이 이미 폐단을 가져온 지가 오래되었구나! 어찌 한마디로 알기 쉽게 설명할 수 있겠는가? 이것에 대하여 답하겠다. 아버지를 섬기는 경우 아버지에게서 효의 이치를 구해서는 안 되며, 군주를 섬기는 경우 군주에게서 충의 이치를 구해서는 안 되며, 벗을 사귀고 백성을 다스리는 경우 벗과 백성으로부터 신(信)과 인(仁)의 이치를 구해서는 안 된다. 모두 이 마음이 있을 뿐이다. 마음이 곧 이치(心則理)이다. 마음에 사욕의 가림이 없다면 이것이 곧 천리이다. 밖에서 한 점도 더하지 말아야 한다. 이 순수한 천리의 마음을 가지고 아버지 섬기는 데 발휘하면 이것이 곧 효가 되고, 군주 섬기는 데 발휘하면 이것이 곧 충이 된다. 벗과 사귀고 백성을 다스리는 데 발휘하면 이것은 바로 신(信)이고 인(仁)이 된다. 단지 이 마음으로 인욕을 제거하고 천리를 간직하는 데서 공부하게 되면 이것은 곧 이뤄지게 되는 것이다."(『전습록, 상』)

여기에서 그가 말한 심즉리의 논지가 극명하게 드러나고 있다. 그는 주자의 성즉리(性卽理)에 부응하여, 양명은 심즉리(心卽理)로 대응한 것이다. 주자가 성즉리를 갖고 즉물 궁리를 추구하였다. 그것은 물에 즉하여 마음이 일어나 이(理)를 구하는, 즉 마음과 물(物)은 서로 상즉(相卽)함에서 만물의 이치를 추구하는 격물치지를 이루었다. 따라서 주자에 있어서 효의 성립은 아버지를 대상으로 하여 이치를 추구하고, 충의 성립은 군주를 대상으로 하여 이치를 추구하였다. 신과 인은 벗과 백성을 대상으로 한 소당연의 이치, 즉 대상에 의한 도덕법칙으로 자기 철학을 전개한 셈이었다. 그러나 양명은 심 자체에 주된 관심을 갖고 있기 때문에, 순수한 마음을 가지고 아버지를 섬기는 데 발휘하면 그것이 효가 되고, 마음을 가지고 군주를 섬기는 데 발휘하면 그것이 충이 되며, 마음을 가지고 벗을 사귀는 데 발휘하면 그것이 믿음이 되며, 마음을 가지고 백성을 다스리는 데 발휘하면 그것이 심즉리이다. 그러므로 양명이 주장하는 심즉리라는 것을 단도직입적으로 말한다면 마음을 "허령명각(虛靈明覺)한 발현처"(『왕양명 전집, 권2』)로 규정한 것이다. 그러므로 심과 물, 물과 심은 발현처에서 하나로 되어 심에서 물이 상즉(相卽)하는 일원적인 유심(唯心) 자체에 있는 것이다. 양명은 대상 · 사건 · 원리 · 도덕의 최고선도 모두 심을 떠나서는 이뤄질 수가 없다. 심(心)이 곧 가치규범의 요체이고 궁극원리인 것이다. 이것을 그는 말한다.

"대저 물(物)에 있으면 이(理)가 되고, 마음이 물(物)에 처할 때는 성(性)이 되며 성(性)에 있을 때는 선(善)이 된다. 소위 이것은 각각 이름이 다름을 가리킨다. 실제는 모두 마음을 말함이다. 마음 밖에 물(物)은 없고, 마음 밖에 사(事)는 없으며, 마음 밖에 이(理)는 없고, 마음 밖에 의(意)는 없으며, 마음 밖에 선(善)은 없다. 사사물물 상에서 하나하나 최고의 선을 추구한다면, 이것은 마음을 떠나게 되고 둘로 갈라지게 된다."(『양명전집』, 「권4」)

그의 심즉리설은, 물(物)과 사(事)는 인간의 의식을 떠나서는 말할 수 없다고 주장한다. 인간의 삶 속에서 일체 관계를 맺고 인간의식 활동 속에 내재할 때만 사(事)이며 물(物)인 것이다. 그러므로 심을 주축으로 한 심외무물(心外無物)·심외무사(心外無事)·심외무리(心外無理)·심외무의(心外無意)·심외무선(心外無善)의 구절과도 그 맥락을 같이 하고 있다고 할 수 있겠다. 심즉리설은 다음의 지행합일설에서 더욱 분명히 드러나게 된다.

2) 지행합일설(知行合一說)

이 지행합일설은 지(知)와 행(行)의 관계에 그 핵심을 두고 있다. 그러하다면 먼저 양명이 주장하는 지(知)가 무엇을 가리키며 또 그것이 무엇을 의미하는가를 고찰해 볼 필요가 있겠다. 그는 지(知)에 대한 의미를 분명히 말하고 있다.

> "지는 마음의 본체이다. 마음은 자연히 알 수 있다. 아버지를 보면 자연히 효도할 줄 알게 되며, 어린이가 우물에 빠지려는 것을 보면 자연히 불쌍히 여길 줄 알게 된다. 이것이 곧 양지(良知)이다. 이것은 밖에서 구해 들어온 것이 아니다."(『전습록』, 「상」)

이것은 유가의 격물치지(格物致知)와는 완전히 그 성격을 달리하고 있다. 다시 말해서, 후천적 학습을 통해서 혹은 경험적 견문에서 오는 앎이 아니고 선천적인 능력, 즉 아버지를 보면 자연히 효도할 줄 아는 앎이나, 어린이가 우물에 빠지려는 것을 보면 자연히 불쌍히 여길 줄 아는 앎이다. 이것은 바로 심 본연에서 명각(明覺)되는 심 주체에서 말하고 있는 것이다. 그 심 주체가 도덕법칙까지 깨닫게 되는 그러한 앎이다. 그는 심 주체의 중요성을 다음과 같이 천명한다.

"앎이란 이치의 영특한 곳, 바로 그 주재하는 곳에서 말하여 그것을 마음이라 한다. 그 부여받은 곳에서 말하면 바로 그것을 성(性)이라고 한다. 갓난아기도 자기 어버이를 사랑하지 않음이 없고, 자기 형을 공경하지 않음이 없다. 단지 이것은 하나의 영능(靈能)일 뿐이다. 사욕에 가리고 막히지 않을 수 있으며, 모조리 꽉 채울 수 있으면 바로 완전한 것이 그 본체이다."(『전습록』, 「상」)

사실 왕양명의 양지(良知)라는 개념은 맹자의 사단에서 비롯된 것이다. 맹자가 인 · 의 · 예 · 지의 사단을 인간의 순수한 성으로, 측은 · 수오 · 사양 · 시비는 정으로 간주한데서 양명은 양지를 선천적으로 선하다고 규정한 성선설에서 계승한 것으로 보인다.

"양지라는 것은, 맹자의 이른바 시비지심은 사려하지 않아도 알 수 있으며, 배우지 않고도 알 수 있는 것이다. 이것이 양지이며, 이것은 곧 하늘이 명한 성이며, 내 마음의 본체이며, 스스로 영소명각(靈昭明覺)한 것이다."(『양명전집』, 「대학문」)

양명은, 양지에 의거하여 마음은 "신령스러운 깨달음이며 마음의 주체가 본각(本覺)을 이루고 영명한 정신능력을 이룬다."(『전습록』, 「상」)라고 하였다. 이러한 본각 또는 심 본체는 경험의식에 오는 앎이 아니고 선험적 순수 주체이며 일체 도덕법칙의 근원이 된다. 그러므로 양명의 앎은 마음의 본체라는 명제로 심학을 확대하고 심화시켜 나갔던 것이다.

다음은 양명이 마음의 본체와 행위에서 지(知)와 행(行)을 어떻게 자신의 논리로 적용하고 있는가를 살펴보는 순서이다. 주자와 양명의 격물치지는 상반된 입장에 있기 때문에 이를 비교할 때 쉽게 이해될 수 있을 것으로 믿는다. 주자는 『대학』, 「격물치지장」에서 격(格)을 지(至)로 해석하고, 격물이라는 일사(一事)는 극지(極知)의 완성이라고 하여, 격(格)을 대상과 분리될 수 없는 것으로 보았던 것이다. 그리하여 지 · 행은 선후에서 보면 지(知)는 선지해야 되고, 행(行)은 후행하는 것으로 여겼다. 그러므로 지(知)·행(行)의 논리는 선지후행(先知後行)의 입장을 취했다. 반면에, 양명은 격(格)을 정(正)으로 해석하고 격물을 정물(正物)로 보았던 것이다. 이것은 내심에 일어나는 부정을 제거하고 심 주체의 정(正)을 온전히 지키는 데 있었다. 다시 말해서, 심이 사물을 올바르게 질서 지을 때 주체는 실천을 바르게 궁행한다는 것이다. 양명이 주장하는 물은 대상사물이 아니고 심과 물이 접하게 되면 작용하게 되는 마음의 의지인 것이다. 이 의지가 능동적으로 작용하면 물이 생기고, 의지가 없으면 물도 없다는 결론이다. 이것을 그는 다음과 같이 말한다.

> "신체의 주체는 심이다. 심으로부터 발현하는 것이 의식이다. 의식의 본질은 지(知)다. 의식이 머무는 곳이 물이다. 의식이 작용하는 곳에는 반드시 물이 있다. 물이 곧 사(事)이다. 만약 의식이 어버이 섬김에 작용하면 어버이 섬김이 일물(一物)이다. 의식이 백성을 다스리는 데 작용하면 백성을 다스림이 일물이다. 의식이 독서에 작용하면, 즉 독서가 일물이다. 의식이 소송에 작용하면, 즉 소송이 일물이다. 대체로 의식이 작용하는 곳에는 어떠한 물도 없는 것이 없다. 이 의식이 있으면 곧 물이 있고, 이 의식이 없으면, 즉 물도 없다. 물은 의식의 작용이 아니고 무엇이겠는가?"(『전습록』, 「권1」)

양명은 심의 활동과 그것의 가치가 전개되어 일어나는 사건들이 모두 물인 셈이다. 그리고 그는 우리의 삶의 세계에서, 즉 의·식·주 속에 생겨난 일들을 모두 물로 간주하고 있는 것이다. 그러므로 어버이 섬김이 물이고, 백성을 다스림이 물이다. 독서활동과 법적소송도 물이다. 의식이 지향하면 물이 존재하고 의식이 없으면 물도 없다는 주장이다. 그에 의하면 물은 의식의 지향점이며 물과 인간은 하나의 대상이 된다. 사실 우리는 삶의 세계에서 일어나는 모든 일은 의식을 제외하고는 이룰 방법이 없다. 한 마디로, 정치, 경제, 문화, 교육활동 등은 모두 의식이 참여하고 의식이 지향하는 과정이라 할 수 있겠다. 그리하여 양명은 주체를 벗어난

사물은 존재하지 않는다는 심외무물(心外無物)의 논리를 주장하기에 이른
다. 그러하다면, 우리의식과 독립되어 있는 현상사물은 과연 존재하지 않
는다고 잘라서 말할 수 있을까? 이 문제에서, 우리는 양명철학에서 주관
유심론(主觀唯心論)에 대한 문제를 제기하지 않을 수 없다. 이에 대한 양
명의 주장은 이러하다.

> "선생이 남진에서 노니시는데, 한 친구가 바위 속의 꽃나무를 가리키며
> 물었다. '천하에는 마음 밖에 사물이 없다고 하는데, 이 꽃나무처럼 깊은 산
> 골에서 저절로 피었다가 저절로 지는 것은 나의 마음과 무슨 관계가 있습니
> 까?'라고 물었다. 선생이 대답한다. '자네가 아직 이 꽃을 보지 않았을 때는
> 이 꽃과 자네 마음은 다 같이 고요함에 돌아갔었다. 자네가 이 꽃을 보는
> 순간 이 꽃의 모양이 일시에 명백하게 드러나니 곧 이 꽃이 너의 마음 밖
> 에 있지 않음을 알게 될 것이다.'"(『전습록』, 「하」)

양명이 가리키는 물(物)은 인간의식을 떠나서는 있을 수 없다는 결론에
이른다. 그러므로 모든 일이나 물들은 주체를 벗어난 사물은 존재하지 않
는다는 것이다. 위에서 주지하듯이, 자연의 꽃은 의식이 아직 꽃에 닿지
않았음을 말하여 고요하다고 주장하였다. 마음이 고요하다고 해서 꽃이
없다고 말할 수는 없는 것이다. 이것은 마음의 의지가 꽃에 지향하지 않
았다는 것을 의미하고 있다. 그러므로 아직 꽃이 의식구조 속에 들어오지
않아서 고요하다고 말할 뿐, 꽃이 존재하지 않는다고 한 것은 아니다. 우
리의 의식 활동이 없었기 때문에 고요하다고 말한 것이다. 그리하여 양명
은 심에 의하여 나타난 의식은 실제로 행동과 반드시 연결된다고 피력하
였다. 그것은 다음과 같다.

> "지(知)의 진실하고 독실한 곳이 행(行)이다. 행(行)으로 명각(明覺)하고
> 정찰(精察)한 것이 지(知)이다. 지행의 공부는 본래 서로 떨어질 수 없다."
> (『전습록』, 「권1」)

"나의 격물치지라는 것은 내 마음의 양지가 사사물물에 이르는 것이다. 내 마음의 양지가 이른바 천리이다. 내 마음의 양지인 천리를 사사물물에 이름을 격물이라 한다. 심과 이(理)는 합하여 하나(一)가 된다."(『전습록』, 「권1」)

양명의 심학을 종합해 보도록 한다. 신체의 주재가 심이요, 심의 신령스러운 밝음이 지(知)이고, 지의 발동이 의식이며, 의식이 건너가서 드러난 곳 그리고 의식이 드러나서 있는 곳이 바로 물(物)인 셈이다. 이러한 논리의 매개체는 선천성의 양지를 요체로 삼고 있음을 알 수 있겠다. 이 양지로 인한 양명철학의 인식절차를 살펴본다면, 주재의 발동을 일컬어 의식이라 하고, 의식이 지향하는 곳이 물이며, 의식의 발동으로 사물을 분명히 깨닫는 것을 지(知)라고 한 것이다. 그러므로 양명철학은 심(心)·지(知)·의(意)·물(物)은 논리상 제반사가 모두 같은 맥락을 이루고 있다. 그의 인식을 이루는 지행은 당연히 하나로 귀결될 수밖에 없다. 따라서 이 지행은 실제상에 하나가 아니라 심 본체상의 지행합일인 것이다. 주자는 격물은 지의 시작이요, 성의는 행의 시작으로 하여 지와 행을 둘로 보는 반면에, 양명은 지와 의식이 일사(一事)로 되어 격물·치지·성의·정심의 수신단계가 차례로 이루어지는 것이 아니고 하나(一)로, 즉 일사로 된다. 그러므로 양명은 존덕성 속에 이미 도문학을 형성하고 있기 때문에, 도문학과 존덕성은 두 개가 아니라 하나(一)인 것이다.

3) 치양지설(致良知說)

양명의 양지는 앞에서도 언급하였으므로 논의를 요약할까 한다. 치양지는 양지의 이룸으로 하여 심 수양하는 방법을 말한다. 사물의 이(理)를 얻기 위한 방편이 곧 격물이며, 이 격물을 통해 얻은 천리가 내 마음 가운데 있는 양지와 일치시키려는 것을 말한다. 양명은 이 양지로써 인간이 도달해야 실천문제를 다양하게 언급하고 있다. 양명은 마지막 단계에서 얻은 치양지(致良知)에 대한 언급을 다음과 같이 말하고 있다.

　　"근래 나의 심중에서 치양지라는 세 자를 얻었다. 이것은 진실로 성인 문
　하에 들어가는 정법(正法)이며 안장(眼藏)이다"(『왕양명 전집』, 「권33」)

　이것이 의미하는 것은, 양명철학에서 양지의 논리발전을 말하고 있으며,
심 수양에서는 치양지(致良知) 세 자로 총칭하고 있는 것이다.

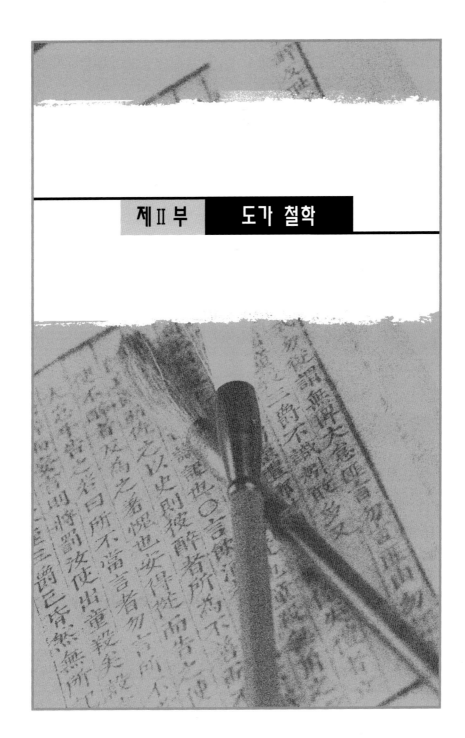

제Ⅱ부 　도가 철학

제1장   노자의 도덕경

우리에게 다가오는 노자(명: 耳, 자: 伯陽, 호: 聃. 580-500)라는 이름은 낯설지 않게도 사마천의 역사의 대작인『사기』를 통해 종종 접해 왔을 것으로 믿는다.

　"노자는 초나라 고현 여향 곡인리(지금의 하남 녹읍) 사람으로 성은 이씨이고 이름은 이이다. 태어날 때 어머니 뱃속에서 81년을 머무르다 이미 백발이 생생한 채로 태어났다고 하여, '늙었다'는 뜻에서 '노자(老子)'라고 불렀다. 그는 주나라 수장실의 관리로써, 즉 왕실의 서적을 관리하는 벼슬을 맡았다. 주나라가 쇠하자 노자는 주나라를 떠나서 숨어 살아왔었다. 이때 관윤이라는 사람이 나타나 노자를 알아채고 그에게 글을 요청하자 노자가『도덕경』오천 구절을 지어 줌으로써 비로소 후세에 그의 사상이 불후작으로 남게 되었다고 한다."(『사기』, 「노자신한열전」)

　그리고『도덕경』의 짜임은 전반「도편」(1장-37장)과 후반「덕편」(38장-81장)으로 모두 81장으로 구성되어 있으며 주옥을 꿰어 놓은 듯이 짜여져 있다. 그리고 전반의「도편」은 도가철학의 진수(眞髓)라고 할 정도로 도(道)의 오묘한 의미 속에 철학과 정치·문화·경제를 모조리 함축하고 있다. 이 도는 형이상의 존재로써 실체이며, 즉 진기(眞幾) 혹은 허(虛)의 존재론(ontology)을 이루기도 한다. 반면에, 후반의「덕편」은 도를 인식근거로 하여 천지만물일체가 도의 본성을 자각하고 도에서 얻은 무위의 덕을 실천하도록 짜여져 있는 것이다. 특히, 우리 인간의 편협한 언어로는 현상을 있는 그대로 말하지 못하고 표상(表象)에 그칠 뿐 그 내면적 상도(常道)의 오묘한 이치를 언표할 수가 없다는 것이 사실이다. 이러한 단점을 꿰뚫은 노자는 자연의 천·지와 상·하 그리고 내·외를 두루 통섭하고 전관(total view)하는 논리를 제시하고 있다. 그는 우리들에게 어떤 존재이든 간에 존재의 존재 상태는, 즉 스스로 그러함을 반드시 본받아 살아가지 않으면 안 된다는 최고의 지혜를 언급하고 있다. 도덕경을 한마디로 농축하라고 한다면 도(道) 한 자에 불과하다. 그것은 너무나 간략하고 단순하게 보일지 몰라도 깊이는 심오하면서 너무나 신묘하다. 도라는 개념은 만물이 공통으로 가야 할 길이다. 그것은 우리 인간과는 상관없이 공간의 유무(有無)는 스스로 상생(相生)하고 있으며, 시간의 정반(正反)은 스스로 상성(相成)하는 그러한 무위의 도인 것이다.

도는 우리 인간에게 그를 따르라고 요청받은 바나 강요받은 바가 없어도 오히려 우리는 이것을 자각하고 포착하여 대세를 지혜롭게 대처하면서 깊은 철리(哲理)를 모색해야 할 것이다. 왜냐하면, 우리도 예외가 아니듯이 세계존재는 각자 스스로 그러한 본성에 따라 생성하고 변화하는 과정에 놓여 있는 현존재이기 때문이다. 이러한 삶의 방식은 인간과 사물이 지닌 순수한 본래의 본질이며 본성이기도 하다. 우리는 현실에서의 이러한 도의 본성, 즉 약(弱)에 머무는 수양이라든가 다투지 않은 덕을 따르는 삶이 스스로 요구되고 있는 것이 오늘의 현실이다. 그래서 이러한 도의 속성에서 얻은 덕성, 즉 "무위이무불위(無爲而無不爲)"의 삶을 이행해 가려면 우리는 본성을 성찰할 수밖에 없고 원초적인 도의 모습으로 복귀(復歸)할 수밖에 없을 것이다. 이러한 자연법칙을 인간이 부질없는 사유로써 도가 "이러하다" 혹은 "저러하다" 하고 언표할 수 있는 그런 성질이 못 되는 것이다. 진정한 도의 의미는 철학적으로 우리에게 언제나 표전(表詮)에 머물며 그 진정한 의미는 영원히 차전(遮詮)으로 남을 수밖에 없다. 그래서 우리가 작업하고 익혀야 할 일은, 일차적으로 노자의 원전을 먼저 숙독하고 난 뒤 하나하나의 개념과 또 다른 하나하나의 개념을 대비시켜 봐야 하며, 그 다음, 도에서 사물이 전화(轉化)해 가는 과정의 논리를 차근차근 정립함으로써 진정한 도의 의미를 찾아낼 수 있을 것 같다. 이러한 작업은 본고가 철학과 사상의 주제를 맡고 있으므로 철학 부분「도경」(1장−37장)만으로 부득이 제한할 수밖에 없다. 그리고 나머지「덕경」부분은 먼 훗날 여유를 갖고 다시 도전할 것으로 본다. 필자가 선택하고자 하는 텍스트는 중국 위나라 철학사상가 왕필(A.D. 226−249)의 『도장 왕필본』으로 채택하고, 이해가 가지 않는 부분은 노자의 다른 부제들을 채택하여 작업에 임할 것이다. 그러면 1장부터 차례로 논의해 가도록 하겠다.

　노자가 주장하는 도(道)는 인간의 한계를 초월해 있는 형이상이며 초인식이며 초시공이며 초현상이다. 노자는 자신의 진실한 도의 철학적 종지(宗旨)를 인간이 언표할 수 없다고 하며 제1장에서 확고히 밝히고 있다. 노자는 그것을 다음과 같이 천명한다.

　제1장 ✍

　"道可道, 非常道; 名可名, 非常名."
　"도가도, 비상도, 명가명, 비상명."
　"도를 도라고 말하면 그것은 늘 그렇게 있는 그러한 도가 아니다. 또 그것을 도라고 이름 지우면 그것은 늘 그러한 이름이 아니다."

　"無名, 天地之始; 有名, 萬物之母."
　"무명, 천지지시; 유명, 만물지모."
　"이름이 없는 것을 천지의 시작이라 하고, 이름이 있는 것을 만물의 어미라고 한다."

　"故常無欲以觀其妙, 常有欲以觀其徼."

"고상무욕이관기묘, 상유욕이관기교."
"그러므로 늘 욕심을 갖고 있지 않으면 그 묘함을 볼 수 있고, 늘 욕심을 갖고 있으면 그 가장자리를 본다."

"此兩者同, 出而異名."
"차양자동, 출이이명."
"그런데 이 둘은 같은 것이다. 인간의 인식에서 나와 이름만 달리했을 뿐이다."

"同謂之玄, 玄之又玄, 衆妙之門."
"동위지현, 현지우현, 중묘지문."
"그 같은 것을 일컬어 신묘하다고 한다. 신묘하고 또 신묘하구나! 모든 묘함이 이 문에서 나오지 않는가!"

1. 도(道)의 본체적 의미

1) 우주 본성의 상도(常道)

노자철학에서 골격을 이루고 있는 도(道)는 도덕경의 전체 구조를 이루고 있다. 먼저 우리는 도경 제1장에서, 늘 그러한 도(常道) 늘 그러한 이름(常名)이 무엇인가? 왜 도를 도라고 이름 붙일 수 없는가? 노자는 그것을 하나의 사물처럼 제한하고 한정하여 이름 붙일 수 있는 성질이 못된다고 주장하고 있다. 사실 도를 인간이 개념화하고 이름 붙이는 순간, 이미 그것은 보편자로서의 자격이 상실되는 것은 물론이거니와 하나의 유명(有名)으로 낙착되어 버릴 것이다. 그것을 그가 그렇게 이름 붙여 말하지 말라고 먼저 도를 머릿장에 놓고, 「도경」의 의미를 부여한 것 같기도 하다. 또 그 이유는 우리에게 스스로 도가 갖고 있는 정체성을 해명하라는 것이기도 하다. 사실, 우리의 언어로는 그것을 해명하기란 불가능하다. 언어는 인간을 위한 전달수단에 불과할 뿐이다. 고대로부터 언어는 다양한 생각을 지시하고 전달할 수 있는 긴요한 매체로 이용되어 왔다. 따라서 이 전달수단으로서의 언어는 고도의 문명과 호화스러운 인문사회를 이뤄온 것 또한 부정할 수 없는 사실이다. 그러나 언어는 하나의 약속체계일 뿐 늘 그러한 늘 변화하는, 즉 노자가 주장하는 만물의 내적변화와 있는 그대로를 말하지는 못한다. 그러므로 언어는 근원적 한계성을 지니고 있는 것이 하나의 난점이다. 설사 우리가 어떠한 사물을 언표할 때, 그 사물에 대해 더 이상도 더 이하도 다른 사물로 지칭할 수 없다. 예를 들어, 책상을 보고 무의식적으로 책상이라는 명칭이 부여되지만, 그 다음 책상을 지각하고 난 후에 그것을 다시 의자나 탁자라고 부를 수 없는 것과 같다. 이렇게 우리는 도를 어떤 사물로 제한하거나 사물의 명칭으로 부를 수 없는 도의 성질 때문에 문자나 언어에 얽매여 무위를 유위로, 무형을 유형으로, 진의를 가의로 만드는 인간의 제한된 작위로는 말할 수 없는 것이다. 그리고 노자 도편과 덕편을 모두 검토해 보아도 도에 의해 변화해 가는 모습을 늘 그러한 도(常道)로 언표할 수는 있지만, 노자가 주장하는 도를 영원한 도, 즉 불변이라고 해명하는 말은 거론조차도 할 수 없는 것이다. 도는 언제나 살아 숨쉰다. 중국의 철학자 방동미는 도를 살아 넘실거리는 바다에 비유하여 시처럼 표현하였다.

"그것은 마치 광대하고 아득한 파도처럼 흔들린다. 그리고 그것은 넓고 넓게 오래 흘러가면서 서로서로 이어 나간다. 앞의 것이 아직 끝나기 전에 뒤의 것이 이미 시작되어, 앞뒤가 서로 이어져 끊임없이 성장·변화하는 운동 그 자체이다."(방동미, 『중국인의 생철학』)

불가에서도 "현상계에 존재하는 모든 것은 변하지 않는 것은 아무것도 없다.(諸行無常)"라고 하였다. 그리고 또 쉼 없이 변화하는 우주가치를 서술한 『주역』도 동일한 맥락을 갖고 있다. 우리 인간반 변화의 순리(順理)를 거역하려 하고 역사 속에 문화를 이룬다. 엄밀하게 따지고 보면 인간 문화란 온갖 사물에게 이름을 붙여 준 일의 결과라고 하여도 과언은 아닐 것이다. 우주만물은 그렇게 하는 일이 없다. 천도(天道)의 기능은 만물을 덮어 준다. 그리고 지도(地道)의 기능은 만물을 실어 준다. 천도와 지도는 날마다 생하고 날마다 변화하며 생성소멸의 본성을 발휘하면서 날로 새롭고 날로 새롭게(日新又日新) 변화해 가는 우주정신이 바로 상도(常道)의 의미라고 할 수 있을 것이다.

제2장 ✍

"天下皆知美之爲美, 斯惡已; 皆知善之爲善, 斯不善已."

"천하개지미지위미, 사오이; 개지선지위선, 사불선이."

"천하의 사람들이 모두 아름다운 것을 아름답다고 알고 있다. 그런데, 사실 그것은 추한 것이다. 천하의 사람들이 모두 선한 것을 선하다고만 알고 있다. 그런데, 그것은 선하지 않은 것이다."

"故有無相生, 難易相成, 長短相較, 高下相傾, 音聲相和, 前後相隨. 是以聖人處無爲之事, 行不言之敎."

"고유무상생, 난이상성, 장단상교, 고하상경, 음성상화, 전후상수, 시이성인처무위지사, 행불언지교."

"그러므로 있음과 없음은 서로 생하고, 어려움과 쉬움은 서로 이루고, 길음과 짧음은 서로 비교되며, 높음과 낮음은 서로 기울며, 노래와 소리는 서로 조화되며, 앞과 뒤는 서로 따른다. 그러므로 성인은 함이 없음의 일에 처하고, 말이 없음의 가르침에 행한다."

"萬物作焉而不辭, 生而不有, 爲而不恃, 功成而不居, 夫唯不居, 是以不去."

"만물작언이불사, 생이불유, 위이불시, 공성이불거, 부유불거, 시이불거."

"만물은 스스로 자라나는데, 성인은 그것을 자라게 한다고 간섭함이 없고, 잘 생성시키면서도 그 생성의 결실을 자기가 소유하려는 마음이 없고,

잘 되어 가도록 하면서도 그것에 의지하지 않는다. 공이 이루어져도 그 공 속에 살지 않는다. 대저 오로지 그 속에 살지 아니하니 영원히 살게 된다."

2) 사물은 반드시 대립에서 이뤄짐(對立轉化)

노자는 모든 현상이 대립관계에서 생성된다고 주장하고 있다. 우리들은 일면(一面)의 가시적 측면만을 보고 언급하거나 사유해왔지만, 노자는 우리와는 달리 반면(反面)에 놓여 있는, 보이지 않는 실체들을 동시에 아우르고 대립에 의해서만 전화한다고 주장한다. 그리고 그는 특히 언어내면의 가치까지도 상대가치라고 부정하고 대립 전화하여 절대가치로 전환할 것을 강조하였다. 그의 논리를 음미해 보도록 하자.

"천하의 사람들이 모두 아름답다고 말하는 것을 우리들은 아름다운 것으로 알고 있다. 그런데, 그 아름다움 속에는 추함이 있다. 그리고 천하의 사람들이 모두 선하다는 것을 선한 것으로 알고 있다. 그런데 그 속에는 불선이 있다."(『노자』, 「제2장」)

노자는 일면에서 반면으로 복귀하는 전관(全觀: total view)의 사고, 즉 대립에 의해서만 전화한다는 오히려 반면이 일면의 사유작용을 포괄한다고 피력한다. 예컨대, 암컷과 수컷, 앞과 뒤, 높고 낮음, 유와 무에서 보더라도 우리는 표면으로 보아 수컷과 앞, 그리고 높이 솟아 있음과 존재들의 없음보다 있음이 더 힘이 있어 보이고 더 강하게 보이므로 오로지 힘이 생존을 보장해주는 것처럼 확신할지 모르나 그 반면에 존재하고 있는 암컷(玄牝)과 뒤(後) 그리고 아래(下), 무(無)와 같은 것을 전자와 비교할 때 정말 나약한 존재로서 무척 싫어해왔고 폄하해온 것 또한 사실이다. 그러나 노자의 자연철학은 반대 입장을 취하고 있다. 얼음은 강하지만 햇살에 녹고 물은 부드러우나 햇살을 빨아드린다. 이처럼 굳고 단단하지만

약하고 부드러운 것이 더 강한 법이다. 연약한 새싹은 위에 처하고 딱딱하고 묶은 등걸은 아래에 처하게 된다. 태풍이 오면 연약한 초목들은 살아남지만 딱딱한 나뭇가지는 송두리째 넘어간다. 그러므로 자연현상에는 반드시 약한 것이 강한 것을 이기게 되는 것(柔弱勝强剛)이다.

그러나 현대인들은 머리를 숙이고 겸허할 줄 모르고 불손하며 따뜻할 줄 모르고 냉정하며 상대를 밟아버리더라도 제치고 이겨야 한다는 경쟁에 사로잡혀 있다. 노자는 이러한 현대인의 삶의 정곡을 찌르고 있는 것이다. "약한 것이 강한 것을 이긴다."고, "부드러움을 지키는 것이 강한 것이다.(守柔曰强)"라고 단언하였다. 결국 노자는 우리들에게 강해질 수 있다는 묘한 철학적 지혜를 던져주고 있는 것이다. 그리고 그는 유무관계에 있어서도 마찬가지라고 주장한다.

> "있음은 우리에게 유리하게 쓰이지만, 있음은 있음 자체로 존재하는 게 아니다. 거기에는 없음이 작용해주기 때문이다(有之以爲利 無之以爲用)." (「제11장」)라고 하였다.

만일, 유만 있고 무가 없다면 현상의 유는 작용할 수 있을까 하고 한번쯤 생각해 볼 일이다. 그러한 예로써 공간으로 눈을 돌려보자.

왜 우리는 좁은 공간에서 넓은 공간으로 옮겨가는가? 노자가 유보다 무에 더 비중을 싣고 우리들에게 자신의 논리를 강조하는 까닭이 무엇일까? 노자는 그 이유를 이렇게 드러낸다.

> "서른 개 바퀴살이 한 바퀴 통에 모인다. 그 바퀴통 속의 빔(無) 때문에 수레의 쓰임(有)이 있다. 찰흙을 빚어 그릇을 만든다. 그릇의 빔 때문에 그릇의 쓰임이 있다. 문과 창을 뚫어 방을 만든다. 그 방의 빔 때문에 쓰임이 있다. 그러므로 있음(有)의 이로움은 없음(無)의 쓰임이 있기 때문이다."(『노자』, 「제11장」)

차바퀴가 굴러가는 형체는 유(有)에 있지만, 바퀴살이 박힐 수 있는 것은 텅 빈 무(虛)가 있기 때문이다. 텅 비어 있는 무(虛)가 있어야 바퀴축을 넣을 수 있고 수레구실을 할 수 있다. 마찬가지로, 그릇의 쓰임도 그러하고 방의 쓰임도 그러하다. 그렇지 않으면 그릇이나 방이 제구실을 할 수 없게 된다. 우리는, 세계의 구성이 모두 유무(有無)의 조합체로 구성되어 있음을 알 수 있다. 따라서 장공(匠工)들의 솜씨는 유무의 기능(function)이 완결될 때 그릇(器)은 세상에 출현하게 되는 것이다. 현상계의 모든 존재들은 까마득한 옛날부터 아직까지 단독으로 살아온 적이 없었다. 미래에도 단독으로 존재해 살아갈 방법은 없을 것이다. 그리고 각 존재들은 관념적으로는 서로서로 대립되어 있는 것 같이 보일지 모르지만, 우리는 실제적으로 존재의 속성들이 대립할 때 전화(對立轉化)하고, 상보할 때 상성(相補相成)한다는 것을 쉽게 간과해서는 안 될 것이다. 모든 존재들은 대립에서 전화하고 상보에서 상성할 때 자신의 본성을 유감없이 발휘하게 되는 것이다.

3) 자연의 무위(無爲)와 인간의 유위(有爲)

세계는 본체와 현상, 도체와 도용, 즉 자연과 인간을 함께 아우르고 있다. 무위와 유위는 서로 대비되는 개념이지만 무위는 함이 없음 또는 아무것도 하지 않음이다. 무위라는 말이 인간에게 적용될 때 완전히 동작을 그만두거나 아무것도 하지 않음이 아니다. 무위는 곧 무위(無僞)를 말해 주고 있다. 무위의 위(僞)는 인간이 거짓되게 만들고 날조하며 무엇인가 눈가림으로 조작해내는 그릇된 자기만의 아집과 독선을 말한다. 그것은 자연스러운 도의 입장에서 보면 영악하고 사악한 행위에 속할 것이다. 그리고 위(僞)는 억지로 꾸며 내는 행위이고, 위선이고 아만이며, 양면을 포괄하지 못한 일면에서의 집착이다. 진정한 무위란 곧 함의 부정(Negative)이 아니라, 함의 완전한 긍정(Positive)이다. 무위는 인간욕망의 허위·조작·집착에서 오는 분별의식이 아니고, 위(僞)를 넘어선 순수한 위(爲)의 무분별의식인 것이다. 노자는 인간이 함이 없어야 하는 그런 소극적인 삶을 지적한 것이 아니라, 함이 있어야 하는 적극적인 삶을 우리 앞에 제시한다. 이것이 바로 "함이 없어도 하지 않음이 없음."(「제37장」)이다. 이러한 예증은 노자의 교육관에서도 드러난다. 그는 교육함에서 평범한 인재를 양성하는 것이 아니고, 성인(Worldly-Leader)을 양성하는 데 목적을 두고 있는 것 같다. 즉 성인(聖人)은 도를 실천하는 그 시대의 철인이며, 지혜를 사랑하면서 자연의 본성과 철학적 사유를 접목시키려는 도의 구현자이다. 노자가 바라는 성인은 함이 없는 것처럼 일을 처리하고 말이 없는 가르침을 실현하는 이상적인 인간을 추구하고 있다. 이 무위지사(無爲之事)와 불언지교(不言之敎)는 도가철학만이 갖는 유일한 특색일 것이다. 위의 의미는 서양과 동양의 교육을 비교해 보더라도 노자의 무위와 불언의 의미가 잘 나타난다.

서양은 존재론과 인식론 그리고 논리적 이론체계에 대해 집중적으로 교육해 왔는가 하면, 동양은 실천적인 무언의 수양에 관심을 쏟아왔다. 그리함에서 서양은 사유함에서 동양보다 더 분석적이고 더 논리적인 것은 틀림없다. 반면에, 동양은 몸소 지식과 행위가 합일(知行合一)하는 체득(體得)에서 서양보다 훨씬 앞서 가고 있다. 그러나 과학문명에 의해 경쟁시대에 있는 우리는 여러 방면에 걸쳐 유위에 의해 진실을 더욱 왜곡해 가고 있고 유위가 오히려 진실인 양하여 본래의 모습을 잃어가고 있다. 노자는 우리에게 무위에 안주할 수 있는 가장 적절한 말을 던졌다.

그것은 "생하여 주되 생한 것을 소유하지 않는다(生而不有)"는 도에 근원한 무소유라는 말을 우리에게 거침없이 던진 셈이다. 인간 존재의 최대 질곡(桎梏; 차꼬로 속박함)은 바로 자기가 생한 것을 자기가 소유하려 함에 있다. 여기에서 법정스님의 참신한 체험기, 무소유 한 편을 소개할까 한다.

"그는 다래헌에서 난 두 분을 선물 받았다. 3년간에 걸쳐 자식처럼 애지 중지 길렀다. 난에 맞는 실내의 온도, 물주기, 계절별 습도에서 오는 부담 감 때문에 훌쩍 멀리 떠나고 싶어도 자리를 옮기지 못하고 항상 난에 집착 하였다. 그 집착은 다름 아닌 난이 생명체라는 점에서 죽이지 않으려는 절 실한 집착이었다. 어느 날, 친구가 놀러왔기에 선뜻 그의 품에 난분을 안겨 주었다. 3년 가까이 밤낮 알뜰하게 지낸 유정을 떠나보내는데도 서운하고 허전한 생각이 들지 않고 오히려 홀가분한 마음이 앞섰다. 나는 이때부터 하루 한 가지씩 버려야겠다고 스스로 다짐하였다. 난을 통해 무소유의 의미 같은 걸 터득하게 됐다. 인간의 역사는 어떻게 보면 소유사(所有史)처럼 느 껴진다. 보다 많은 자기네 몫을 위해 끊임없이 싸우고 있다. 소유욕에는 한 정도 없고 휴일도 없다.

그저 하나라도 더 많이 갖고자 하는 일념으로 출렁이고 있다. 물건만으 로는 욕망에 차지 않아 사람까지 소유하려 든다. 그 사람이 제 뜻대로 되지 않을 경우 끔찍한 비극도 불사하면서, 제정신도 갖지 못한 처지에 남을 가 지려 하는 것이다. 크게 버리는 사람만이 크게 얻을 수 있다는 말이 있다. 물건으로 인해 마음을 상하고 있는 사람들에게는 한번쯤 생각해 볼 일이다. 아무것도 갖지 않을 때 비로소 온 세상을 갖게 된다는 무소유의 또 다른 의미가 아닐까?"

(『무소유』, 「무소유편」)

예컨대, 우리가 현실에서 보듯이 내가 모은 재물은 영원히 내 것이라고 우겨대고 그것도 모자라서 대물림까지 하려 한다. 그리고 내 회사는 영원 한 내 회사로 마냥 착각하며 산다. 오늘도 우리는 이글거리는 탐욕으로 자신의 소유물로 만들려는 집착은 끊임없이 이어지고 있다. 끝내 우리는 생명까지도 불사하는 짓을 일간지에서 종종 만난다. 이러한 상황에서 노 자는 생이불유(生而不有)를 들었고, 불가는 마음의 청정한 무소유(無所有) 를 들었으며, 장자는 인간과 자연이 하나 되는 물아일체(物我一體)를 들 었다. 우리는 생하되 생한 결과를 소유하지 않을 때, 권위의식과 부의 부 질없는 거품은 나의 집착으로부터 멀어져 갈 것이다. 이에 맞서 노자는

"집착하지 않기 때문에 오히려 영원함(不居不去)"(「제2장」)을 우리에게 시사한 바 있다. 이러한 인위적 집착에 대처하는 상황철학은 바로 긍정이 아닌 강한 부정에 있다. 이것이 오늘날 사회지도자를 만드는 진정한 정신의 요체일 것이다. 이는 자기 스스로 함이 없이 남으로 하여금 하게 하는 현실적 힘이 아니라 미래를 가꾸어 갈 잠재적 힘으로 축적되어 갈 것이다. 그래서 그 당시 노자는 "함이 없어도 하지 않는 것이 없음(無爲而無不爲)"(「제37장」)의 무위를 전 학문 영역에 확고히 뿌리내렸던 것이다.

제3장 ✍

"不尙賢, 使民不爭; 不貴難得之貨, 使民不爲盜; 不見可欲, 使民心不亂."

"불상현, 사민부쟁; 불귀난득지화, 사민불위도; 불견가욕, 사민심불란."

"현명한 사람들을 숭상하지 말라! 백성들로 하여금 다투지 않게 할 것이니, 얻기 어려운 재화를 귀하게 여기지 말라! 백성들로 하여금 도둑이 되지 않게 할 것이니, 욕심낼 만한 것을 보이지 말라! 백성들로 하여금 어지럽게 않게 할 것이다."

현대사회는 고대 농경사회에 이어 대량산업의 발전을 꾀했던 산업사회를 거쳐 21세기의 정보사회라는 자본주의 사회에 직면하고 있다. 이 자본주의 사회는 의미 그대로 자본에 의한 경쟁이므로 인간욕망의 경쟁시대라고 할 수 있다. 사실 지금까지 우리가 보아왔듯이, 자본주의 사회의 정신문화는 자본을 지나치게 부채질하고 경쟁심리를 자극하는 상품을 한없이 촉발시키고 있다. 그것은 인간 마음을 동요시키는 유위(有爲)를 최대로 조장시켜 빈익빈(貧益貧) 부익부(富益富)의 사회를 만들어 가고 있는 것 또한 사실이다. 이러한 인간욕망을 극대화하고 있는 유위를 억제하는 길은 오직 무위(無爲)의 순박한 자각만이 해결의 열쇠를 쥐고 있을 뿐이다. 우리는 노자의 「3장」을 음미하면서 유위의 본질적 부정과 무위를 재해석해 낼 때 우리의 해결책은 열리게 될 것이다. 그리고 우리는 유위라는 인간우상을 만들어 놓고 어진 사람을 무조건 숭상하라는 것(尙賢)과 자본주의 사회에서의 상품(goods)을 대신하여 재화를 극도로 귀중하게 여김(貴貨)과 욕심낼 만한 물질을 보임으로써 마음의 움직임(見可欲)을 강하게 부정(否定)하고 정신으로는 순박함을 찾고 무위로 복귀하는 길 외에는 없을 것이다.

그리하여 노자는 지도자의 진정한 무위정신을 말한 바 있다. 사회 지도자는 국민에게 지나친 관여가 없어야 하며, 자신의 능동성을 최대한 발휘하여 공이 이루어지고 일이 이뤄져도 백성들이 한결같이 좋은 지도자라고 말하는 그런 지도자를 기준으로 삼았다. 그 기준이야말로 함이 없어야 하고(無爲) 고요함을 즐기며(好靜) 일은 함이 없는 듯이 하고(無事) 사리사욕을 스스로 배제하는 것(無欲)이라고 언급했다. 이러할 때 국민들은 지도자를 따르게 되고 신뢰하며 국민 개개인의 인격은 스스로 변화(自化)하게 되고 스스로 바르게 되며(自正) 스스로 만족할 수 있도록 되어(自富) 스스로 소박해진다(自朴)고 하였던 것이다.

"是以聖人之治, 虛其心, 實其腹; 弱其志, 强其骨."
"시이성인지치, 허기심, 실기복; 약기지, 강기골."
"그러하므로 성인의 다스림은 그 마음을 비우고, 그 배를 채우게 하고, 그 뜻을 부드럽게 하여 그 뼈를 강하게 한다."

"常使民無知無欲, 使夫智者不敢爲也, 爲無爲, 則無不治."
"상사민무지무욕, 사부지자불감위야, 위무위, 즉무불치."
"항상 백성으로 하여금 앎이 없게 하고, 욕심이 없게 한다. 대저 지혜롭다 하는 자들로 하여금 감히 무엇을 한다고 하지 못하게 한다. 함이 없음을 실천하면 질서 지어지지 않음이 없다."

위에서 노자는 무위사상에 연원하여 백성들을 무지무욕(無知無欲)하게 하라고 주장한다. 그가 주장하는 무지는 우리에게 무엇을 시사하고 있는

가? 노자가 말하는 무지는 일반적으로 들리는 어감으로는 무지(ignorance)
로써 미개의 원시교육에서 배우지 못한 무식(無識)을 의미하는 것 같이
들린다. 그가 주장하는 의미는 그것이 아니다. 원전에 나타난 무지라는 것
은 자신의 자만과 아집 그리고 편견을 제거하고, 허정(虛靜)상태를 유지함
으로써 마음에 원초적 모습을 되찾고 자정(自正)하라는 것이다. 그에 따른
무욕은 불필요한 욕심과 욕망을 제거한 정신적 순수함이다. 이 순수함은
우리 인간도 자연법칙에서 예외가 아니듯이 원초적 근원으로 복귀해 가려
는 순수함 그 자체이다. 이와 같은 의미를 갖고 있는 말이 "학문은 하면
할수록 날로 불어나고, 도에 의한 삶은 닦으면 닦아 갈수록 날로 줄어든
다.(爲學日益 爲道日損)"라는 말과 동일한 맥락을 이루고 있다. 그러므로
여기에서 우리는 날로 불어난다는 상대적 지식과 날로 줄어든다는 가치규
범을 현실에 대응시켜 생각하고자 한다. 불어난다는 것은 상대가치로서 분
별적이고 양화할 수 있는 것들이다. 그러나 줄어든다는 것은 무분별적이고
양화할 수가 없는 것이다. 상대적인 것은 과학으로 양화할 수 있지만 그것
은 분별적 지식을 초월하여 실상을 보고 듣고 있는 그대로 느끼기 때문에
체득함에서 오는 절대가치의 한 양상인 것이다. 그러므로 우리는 분별하고
양으로 불어나는 일상의 상대가치 속에 인위적 종양들을 과감히 제거함으
로써 실존을 분별하고 양화하는 과학의 예지를 넘어서 절대가치를 말끔히
제련해내는 일이다.

제4장🖎
"道沖, 而用之或不盈."
"도충, 이용지혹불영."
"도는 텅 비어 있다. 그러나 아무리 꺼내어 써도 고갈되지 않는다."
(盈: 찬다, 채운다, 고갈시킨다.)

"淵兮! 似萬物之宗."
"연혜! 사만물지종."
"그윽하도다! 만물의 으뜸 같도다."

"挫其銳, 解其紛; 和其光, 同其塵."
"좌기예, 해기분; 화기광, 동기진."
"날카로움을 무디게 하고, 얽힘을 푸는 도다. 그 빛을 두루 조화롭게 하고, 그 티끌을 고르게 하네."

"湛兮! 似或存."
"담혜! 사혹존."
"맑아라! 저기 있는 것 같네."

"吾不知誰之子, 象帝之先."
"오부지수지자, 상제지선."
"나는 그가 누구의 아들인지 몰라, 하나님보다도 앞서는 것 같네."

4) 빔(冲 · 虛)의 존재론

동양사상에서 빔(冲 · 虛, emptiness)은 현상의 구체적 사물을 배제하고 난 뒤 단순한 여백공간을 말하는 것이 아니다. 충은 음양이기가 자유자재로 굴신왕래하고 생동감 넘치는 그런 공간이다. 그것은 만물들의 모든 존재가 생하고 또 생하여 모든 존재로 꽉 찬 나머지의 공간이다. 이와는 반면에, 서구사상에는 허(虛)란 유(有)와 대비되는 개념으로 비실재적이고 무용(無用)의 공간과 여백으로 여겨왔다. 특히 노자는 빔(冲)을 기능을 도와 동일한 맥락으로 보았다. 그러나 그것은 유(有)의 변화를 도울 수 있는 변화 그 자체로서의 빔이다. 노자는, 현상적 사물들은 모두 자신이 갖고 있는 기능을 다른 사물에 제공하고 서로서로 연계시킬 때 완전해진다고 주장하였다.

"모든 존재는 독자적으로 존재하는 것이 아니라 오로지 그 존재가 지니는 조건, 즉 기능(用, Function)에 의하여 존재하는 것으로 보았다."(『노자와 21세기』, 「제4장」)

모든 현상의 존재는 그 자체로 존재하는 것이 아니라, 그 존재를 존재케하는 배후의 다른 기능에 의하여 그 존재의 실제 모습을 드러낸다고 하였다. 예컨대, 대학의 건물들은 강의용으로, 미술관은 전시관으로, 강당은 집회나 이벤트관계로 각각 기능을 갖고 만들어졌다. 이러한 많은 사물의 보편적 기능을 노자는 충(沖), 허(虛), 빔(Emptiness)이라고 한 것이다. 노자는 이러한 기능을 수레와 그릇 그리고 방에 빗대어 예를 들고 있다.

"바퀴통 속의 빔 때문에 수레는 수레로서 기능을 다하게 되고, 그릇은 그릇의 빔 때문에 그릇의 기능을 다하게 된다. 그리고 방은 방의 빔 때문에 방으로서의 기능을 다하게 된다."(「제11장」)

이러한 논리로서 노자는 충·허·빔의 기능이, 즉 모든 존재의 유를 존재케 한다는 것에서 우주만물을 주재하는 도와 동일하다고 보아 빔의 존재론(Laoistic ontology)으로 자리매김하고 있다. 이 무한한 빔은 실제의 현실태(actuality)가 아니라 모든 존재의 기능을 이뤄 주는 가능태(potentiality)라는 것이다. 이러한 현실태와 가능태 간의 관계를 도덕경 원전과 주역에 나타난 예를 들어 논의해 보도록 한다.

노자는 "바탕을 알고 통나무를 껴안는다(見素抱樸)"(「제19장」)라고 하였다. 여기에서 소(素)는 것은 사물이 생성되는 바탕이며, 물질을 이루는 근원적 본질이다. 예컨대, 화가가 그림을 그린다고 한다면, 흰 화폭이 바탕이며 소(素)에 해당한다. 이 바탕에서 선의 율동과 채색의 조화로 자신의 수려(秀麗)한 예술경지를 드러낸다. 이 바탕이야말로 예술의 정취를 맛보는 광장이며 예술인의 인간관을 담는 순수한 바탕이다.

그 다음 그는 "통나무를 흩트리면 그릇이 된다(樸散則爲器)."(「제28장」)라고 하였다. 여기에서 박(樸)이라는 개념이 나온다. 박이라는 것은 자연 그대로 비바람을 맞으며 거칠고 울퉁불퉁하며 인간의 손길이 닿지 않아 세련됨이 없고 생긴 그대로의 질박한 통나무이다. 그렇지만 통나무는 현상에서 모든 그릇이 나오게 하는 가능태가 된다. 이것을 목재소에서 재단할 때부터 통나무는 변형되어 수많은 그릇 속으로 들어가게 되는 것이다. 그리고 그릇으로 변한 형상들은 우리가 볼 수 있는 현실태로 있지만 그릇이 나오기 전의 통나무는 총상(總相)으로 있으면서 가능태가 되는 것이다.

같은 논리로 『주역』은 진흙(微塵)으로 나타내고 있다. 그래서 『주역』, 「계사」에서 "형이상을 일컬어 도(道)라고 하고 형이하를 일컬어 기(器)라고 한다."에서 도(道)와 기(器)를 말하고 있다. 여기에서 진흙(微塵)은 도(道)에 가깝고 와기(瓦器)는 기(器)에 가깝다고 말한다. 진흙 자체는 독자적 존재를 갖고 있는 것이 아니다. 진흙이 그릇되면 진흙은 그릇 속으로 들어와 진흙 자체는 그릇으로 변형된다. 그러므로 모든 와기는 미진에 포섭되지만 진흙은 그릇의 통상(通相)으로서의 도(道)라고 부르며, 전체성을 갖는 자연에서는 총상(總相)이라고 부르며 진흙이 바로 도가 된다는 도기(道器) 논리를 형성하였던 것이다.

제5장 ✍
"天地不仁, 以萬物爲芻狗; 聖人不仁, 以百姓爲芻狗."
"천지불인, 이만물위추구; 성인불인, 이백성위추구."
"천지는 인자하지 않다. 만물을 풀 강아지처럼 다룰 뿐이다. 성인은 인자하지 않다. 백성을 풀 강아지처럼 다룰 뿐이다."
(추구芻狗: 제사에 쓰기 위하여 지푸라기로 엮어서 만든 강아지 형상인데, 제사의 제물로 쓸 때는 비단옷을 입혀 아주 귀하게 쓰다가 제사가 끝나면 시궁창 아무 곳에나 내버려 짓밟거나 불로 태워버리는 것이다.)

"天地之間, 其猶橐籥乎! 虛而不屈, 動而愈出."
"천지지간, 기유탁약호! 허이불굴, 동이유출."
"천지사이에는 꼭 풀무와도 같다. 속은 텅 비어 찌부러지지 않고, 움직이
면 움직일수록 더욱더 내뿜는다."

"多言數窮, 不如守中."
"다언삭궁, 불여수중."
"말이 많으면 자주 궁해지네. 그 속을 지키는 것만 같지 못하네."
(비어 있으면 궁함이 없는데, 오히려 꽉 차 있으면 자주 궁해진다.)
(窮窮: to exhaust. 다하다. 궁하다.)

5) 스스로 그러함(自然)의 철학적 의미

노자는 인간과 땅, 땅과 하늘, 하늘과 도, 도와 자연을 종합하여 인간을
최하위에 두고 스스로 그러함을 최상위에 오게 하고 이들은 단계적으로
본받는 관계(人法天, 天法道, 道法自然)에 놓여 있다고 주장하였다. 그는
그것에 대한 철학적 논리를 극명하게 제시하고 있다.

"인간은 땅을 본받아야 하고, 땅은 하늘을 본받아야 하고, 하늘은 도를
본받아야 하고, 도는 스스로 그러함을 본받아야 한다."(「제25장」)

우리는 노자가 최종적으로 언급한 스스로 그러함이라는 의미를 먼저 동
양의 관점에서 이해해야 하겠다. 실제로 우리가 지금까지 알고 있는 자연
(自然)이라는 개념은 외국어(外國語)이다. 이것을 우리는 어떤 특정한 자
연의 사물을 지칭하는 명사로서 인식하고 있는 것이 통설이다. 그러나 『도
덕경』, 「도편」을 접하면서, 자연은 어떤 특정한 대상을 가리키는 명사가
아님을 알 수 있겠다. 그것은 우주론적 전체 개념으로 만물이 시공간에 존
재하고 있는 상태어이다. 다시 말해서, 자연이 하나의 독립개념이 아니고,

스스로(自)와 그러함(然)이 서로 다른 개념을 이루면서 그것이 서로 합해져서 이루는 존재 그 자체들이다. 그리하여 우주만물의 길은 스스로 그러하다고 해석되어야 할 것이다. 이를 부연하자면, 스스로 그러함과 스스로 그러지 못함의 어감에서도 상태어로 구별될 수 있을 것이다. 우리가 어떤 일에 열중하여 스스로 그러할 때의 인간 마음은 무척 자연스럽다고 표현한다. 반면에, 어떤 사람이 일을 꾸민다거나 영악하게 한다면 거기에는 이미 어색하다 혹은 부자연스럽다고 말할 수 있다. 그것은 분명히 스스로 그러하지 못했기 때문에 그럴 것이다. 이러한 인간이 날조한 부질없는 행위가 바로 유위(有爲)요, 인위(人僞)일 것이다.

우리는 거짓을 버리고 스스로 그러한 상태를 그려보도록 하자. 현상의 존재들은 천차만별이다. 어디를 가 봐도 같은 모양이나 같은 형상은 없다. 이것이 바로 스스로 그러함이다. 아름다운 백두대간의 산야에도 그러하다. 갯벌의 생태계를 이루는 해안에서도, 녹색 생태계를 이루는 강어귀에서도 모두 스스로 그러하게 자기 모습을 갖고 살아간다. 같은 형상을 이루는 것은 없다. 이러한 각자의 사물은 스스로 그러함으로 생하고 멸해 가고 있는 것이다. 우리 인간의 편협한 언어로는 현상을 있는 그대로 말하지 못하고 표상(表象)에 그칠 뿐 그 변화 속에 있는 상도(常道)를 언표할 수가 없다는 것이 무척 안타깝다. 그래서 언어는 인식함에서 편견을 갖고 가식으로 보이게 하고 왜곡시킬 수밖에 없다. 그래서 현묘하고 또 현묘한, 광대무변한 동양의 세계로 눈을 돌릴 필요가 있겠다. 노자가 말한 어떤 존재이든 간에 존재의 존재상태는 반드시 본받아 살아가지 않으면 안 된다는 것은 자명한 일일 것이다. 노자는 우리에게 다음과 같이 말한다.

> "인간은 땅을 본받고 땅은 하늘을 본받고 하늘은 도를 본받고 도는 스스로 그러함을 본받는다."(「제25장」)

그러하다면 천지의 본성과 인간과의 관계가 제기되지 않을 수 없다. 왕필은 스스로 그러한 자연의 성질은 인간과 무관하다고 주장하면서 그는 자연의 본성을 명료하게 부각시키고 다음과 같이 주해하고 있다.

"천지는 스스로 그러함에 자신을 맡길 뿐이다. 그래서 함이 없고, 조작이 없다. 그래서 만물은 스스로 서로 다스리며 질서 짓다. 그러하기 때문에 천지는 인자하지 않다고 말한 것이다. 인자하게 되면 반드시 조작하고, 편들어 세우고 베풀고 변화시킨다. 그리고 은혜를 베풀게 되면, 인위가 가해진다. 조작하고 편들어 세우고, 베풀고 변화시키면, 사물은 그 본래의 진실한 모습을 잃어버린다. 은혜를 베풀고 함이 있게 되면, 사물은 온전하게 존속할 수 없다. 사물이 온전히 존속하지 못하는 것은, 곧 천지가 만물을 생성시키지 못한다는 의미이다."

왕필이 말한 것처럼 천지는 결코 인간처럼 인자(仁慈)하지 않다. 하물며 인간은 조작하고 편들어 세우며 베풀고 변화(造立施化)시키며 유위(有爲)를 가한다. 그러나 하늘은 만물을 덮어 주고 땅은 만물을 실어 주어 생성하는 거대한 생명의 보고(寶庫)를 이루고 있다. 천지는 가냘픈 인간의 욕망에 좌우되어 움직이는 그런 인자한 자가 아니다. 그것은 인간이 바라는 의지력에 힘입어 희망이나 절망, 그리고 희·노·애·락의 정 따위에는 무관하기 때문에 스스로 그러한 천지본성을 인간에 빗대어 천지불인(天地不仁)이라고 하였던 것이다.

제6장 ✍
"谷神不死, 是謂玄牝."
"곡신불사, 시위현빈."
"계곡의 신은 죽지 않는다. 이를 일컬어 현묘한 암컷이라 한다."

"玄牝之門, 是謂天地根."
"현빈지문, 시위천지근."

"현묘한 암컷의 문, 이를 일컬어 천지의 뿌리라 한다."

"綿綿若存, 用之不勤."
"면면약존, 용지불근."
"이어지고 또 이어지니 있는 것 같네. 아무리 써도 고갈되지 않는다."

이 장에서 나오는 노자의 주제어는 현빈(玄牝)이다. 현은 신비로움이고 빈은 존재를 생산하는 암컷을 뜻한다. 그는 왜 암컷을 주둔하고 암컷을 강조하는 이유가 어디에 있는가? 모든 생명체가 배태할 수 있는 것은 빈에서 나온다. 사실 우리는 종(種)의 기원을 이어 온 것도 모두 빈에서 왔다는 것을 부정할 수가 없다. 그것은 직접 생(生)과 관련된 생명의 모태(母胎)라는 공통분모를 갖고 있기 때문이다. 노자도 현빈의 문을 천지의 뿌리라고 밝혔다. 모든 뿌리는 다른 새싹을 생하게 하는 근원이 된다. 현빈이나 뿌리를 생(生)의 입장에서 보면 생성(Becoming)의 연속에서 역사를 이어 온 연결고리에 비유할 수 있을 것이다. 그래서 노자는 천지(天地)를 말했고 주역은 건곤(乾坤)을 말했다.

『주역』, 「계사」에서 하늘(乾元)은 크게 생하는 것(大生)을 근원으로 삼았고, 땅(坤元)은 넓게 생하는 것(廣生)을 근원으로 삼았다. 그 다음에 하늘과 땅을 합하여 생하고 또 생하여(生生) 인간은 천지 사이에 머물면서 천지의 주체가 되었다. 이 만물의 생성자인 도라는 것은 일시적인 상태로 고정되어 있는 것이 아니라 광대한 우주의 생의 영속성을 갖고 있다. 그리하여 『주역』은 "생하고 또 생함이 그침이 없다(生而不已)"라고 하였고 노자는 "현묘하고 또 현묘하다(玄之又玄)" 또는 "신묘한 계곡은 죽지 않는다.(谷神不死)"고 드러냈으며, 그는 또 도의 생성과정이 "이어지고 또 이어져 가는 것(綿綿)"이라고 하였다. 이렇게 도에 의한 생성이 연속으로 이어져 가는 것은 다름 아닌 우주본체의 태극에서는 양이 아닌 음에 있으며, 공간에는 물론 푸르게 번성해 가는 계곡에 있으며, 동물에는 수컷보다 암컷(현빈)

에 있기 때문이다. 이러한 세계를 모두 아우르는 노자의 자연철학은 한마디로 우리가 약(弱)에 머무는 수양(修養), 즉 외유내강(外柔內剛), 유약겸허(柔弱謙虛), 유약승강강(柔弱勝剛强)을 암시하고 있는 것이다. '왜 약한 것이 강한 것을 이기는가?(柔弱勝剛强)'를 한번쯤 생각해 봐야 할 것이다.

제7장 ✍

"天長地久, 天地所以能長且久者, 以其不自生, 故能長生."

"천장지구, 천지소이능장차구자, 이기부자생, 고능장생."

"하늘은 넓고, 땅은 오래간다. 하늘과 땅이 넓고 오래갈 수 있는 것은, 자기를 고집(self identity)하여 살고 있지 않기 때문이다. 그러므로 오래 살 수 있는 것이다."

"是以聖人後其身而身先, 外其身而身存."

"시이성인후기신이신선, 외기신이신존."

"그러므로 성인은 그 몸을 뒤로하기 때문에 오히려 몸이 앞서고, 그 몸을 밖으로 던지기 때문에 오히려 몸이 안으로 보존된다."

"非以其無私邪? 故能成其私."

"비이기무사야? 고능성기사."

"이것은 사사로움이 없기 때문이 아니겠는가? 그러기에 오히려 그 사사로움을 이루게 되는 것이다."

『주역』에서는 천지사방 공간을 우(宇)라 하였고 고금왕래의 시간을 주(宙)라고 하였다. 다시 우와 주를 합한 것이 현상세계이다. 시간과 공간은 서로 분리될 수 없고 과거와 미래는 영원히 떨어질 수 없다는 관념이 동양적 독특한 사고방식이다. 이것은, 『주역』의 괘상에서 음양으로 착종관계를 증명한 바 있다. 서양에서는 아인슈타인의 상대성이론에서 시·공간의 불가분의 상대성 이론으로도 우리에게 증명한 바도 있다.

노자는 천장지구(天長地久)를 시·공간의 합으로 보고 도라고 한 것 같다. 이 도를 행하는 사회지도자는 "그 몸을 뒤로하기에 오히려 몸이 앞서 나가고, 항상 몸을 밖으로 던지기에 오히려 그 몸이 안으로 보존된다."라는 노자가 던진 이 한마디는 오늘날 사리사욕과 부만을 추구하는 현대인에게 정곡(正鵠)을 찌르는 말이 된다. 현대에 사는 우리는 내 몸을 남보다 더 편안히 하려하고, 무슨 일을 하려할 때는 먼저 타산을 따져 몸을 도사리는 것이 비일비재한 사실이다. 인간답고 훌륭한 인격이란 그냥 갖추어지는 것이 아니고 남을 위해서, 남을 사랑하고 자신을 희생할 줄 아는 것에서 나온다. 이것이 노자철학의 진솔한 지혜이다. 이러한 지혜에서 우리는 고요히 대도(大道)의 본원을 의식하고 일체 속으로 돌아가 평온한 안식처를 얻을 수 있는 것이다. 예컨대, 남을 위해 평생 동안 봉사해 온 성인들 외에, 불구의 인간들을 내 몸같이 돌보아 온, 위대한 고 테레사 수녀와 96세로 생을 마감한 홀트 여사를 노자의 후기신과 외기신의 입장에서 봉사와 희생정신을 말하고자 한다.

그는 한국의 전쟁고아와 불우아동들에게 사랑의 보금자리를 만들어주는 데 평생을 바쳤다. 홀트 여사는 1955년 한국전쟁 속에 고아가 된 8명을 데려다 친자식 6명과 함께 키우면서 남편과 함께 홀트 한국국제아동복지회를 설립하고 본격적으로 입양사업을 시작하였다. 그동안 한국고아 7만 명의 해외입양을 알선하였는가 하면 1만 8천 명에게는 한국에 새 가정을 찾아 주었다. 이들은 친부모가 되건, 양부모가 되건, 아이들은 가정에서 부모의 사랑을 받아야 건강하게 성장할 수 있다는 것이 이들 부부의 신념이었다. 생전에 홀트 여사가 보여준 사랑의 실천은 우리에게 많은 의미를 부여해주었다. 그 외에도 세계적으로 우리들에게 봉사 업적을 남긴 분들이 수없이 많다. 노자가 주장하는 후기신(後其身)은 몸을 뒤로한다는 것은 일시적으로 봐서는 비굴한 행위일지 모르지만 결과로는 오히려 그 몸이 앞서 나가는 인간 내면의 잠재력을 호소하는 의미가 들어 있다. 그리고 외기신(外其身)이라는 것은 몸을 밖으로 내던지는 것으로 그것은 인간의 선천적 정의에서 우러나오는 진솔한 희생정신의 발로이다. 희생은 반드시 다른 사랑을 동반해 오기 때문에 오히려 그 몸이 보존된다고 하는 것은 지도자만이 갖는 리더십일 것이다. 이러한 지도자의 삶이 바로 도에 의한 삶이며, 종교적 삶과도 너무나 상통한다. 기독교에서는 사랑(愛)이며, 불가에서는 보살정신(菩薩精神)으로, 유가에서는 살신성인(殺身成仁)을 주장했으며, 노자는 후기신이신선(後其身而身先)이며 외기신이신존(外其身而身存)으로 자리잡고 있다. 이에 대해 왕필의 논리는 더욱 치밀하다. 그것에 대해 그는 다음과 같이 말한다.

> "억지로 인자해 보이려고 하면 오히려 위선이 되어 버리고, 질서를 유지하려고 애쓰면 오히려 어지럽게 되며, 편안해 보이려고 하면 오히려 위태롭게 되어 버린다(……) 공(功)이라고 하는 것은 취할 수 없는 것이요, 아름다움이라고 하는 것은 쓸 수가 없는 것이다."(왕필, 『노자미지예략』)라고 하였다.

제8장 ✍

"上善若水."
"상선약수."
"가장 좋은 것은 물과 같다."

"水善利萬物而不爭, 處衆人之所惡, 故幾於道."
"수선리만물이부쟁, 처중인지소오, 고기어도."
"물은 만물을 잘 이롭게 하면서도 다투지 않는다. 뭇사람들이 싫어하는 낮은 곳에 처하기를 좋아한다. 그러므로 도에 가깝다."

"居善地, 心善淵, 與善仁, 言善信, 正善治, 事善能, 動善時."
"거선지, 심선연, 여선인, 언선신, 정선치, 사선능, 동선시."
"살 때는 낮은 곳에 처하기를 좋아하고, 마음 쓸 때는 그윽한 마음 쓰기를 잘하고, 벗을 사귈 때는 어질기를 잘하고, 말할 때는 믿음직하기를 잘하

고, 다스릴 때는 질서 있게 하기를 잘하고, 일할 때는 능력 있기를 잘하고,
움직일 때는 움직이는 시기를 잘 적중시킨다."

"夫唯不爭, 故無尤."
"부유부쟁, 고무우."
"대저 오로지 다투지 아니하니, 그러므로 허물이 없다."

6) 제일 좋은 것은 물과 같다(上善若水)

노자는 자연철학 속에 세상에 제일 좋은 것은 물과 같다고 주장하였다.
그리고 '물은 도에 가깝다(故幾於道)'라고 한 말에서 그는 실재로서의 도
와 물질로서의 물을 대비시켜 개연적으로 상선약수라는 논리를 정립하였
다. 이런 논리의 성립도 과연 타당할까, 부당할까? 우리는 이 점을 논의하
지 않으면 안 되겠다.

그는 어떤 실재의 '도'와 사물의 물리적 사실, 즉 사물(事物)·사상(事
象)·정조(情調) 등을 연상적으로 표현하는 방식, 즉 상징체계(象徵體系)
를 부각시키고 있다. 상징체계에서는 물을 물질로 보지 않고 인간 오성에
서 인식되는 연상 작용이며 의미세계이다. 그리고 그 물이 바로 도(道)와
비슷하다는 것이다. 예를 들면, 흰색은 순결의 상징이라 할 때, 이미 흰색
이 우리의 오성에서 들어오면 순결이라는 의미는 연상 작용에 의해 순결
의 의미가 밖으로 그대로 드러나는 것과 같다. 다시 말해서, 이 흰색이 감
각에 들어오는 순간 이미 순결은 연상단계에서 인식단계로 넘어가 밖으로
표출되는 것이다.

노자는 물이라는 물리적 세계가 도라는 의미세계와 정확히 일치될 수
없다고 보아서, "물은 도에 가깝다(故幾於道)."고 표현한 것이다. 노자가
언급한 물에 대하여 그의 상징적 의미 속에 물의 기능적 가치를 고찰해
보면 상징성과 기능관계를 더욱 명확히 알 수 있을 것이다.

(1) 물은 가는 곳마다 만물을 이롭게 한다.(水善利萬物)
(2) 물은 위에서 아래로 흐른다. 즉 자기를 내세우지 아니하고 자기가 우월하다고 생각하지 않는다.(後其身)
(3) 안 가는 곳이 없이 다 가면서 만물과 다투는 일이 없다.(不爭)
(4) 사람들이 가기 싫어하는 비속한 시궁창까지 안 가는 곳이 없다.(處衆人之所惡)
(5) 만물을 되도록 해주고 거기에 기대하지 않는다.(爲而不恃)
(6) 만물에게 생명력을 부여해 주고도 부여한 대상을 소유하지 않고, 모든 것을 다 주고도 그것에 간섭함이 없다.(生而不有, 作焉而不辭)
(7) 공이 이루어져도 그 공 자체에 집착하지 않고, 그 속에 안주하려 하지 않는다. 그래서 더욱더 영원하다.(功成而不居, 夫唯不居, 是以不去)
(8) 물이 지나가면 높은 곳은 깎아 내고, 낮은 곳은 보태준다. 물은 반드시 평형원칙을 지킨다.(損有餘而補不足)

제9장

"持而盈之, 不如其已; 揣而銳之, 不可長保; 金玉滿堂, 莫之能守; 富貴而驕, 自遺其咎."

"지이영지, 불여기이; 췌이예지, 불가장보; 금옥만당, 막지능수; 부귀이교, 자유기구."

"지니고서 그것을 채우는 것은 때에 그침만 같지 못하다. 제련하여 그것을 날카롭게 하면 오래 보존할 길이 없다. 금과 옥이 집을 가득 메우며 그를 지킬 길 없다. 돈 많고 지위 높다 교만하면 스스로 그 허물을 남길 뿐이다."

"功逶身退, 天之道."

"공수신퇴, 천지도."

"공이 이루어지면 몸은 물러나는 것, 하늘의 길이다."

노자는 무리하지 않고 자연에 순응하는 것이 하늘의 도를 따르는 것이라고 하였다. 그는 자연에 대한 예리한 응시와 깊은 성찰에서 채우는 것은 때에 그침만 못하며 제련하여 날카롭게 하면 오래 보존할 길이 없다고 말했다. 이에 대해 『장자』, 「양생」에서 포정(庖丁)이 문혜군을 위해 소 잡는 기술에서 허(虛)사상의 본질을 잘 대변해주고 있다.

　　"포정이 문혜 군을 위해 소를 잡은 일이 있다(……). "제 칼은 19년이나 되어 수천 마리의 소를 잡았지만 칼날은 방금 숫돌에 간 것 같습니다. 저 뼈마디에는 틈새(虛)가 있고 칼날에는 두께가 없습니다. 두께 없는 것을 틈새에 넣으니, 널찍하여 칼날을 움직이는데도 여유가 있습니다. 그러니까 19년이 되었어도 칼날이 방금 숫돌에 간 것 같습니다. 하지만 근육과 뼈가 엉긴 곳에 이를 때마다, 저는 그 일의 어려움을 알아채고 두려움을 지닌 채, 충분히 경계하여 눈길을 거기 모으고 천천히 손을 움직여서 칼의 움직임을 아주 미묘하게 합니다. 살이 뼈에서 떨어지는 소리가 털썩하고 마치 흙덩이가 땅에 떨어지는 것 같습니다. 칼을 든 채 일어나서 둘레를 살펴보며 떠나기가 싫어 잠시 머뭇거리다가 마음이 흐뭇해지면 칼을 씻어 챙겨 넣습니다."(『장자』, 「양생」)

　　포정이 칼 쓰는 솜씨는 정말 도에서 얻은 기술이라고 할 수 있겠다. 자연의 이치에 따라 뼈와 뼈 사이(인대)가 없는 부분(有)과 뼈와 뼈 사이(인대)가 있는 부분(無)을 잘 구분한 일화이다. 그래서 뼈 사이가 있는 부분에 칼날을 넣으니 칼날의 수명이 19년이나 오래 지속될 수밖에 없었다. 이것은 포정이 소의 마디마디마다 틈새 사이(虛)에 칼날을 넣는 것은 실(實)과 허(虛)를 동시에 겸비한 기술을 갖고 있는 것이다. 자연의 도와 포정의 기술에서 노자의 허(虛)사상을 잘 대변해주고 있는 일화이다.

　　제10장 ✍
　　"載營魄抱一, 能無離乎!"
　　"재영백포일, 능무리호!"
　　"혼백을 한 몸에 싣고 도의 하나를 껴안는다. 그것이 떠나지 않게 할 수 있겠는가?"

"專氣致柔, 能嬰兒乎!"

"전기치유, 능영아호!"

"기를 집중시켜 부드러움을 이루어 갓난아기가 될 수 있게 하겠는가?"

"滌除玄覽, 能無疵乎!"

"척제현람, 능무자호!"

"현묘한 마음의 거울을 깨끗이 씻어, 티가 없도록 할 수 있게 하겠는가?"

"愛民治國, 能無知乎!"

"애민치국, 능무지호!"

"백성을 아끼고 나라를 다스림에 지혜로써 하지 않을 수 있는가?"(무위 자연의 상태일 수 있는가?)

"天門開闔, 能無雌乎!"

"천문개합, 능무자호!"

"하늘의 문이 열리고 닫힘에 암컷이 될 수 있겠는가?"

"明白四達, 能無爲乎!"

"명백사달, 능무위호!"

"명백히 깨달아 사방에 통달함에 함으로써 하지 않을 수 있는가?"

"生之, 畜之. 生而不有, 爲而不恃, 長而不宰, 是謂玄德."

"생지, 축지, 생이불유, 위이불시, 장이부재, 시위현덕."

도는 생하고 덕은 쌓이네. 낳으면서 낳은 것을 소유하지 않고, 해주면서 도 해준 것을 뽐내지 않고, 자라게 하면서도 자라는 것을 지배하지 않네. 이것을 일컬어 현덕(玄德, 현묘한 얻음)이라 한다.

제11장

"三十輻共一轂, 當其無, 有車之用;"

"삼십복공일곡, 당기무, 유거지용;"

"서른 개 바퀴살이 하나의 바퀴 통으로 모인다. 그 바퀴통 속의 빔에 수 레의 쓰임이 있다."

"埏埴以爲器, 當其無, 有器之用;"

"선식이위기, 당기무, 유기지용;"

"찰흙을 빚어 그릇을 만든다. 그 그릇의 빔에 그릇의 쓰임이 있다."

"鑿戶牖以爲室, 當其無, 有室之用."

"착호유이위실, 당기무, 유실지용."

"문과 창을 뚫어 방을 만든다. 그 방의 빔에 방의 쓰임이 있다."

"故有之以爲利, 無之以爲用."

"고유지이위리, 무지이위용."

"그러므로 있음의 이로움은 없음의 쓰임이 있기 때문이다."

인간은 형상이 있으면 유용성이 있다고 여긴다. 그리고 그 유용성은 실로 인간이 흔히 쓸모없다는 무용성에서 지탱되고 있다. 이 장은 만물이 존재하는 배경 뒤에는 그 근원의 무(無), 즉 도(道)가 있음을 시사하고 있는 장이다. 위의 원문을 보면, 서른 개의 바퀴살이 한 바퀴 통에 꽂혀 있지만, 그 바퀴통 한가운데가 비어 있어 수레가 굴러가는 것이다. 흙을 이겨서 그릇을 빚었지만, 그릇이 비어 있기 때문에 그릇의 쓰임이 있는 것이다. 문이나 창을 내고 방을 만들었지만 방의 빔 때문에 방의 쓰임이 있는 것이다. 그러하므로, 노자는 "유가 있어 이로운 것은 무가 쓰여 주기 때문이다."라고 강력하게 주장하고 있는 것이다. 이것에 대한 부연설명으로 장자는 노자의 유무상생 관계를 『장자』, 「잡편」에서 쓸모없음이 쓸모 있음(無用之用)을 잘 말해 주었다. 이것을 보도록 하자.

"혜자가 장자에게 말했다. 자네의 말은 실제로는 아무 쓸모가 없네. 장자는 말한다. 쓸모없음을 알아야 비로소 쓸모 있음을 말할 수 있다네. 무릇 대지는 광대하지만 사람에게는 겨우 발 디딜 땅만 필요하다네. 그렇다고 해서 발로 디디고 있는 땅만 남겨놓고 그 나머지 땅을 파 내려가 황천까지 이르게 한다면, 그때도 사람들은 밟고 있는 그 땅을 쓸모 있다고 하겠는가?

쓸모없지! 그렇다면 쓸모없음이 실제로는 쓸모 있음이라는 것이 분명하구나."라고 하였다.

위에서 보듯이, 우리가 땅을 밟을 때 밟은 부분은 비록 두 발자국 밖에 안 되지만 밟지 않은 넓은 땅이 있음을 믿고 비로소 안심하고 걸을 수 있다. 그러므로 쓸모없는 땅이 오히려 쓸모 있는 땅으로 된다(無用之用)는 것을 알게 되었다. 이것은 장자가 무지한 혜자를 잘 일깨워준 단문이다.

제12장 ✍
"五色令人目盲, 五音令人耳聾, 五味令人口爽."
"오색영인목맹, 오음영인이농, 오미영인구상."
"모든 색깔은 사람의 눈을 멀게 하고, 모든 음은 사람의 귀를 멀게 하고, 모든 맛은 사람의 입을 버리게 한다."

"馳騁畋獵令人心發狂, 難得之貨令人行妨."
"치빙전렵영인심발광, 난득지화영인행방."
"말달리며 사냥질하는 것은 사람의 마음을 미치게 만든다. 얻기 어려운 재화는 사람의 행동을 어지럽게 만든다."

"是以聖人爲腹不爲目. 故去彼取此."
"시이성인위복불위목. 고거피취차."
"그러므로 성인은 배가되지 눈이 되지 않는다. 그러므로 저것을 버리고 이것을 취한다."

현실과 이상, 차안과 피안, 중생과 열반이라는 것은 별개로 있는 것이 아니다. 노자는 현실을 떠난 이상이란 있을 수 없으며 현실 속에서 이상을 추구해야 한다고 주장하였다. 그것이 그가 말하는 "저것을 버리고 이것을 취한다.(去彼取此)"라는 말이다. 이것은 무엇이며 저것은 무엇을 의미하고 있는가? 저것을 버리고 왜 이것을 취해야 하는가의 철학적 논의가 불가피해진다.

현상의 가시적 모습에는 모든 색깔과 모든 소리와 모든 맛으로 영양을 취한다. 그리고 여유생활에서 오는 사냥(畋獵)과 말 타기(馳騁) 그리고 재물과 돈(財貨)은 눈앞에 놓인 대상물이며 모두 이것(此)에 해당된다. 노자가 주장하는 이것에 대한 저것의 철학적 의미는, 즉 오색(五色)에 의해 휘황찬란함을 느끼는 데에도 불구하고 눈은 원초적 의식으로의 복귀를 요청하고 있으며, 시끄러운 오음(五音) 속에서도 인간감정의 허정(虛靜)함을 추구해야 함을 강조하고 있다. 그리고 오미(五味) 속의 온갖 요리의 유혹에도 불구하고 나름대로의 담백한 기호와 선택을 가져야 하며, 광란과 쾌락에 탐닉된 도박이 아니라 취미로서의 말 타기와 사냥을 구별해야 하며, 얻기 어려운 재물과 돈(財貨)으로부터 오히려 여유 있게 절약할 수 있는 내면적 돈의 가치를 획득해야 한다고 강조하였던 것이다. 그러므로 노자는 초월적 이상세계의 저것은 반드시 현실세계의 이것에서 실현되어야 한다고 보았다. 이와 같은 맥락에서, 불교에서도 현실과 이상 그리고 이것과 저것이 나온다. 이것에서 저것이란 피안(彼岸)의 세계를 말하고 있다. 이러한 피안은 관념적 공(空)의 진리세계이다. 본체 세계의 공은 현실세계에서 볼 때 저것이 된다. 현실세계의 현상적 색은 바로 이것이라고 할 수 있다. 그러므로 이들 관계는 색(현상)이 바로 공(진리)이고, 공이 바로 색이라는 색즉시공(色卽是空) 공즉시색(空卽是色)의 묘함으로 『반야심경』을 이루고 있다. 그리고 『묘법연화경』에서도 번뇌, 즉 보리(煩惱卽菩提)라는 말이 나온다. 이 말은 번뇌의 이것(此)이, 즉 저것(彼)의 열반으로 승화(昇華)한다는 것이다. 다시 말해서, 대승불학의 이것의 현실적 번뇌라는 것은 생사(生死)를 초월한 인고(忍苦)의 구도심(求道心)이 없이는 저것의 이상적 깨달음(菩提)은 있을 수 없다는 것이 바로 저것을 버리고 이것을 취하는(去彼取此) 것이다.

제13장 ✍

"寵辱若驚, 貴大患若身."

"총욕약경, 귀대환약신."

"행운을 받으나 불운을 당하나 한결 놀란 것 같이하라. 큰 걱정을 귀하게 여기기를 내 몸과 같이하라."

"何謂寵辱若驚? 寵爲下, 得之若驚, 失之若驚, 是謂寵辱若驚."

"하위총욕약경?, 총위하, 득지약경, 실지약경, 시위총욕약경."

"행운을 받으나 불운을 당하나 한결 놀란 것 같이하란 말은 무엇을 일컬은 말인가? 행운은 항상 불운이 되기 마련이니 그것을 얻어도 놀란 것 같이 할 것이요, 그것을 잃어도 놀란 것처럼 할 것이다. 이것을 일컬어 행운을 받으나 불운을 당하나 늘 놀란 것 같이 하라고 한 것이다."

"何謂貴大患若身? 吾所以有大患者, 爲吾有身."

"하위귀대환약신? 오소이유대환자, 위오유신."

"큰 걱정을 귀하게 여기기를 내 몸과 같이하란 말은 무엇을 일컬음인가? 나에게 큰 걱정이 있는 까닭은 내가 몸을 가지고 있기 때문이다."

"及吾無身, 吾有何患! 故貴以身爲天下, 若可寄天下; 愛以身爲天下, 若可託天下."

"급오무신, 오유하환! 고귀이신위천하, 약가기천하; 애이신위천하, 약가탁천하."

"내가 몸이 없는 데 이른다면 나에게 무슨 걱정이 있겠는가? 그러므로 자기 몸을 귀하게 여기는 것처럼 천하를 귀하게 여기는 자에겐 진정 천하를 맡길 수 있는 것이다. 자기 몸을 아끼는 것처럼 천하를 아끼는 자에겐 진정 천하를 맡길 수 있는 것이다."

7) 시간의 정반은 서로 이룸(正反相成)

도의 관점을 시간의 변증법으로 보면, 그것은 정(正)과 반(反)으로 이뤄진다. 이것은 정에서 변화하여 반에 이르고, 반에서 변화하여 정으로 되돌아간다. 노자는 이것을 도체(道體)의 사태발전의 필연이라고 보았다. 도는 고요하고 움직이지 않으며 초시간적이고 영원하지만 한 번 움직였다 하면 변화가 있고, 변화가 있으면 현상은 만물을 생성하게 되고, 다시 만물은 영원한 것이 못 된다. 그러므로 인간사에도 정반을 잘 말해주고 있다.

> "불운은 행운의 원인이 되고, 행운은 불운의 빌미가 된다. 그러나 누가 그 궁극에는 좋은 것도 없고, 나쁜 것도 없다는 것을 알겠는가? 좋은 것은 다시 나쁜 것으로 되고 선(善)은 다시 불선(不善)으로 된다."(「제58장」)라고 하였다.

이것에 대해 노자는 어떠한 사물이나 존재도 극한에 이르면 반드시 주행(周行)한다고 주장하였다. 그러므로 새로운 것이 언제나 새로울 수 없고 시간이 흐르면 낡은 것이 되며 "회오리바람마저도 아침나절을 마칠 수 없으며 소나기는 하루 종일 내릴 수 없다."(「제23장」)

노자는 이러한 우주의 시간적 연속성을 도의 운동(反者道之動)(「제40장」)으로 간주하였다 그리고 제13장에서 총욕약경(寵辱若驚)은 이미 우리들이 주지하고 있듯이 새옹지마(塞翁之馬)에 비유될 수 있다. 이 고사는 회남자의 『인간훈』에 나오는데 이것을 연상할 때 정과 반의 변증관계는 극명하게 드러날 것이다. 이때 새옹이란 말은 변방요새에 살았던 노인으로 세상이치에 밝은 자(善術者), 즉 세상을 달관한 늙은이라는 뜻이다. 이 새옹이야말로 제13장의 내용을 대변하는 고사라고 할 수 있겠다. 이 고사는 다음과 같다.

> 변방에 사는 새옹은 좋은 말을 한 마리 길렀다. 매일 식구같이 사랑하며 길러온 애마(愛馬)였다. 그러던 어느 날 이 애마는 갑자기 국경을 넘어 오랑캐 땅으로 넘어가 버렸다. 이것을 알고 있는 동네 사람들은 새옹이 크게 고심할 것을 우려하여 위로차 찾아와서 노인에게 말한다.
> "얼마나 마음이 아프시겠습니까?"라고 하였다.
> 그러나 노인은 조금도 슬픈 기색을 하지 않고 도로 태연하게 다음과 같

이 말했다.

"오늘의 불운이 내일의 행운이 되겠지요? 지금의 슬픔이 어찌 곧 기쁨이 되지 않을까요?"라고 하였다.

그런 말을 한 지 수개월이 지나갔다. 그가 예상한 대로, 이 애마는 아주 훌륭한 준마(駿馬) 한 마리를 데리고 옛날에 거처했던 마구간으로 돌아왔다. 동네 사람들은 들뜬 마음으로 마치 잔치 분위기와 같이 노인을 축하해 주려고 몰려왔다. 그러나 노인은 조금도 기쁜 기색을 하지 않았다. 도로 차분한 기분으로 다음과 같이 말했다.

"오늘의 행운이 내일의 불운이 될 수도 있겠지요? 지금의 기쁨이 어찌 슬픔이 되지 않을까요?"라고 하였다.

새옹에게는 외아들이 한 분 있었다. 그 아들은 어릴 때부터 아버지가 사육하는 말의 본성을 잘 보아 왔기 때문에, 말에 관심을 갖고 좋아하였다. 새로 데리고 온 이 준마는 몸이 날렵하였다. 이 외아들은 이 말을 자기 몫으로 이어 받고, 매일 말 타기를 하였다. 그러던 어느 날 말에 떨어져 비골(髀骨)이 크게 부러졌다. 그래서 그 아들은 영영 회복 불가능한 환자로 남을 수밖에 없었다. 또 다시 동네가 상갓집 분위기로 변했다. 그래서 동네사람들이 모두 찾아와 노인을 위로하려 왔지만 새옹은 전혀 슬픈 표정을 하지 않았다. 그리고 그는 다시 입을 열었다.

"지금의 불운이 내일의 행복이 되겠지요? 지금의 슬픔이 어찌 곧 기쁨이 되지 않을까요?"라고 하였다.

그리고 난 뒤 세월이 일 년 지나갔다. 그런데, 변방의 오랑캐들이 이 새옹이 사는 지역으로 별안간 쳐들어왔다. 우선 전쟁 시는 나라를 방위해야겠다는 것 보다 더 조급함이 없었다. 그래서 장년과 소년, 그리고 나라에 남은 남자란 남자는 모두 군에 입대하였다. 그리고 며칠 후, 참가했던 장병들은 그중 십중팔구는 목숨을 잃고 말았다. 그러나 변방에 있는 새옹의 외아들은 다리부상으로 말미암아 입대하지 못했다. 그러므로 그는 천명(天命)대로 살게 되었고, 그 후 부자는 변방에서 누구 못지않게 행복하게 살았다는 고사이다.

노자는 사물이나 사태가 극에 이르면 원래 갖고 있는 상황은 모두 바뀔 수밖에 없다는 주장이 "되돌아오는 것은 도의 움직임(反者道之動)이며, 뿌리로 돌아가라는 천명이 계속내림(歸根復命)으로 사물은 극단에 이르러 반드시 되돌아간다(物極必反)."는 것이다. 이는 모두 도의 순환운동에 속한다. 예컨대, "꼬부라지면 온전해지고, 구부러지면 펴진다. 움푹 파이면 고이고, 낡으면 새로워진다. 적으면 얻을 수 있고 많으면 미혹된다."라고 하였다. 이와 같이 사물이 성하면 반드시 쇠퇴해 가는 것(物盛必衰)은 도체의 대립전화법칙에 의한 것이다. 다시 말해서, 대립은 항상 시간의 흐름에서 서로를 이뤄 주며 존재나 사물은 항상 상성관계(相成關係)에 놓여 있다. 사물은, 즉 굽음에서 온전함으로 나아가고 굽음에서 곧음으로 진행하며 움푹 파임에서 차여지며 낡음에서 새로움으로 변화하고 적음에서 얻어지고 많음에서 유혹되는 것이다. 이것은 도의 필연적 사태로서 정(正)이 극에 이르면 반드시 반(反)으로 운동하기 마련이다. 이것이 다시 반(反)에 이르러 정(正)으로 끊임없이 도의 운동은 반복되는 것이다.

우리는 이러한 변증관계를 이해할 때 미래를 스스로 예측할 수 있고 행운이 오나 불운이 오나 자신의 실존적 대처가 여기에서 나오는 것이다. 나아가 국제의 위기도 바꿀 수 있는 철학적 예지(叡智)가 용출(湧出)하게 되는 것이다.

제14장

"視之不見, 名曰夷; 聽之不聞, 名曰希; 搏之不得, 名曰微. 此三者, 不可致詰, 故混而爲一."

"시지불견, 명왈이; 청지불문, 명왈희; 박지불득, 명왈미. 차삼자, 불가치힐, 고혼이위일."

"보아도 보이지 않는 것을 이름 하여 이(夷)라 하고, 들어도 들리지 않는 것을 이름 하여 희(希)라 하고, 만져도 만져지지 않는 것을 이름 하여 미(微)라 한다. 이 삼자, 이(夷)와 희(希) 그리고 미(微)는 낱낱이 따질 수가 없다. 그러므로 합하여 하나로 삼는다."
　　(夷: 무색. 希: 고요함. 微: 미세함)

"其上不皦, 其下不昧."
"기상불교, 기하불매."
"그 위는 밝지 아니하고, 그 아래는 어둡지 아니하다."

"繩繩不可名, 復歸於無物,"
"승승불가명, 복귀어무물,"
"이어지고 또 이어지는 데 이름 할 수 없다. 다시 물체 없는 데로 돌아가니,"

"是謂無狀之狀, 無物之象."
"시위무상지상, 무물지상."
"이를 일컬어 모습 없는 모습이요, 물체 없는 형상이라 한다."

"是謂惚恍."
"시위홀황."
"이를 일컬어 홀황이라 한다."

"迎之不見其首, 隨之不見其後."
"영지불견기수, 수지불견기후."
"앞에서 맞이하여도 그 머리가 보이지 않고, 뒤에서 따라가도 그 꼬리가 보이지 않는다."

"執古之道, 以御今之有. 能知古始, 是謂道紀."
"집고지도, 이어금지유. 능지고시, 시위도기."
"옛날의 도를 잡아 오늘의 있음을 제어한다. 능히 옛 시작을 파악하니, 이를 일컬어 도의 근본이라 한다."

이 14장은 노자의 도와 현상과 관계에서 형이상학 부분을 전적으로 드러내고 있는 장이다. 『주역』, 「계사」에서 "형이상을 일컬어 도라 하고, 형이하를 일컬어 그릇"이라고 한 것과 노자의 상(上)과 하(下)라는 개념은 그 맥락을 같이하고 있는 것 같다. 노자가 주장하는 도의 세계에서의 이(夷)는 무색(無色)이며 희(希)는 무성(無聲)이고 미(微)는 무형(無形)의 세계로써 인간의 감각을 초월해 있는 초현상 초시공의 세계이다. 그러므로 이것은 인간 의식으로는 한정할 수 없으므로 불가사의하다고 하였으며 또는 인간의 언어로는 언표할 수 없다는 것이다. 그러기에 노자는 혼돈(混沌, Chaos)이라는 개념으로 나타내고 있다. 이것은 장자 응제 편에서 유일하게 혼돈(混沌)이라는 단문이 나온다. 다음에 나오는 혼돈의 의미를 잘 살펴보자.

　　"남해의 제왕을 숙(儵)이라 하고 북해의 제왕을 홀(忽)이라 하고 중앙의 제
　　왕을 혼돈(混沌)이라고 하였다. 홀과 숙이 어느 날 혼돈의 땅에서 만나게 되
　　었다. 혼돈이 이들을 잘 대접하여 보냈다. 그러자 홀과 숙도 혼돈에게 은혜를
　　갚을 방법을 의논하였다. 사람은 모두 일곱 구멍(七竅)을 가지고 보고 듣고
　　먹고 숨쉬고 있는데 혼돈만은 이것을 갖고 있지 않았다. 그에게 '우리가 하루
　　에 한 구멍씩 뚫어줍시다.' 하고 의논하였다. 그리고 그들은 하루에 한 구멍
　　씩 뚫어나가자 칠 일 만에 혼돈은 죽음을 맞고 말았다."(『장자』, 「응제」)

이 일화 속에 혼돈의 비참한 죽음은 인간의 유위가 만들어낸 최대의 비극이 아닐 수 없다. 노자는 혼돈이라는 개념을 이, 희, 미의 세 자에 적용시키는 것 같다. 노자는 혼돈을 완전한 하나의 도로 보아 도는 하나(一)이고 전체이며, 상하를 억지로 나눈다고 하면, 도라는 거대한 전체 속에 상하(上下)는 포섭된다고 주장한 것이 혼합하여 하나로 삼는다(混而爲一)하였던 것이다.

일반적으로, 우리는 형이상의 도는 우리의 현실세계에서 너무나 거리가 먼 세계로 느껴왔다. 그리고 우리들이 실재에서 본다면, 형이상은 어두운 세계라고 볼 수 있으며 형이하는 밝은 세계라고 볼 수 있을 것이다. 그러

나 노자는 형이상을 어두운 세계(不曒)로 표현하였고 그 반면에 형이하는 우리 현상세계와 접하고 있어서 밝은 세계(不昧)라고 주장하였다. 이 점에서, 노자는 밝지도 않고 어둡지도 않다는 부정(Negative)을 강하게 한 부분을 볼 수 있다. 이러한 부정은 이원적(二元的) 논리의 모순을 막기 위해 양자를 비실재 혹은 무규정으로 간주한 것 같다. 그의 이러한 방식은 언어를 부정하고, 상하 구분이 없도록 하기 위해 "그 위는 밝지 않고 그 아래는 어둡지 않다."라고 얽어서 밧줄을 꼬듯이 표현하고 있다. 이것은 이원적 분할이 아니고, 밝음의 부정과 어둠의 부정으로 완전히 일치시키고 있다. 이것이 의미하는 것은 일치나 동일성이 아니고, 대립이나 분열도 더더욱 아닌 일체를 완전히 도 안에 포괄시키려는 동양적 일원론(一元論)에 기초를 두고 있는 것이다.

그 다음 위의 원전에서 도의 시간적 연속성을 말하고 있다. 그것이 바로 승승(繩繩)이라는 개념이다. 시간적 연속성은 밧줄이 끊어지지 않고 이어지고 또 이어져 나가는 속성을 도를 빗대어 말하고 있다. 앞의 제6장에서 이미 언급한 것과 같이 면면(緜緜)의 개념도 이와 동일한 의미로 쓰였다. 이 승승(繩繩)과 면면(綿綿)이라는 우주의 연속성을 일컬어 모습 없는 모습이요, 물체 없는 형상이라 하였다. 모습의 일반성은 모습이 없으면 모습일 수 없다. 그리고 물체가 없으면 형상을 말할 수 없는 것이다. 그러나 노자의 논리에서 본다면, 모습이 없다고 말할 수 없는 것은 도의 존재가 부정되는 것이고 반대로, 모습이 있다고 말할 수 없는 것은, 즉 도가 제한되어 일정한 형상을 가지게 되므로 존재가 있다고 말할 수도 없는 것이다. 다시 말해서, 전자의 모습은 모습 자체를 부정한 도의 진정한 모습이고, 후자의 모습은 언어를 방편으로 하여 나타낼 수밖에 없는 부득이한 사태의 모습이다. 그러므로 모습이 없는 것 그 자체 속에 이미 모습이 있다는 논리이다. 그리고 도의 본체에서 보면, 모습이 없는 것이 곧 모습이 있는 것이고, 도의 작용에서 보면, 모습이 있는 것이 곧 모습이 없다는 논리가 성립된다. 노자는 어떠한 일면에 치우치지 않으면서(不偏) 전체 속에서도 상하의 구분이 없으며 비존재 속에 존재가 생성되며 무차별 속에 차별이 있는 근원적 인식의 논리를 구성하였던 것이다.

제15장

"古之善爲士者; 微妙玄通, 深不可識."
"고지선위사자; 미묘현통, 심불가식."
"예로부터 도를 잘 실천하는 자는 미세하고, 묘하고, 현묘하고, 통한다. 너무 깊어 헤아릴 길 없다."

"夫唯不可識, 故强爲之容; 豫焉, 若冬涉川, 猶兮, 若畏四鄰."
"부유불가식, 고강위지용; 예언, 약동섭천, 유혜, 약외사인."
"대저 오로지 헤아릴 길 없어 억지로 다음과 같이 형용한다. 주저하네, 겨울철 냇가에 살얼음 딛고 건너는 것 같고, 망설이네, 주위 사방을 두려워 살피는 것 같다."

"儼兮, 其若容; 渙兮, 若氷之將釋."
"엄혜, 기약용; 환혜, 약빙지장석."
"의젓하구나, 그것이 손님 모습 같고, 흩어지는구나, 장차 녹으려는 얼음 같다."

"敦兮, 其若樸. 曠兮, 其若谷."
"돈혜, 기약박. 광혜, 기약곡."
"돈독하구나, 그것은 질박한 통나무 같고, 텅 비는구나, 그것은 빈 계곡과 같네."

"混兮, 其若濁, 孰能濁以靜之徐淸?"
"혼혜, 기약탁, 숙능탁이정지서청?"
"혼탁하구나, 그것이 흐린 물과 같다! 누가 능히 자기를 흐리게 만들어 더러움을 가라앉히고 물을 맑게 할 수 있겠는가?"

　　"孰能安以久, 動之徐生? 保此道者不欲盈."
　　"숙능안이구, 동지서생? 보차도자불욕영."
　　"누가 능히 자기를 안정시켜 오래가게 하며, 천천히 움직여서 온갖 것을 생
　하게 할 수 있겠는가? 이 도를 보존하는 자는 채우려고 욕심내지 않는다."

　　"夫唯不盈, 故能蔽不新成."
　　"부유불영, 고능폐불신성."
　　"대저 오로지 채우려고 하지 않기에, 그러므로 능히 자신을 낡게 하면서
　도 새로이 이루려고 하지 않는다."

　　노자는, "도를 잘 실천하는 위대한 지도자는 아주 미세하고 오묘하며
그윽하고 통달(微妙玄通)한 인격을 소유해야 한다고 주장하였다. 그러한
인격에서 나오는 고매한 인격은 심오하여 깊이를 헤아릴 수 없다(深不可
識)"라고 형용하였다. 그러한 형용할 수 없는 표현으로 주저함(豫)은 겨
울에 살얼음 딛는 모습으로 나타냈으며 망설임(猶)을 주위 사방을 두리번
거리는 모습으로 나타내었다. 그리고 의젓함(儼)은 초대받은 손님의 모습
으로 나타내었고, 흩어짐(渙)은 장차 녹으려는 얼음으로 표현하였다. 돈독
함(敦)은 질박한 통나무에서 나오는 그릇으로 보았고, 텅 빔(曠)은 현빈
(玄牝)에 비유하여 신묘한 계곡으로 보았다. 혼탁함(混)이란 다른 혼탁함
을 포용하고 서로 동류하면서 정화되어 가는 물의 모습으로 표현하였다.
여기에서 도를 잘 실천하는 것은 무위의 덕을 쌓는 일이다. 덕은 본래 순
박(敦)하게 해 주며, 엄숙(儼)하게 해 주며, 맺힌 것을 풀어주고(渙), 텅
비게 하며(曠), 탁류를 맑게 해줌(渾)에 비유하였던 것이다. 이러한 도를
간직한 지도자는 모든 인간을 무위의 경지로 이끄는 동시에 자신을 고요
하게(靜之) 하고, 도에 따라 움직이며(動之) 맑게 씻어 마음을 맑은 거울
로 되게 하는 일(滌除玄覽)이라고 극명하게 표현하였다.
　　그러므로 도를 보전하는 자는 "오히려 욕심을 채우려 하지 않기 때문
에, 자신을 낡게 하면서 또 새롭게 꾸미려 하지 않는다." 따라서 나의 생

명은 우주의 흐름에서 예외일 수는 없고 역행할 수도 없는 일이다. 시간의 흐름에 따라 나의 생명 역시 낡아지려는 것이 사실이다. 우리 현대인들은 낡음에서 벗어나고 싶어 새롭게 꾸미려하고, 유위(有爲)를 가하고 또 가하여 결국 본모습을 잃어버릴 정도로 개조하려 든다. 이 점에서 노자는 우리에게 이러한 인위적 가식(假飾)을 자제해 줄 것을 요청하였고, 새롭게 이루지 않도록(不新成) 강하게 비판했던 것이다.

제16장✍

"致虛極, 守靜篤. 萬物竝作, 吾以觀復."

"치허극, 수정독. 만물병작, 오이관복."

"허함에 이르기를 지극하게 하고, 고요함을 지키기를 돈독히 하라. 만물이 다 같이 생육화성 하는데서 나는 돌아감을 볼 뿐이다."

"夫物芸芸, 各復歸其根. 歸根曰靜, 是謂復命. 復命曰常, 知常曰明. 不知常, 妄作凶."

"부물운운, 각복귀기근. 귀근왈정, 시위복명. 복명왈상, 지상왈명, 부지상, 망작흉."

"만물이 무성하게 자라고 있지만, 결국은 제각기 또 다시 뿌리로 돌아가기 마련이다. 뿌리로 돌아가는 것을 일컬어 고요함이라 하고, 또 이를 일컬어 명으로 돌아간다고 한다. 명으로 돌아감을 늘 그러함이라 하고, 늘 그러함을 아는 것을 지혜롭다고 한다. 늘 그러함을 알지 못하면 경거망동하여 잘못을 저지르게 되고, 흉한 일을 짓게 된다."

"知常容, 容乃公, 公乃王, 王乃天, 天乃道. 道乃久. 沒身不殆."

"지상용, 용내공, 공내왕, 왕내천, 천내도. 도내구. 몰신불태."

"늘 그러함을 알면 관대하게 포용할 수 있고, 관대하게 포용하면 공평하게 되고, 공평하면 천하가 복귀한다. 천하가 복귀하면 하늘에 들어맞고, 하늘에 들어맞으면 도에 들어맞는다. 도에 들어맞으면 영원할 수 있다. 내 몸이 죽을 때까지 위태롭지 않게 된다."

8) 되돌아기는 것은 자연법칙의 필연(復歸)

노자의 복귀사상은 우리들로 하여금 세계의 진상을 파악하게 하고 자기를 위태롭지 않게 보존해주며 자신을 성찰하게 하고 있는 것이다. 다시 말해서, 인간을 포함한 일체존재의 천지마음인 무위자연의 도는 허(虛)이며 정(靜)이기 때문에 도의 근원적인 허정(虛靜)을 보존하는 것이 자신의 본래 모습으로 복귀하는 것이라고 하였다. 이것을 노자는 "뿌리로 돌아감(復歸其根)."이라고 하고 뿌리 자체를 고요함(靜)이라고 하였다. 노자가 주장하는 복귀의 의미를 잘 보도록 하자.

> "만물이 다 같이 생육화성 하는데, 나는 그 돌아감을 볼 뿐이다. 무릇 만물이 무성하게 자라고 있지만 결국은 제각기 또 다시 뿌리로 돌아가기 마련이다. 뿌리로 돌아가는 것을 일컬어 정(靜)이라 하고, 또 이를 일컬어 명(命)으로 돌아간다고 한다. 명으로 돌아감을 늘 그러함(常)이라 하고 늘 그러함을 아는 것을 지혜롭다(明)고 한다."

노자는 왜 뿌리로 돌아가야 한다고 주장하며, 노자가 주장하고 있는 뿌리는 무엇을 의미하고 있는가? 이것은 다음 몇 가지로 논의될 수 있겠다. 일반적으로, 현상계의 식물은 봄에는 잎이 나고 여름에 왕성한 생기(生氣)를 갖추는 것은 뿌리에서 비롯된다. 그리고 뿌리에서 영양을 분배하기 위해 지엽으로 승강(昇降)하는 왕복운동을 동(動)이라고 한다. 가을과 겨울에는 다시 영양을 뿌리에 저장한다. 긴 시간에서 보면 뿌리가 동정을 포함하면서 정에서 동으로 다시 동에서 정으로 돌아감이 도의 작용이며 필연이다. 노자는 그와 같은 필연적 동정을 만물의 시원으로 간주하였다. 뿌리의 필연적 측면에서 본다면, 그것은 하늘이 명(天命)한 것이며, 정(靜)에서 동으로 다시 동에서 정으로 순환하는 끊임없는 작용은 영원한 것이다. 그래서 복귀는 자연의 필연적 복귀이고 영원한 순환운동에서의 복귀

이다. 그렇게 해석할 경우, 뿌리는 즉 사물로서의 뿌리가 아니라 동정의
과정이며 시공을 초월해 있는 과정적 뿌리가 된다. 다시 말해서, 노자가
주장하는 뿌리라고 말하는 것은 실체로서의 고정된 뿌리가 아니고 자연의
천명이 쉼 없이 내리고 받음에서 한번 움직이고 한번 고요해지는 동정관
계를 뿌리라고 하였던 것이다. 요컨대, 양과 음이 생겨나게 하는 동정운동
에서 끊임없이 반복되는 과정이 바로 뿌리라는 것이다. 위의 「제16장」에
서 보았듯이 "뿌리로 돌아가는 것을 일컬어 고요함(歸根曰靜)"이라고 하
였다. 정은 동과 대립(對立)되는 정이 아니고 동의정(動之靜)이며 정의동
(靜之動)이다. 그러므로 모든 동(動)을 포섭하고 있는 정(靜)이다. 여기서
정(靜)이라는 것은 천지우주에서의 조리(條理)에 입각한 순환과정(Belt -
process)에 있는 정(靜)이라고 할 수 있을 것이다.

　노자는 "되돌아오는 것은 도의 움직임(反者道之動)"(「제40장」)이라고
하였다. 이것은 시간이 정(正)에서 진행한다고 하면, 도는 본래 무(無)로
서 천지만물을 생성하는 일을 맡게 되고, 반(反)의 방향으로 진행한다면,
천지만물은 무(無)에 의존하므로 각기 자신의 존재임무를 수행하게 된다.
재언하자면, 도의 전체 대용에서는, "무(無)의 세계에는 용(用)이 체(體)
를 나타내고 유(有)의 세계에서는 체(體)가 용(用)을 나타낸다."라는 도
의 체용작용(體用作用)이 성립된다. 이러한 노자의 순환법칙은 "사물은
극단에 이르면 반드시 되돌아온다(物極必反)."라고 하는 것과 "사물이 번
성하면 반드시 쇠하게 되어 있다(物盛必衰)."라고 하였으며 "다시 원초적
근본으로 되돌아간다(返本復初)."라고 하였다.

　그리고 그의 일관된 철학정신은 되돌아감(復歸)에 있다. 그의 철학적
성찰은 돌이킴(反)에 있다. 삶에서는 순박(淳朴)으로 되돌아가는 것이며,
우주본체에서는 상도(常道)로 되돌아가는 것이며, 정치에서는 인의정치·
법제정치·무력정치를 버리고 무위정치(下知有之)로 되돌아가는 것(復歸)
이었다.

제17장 🖏

"太上, 下知有之; 其次, 親而譽之; 其次, 畏之; 其次, 侮之."

"태상, 하지유지; 기차, 친이예지; 기차, 외지; 기차, 모지."

"가장 좋은 정치는, 아래 있는 사람들이 위에 다스리는 지도자가 있다는 것만 알 뿐이다. 그 다음은, 국민들을 친하게 하고 사랑하는 것이다. 그 다음은, 백성들을 두렵게 만드는 것이다. 그 다음은, 백성들에게 모멸감을 주는 것이다."

"信不足焉, 有不信焉. 悠兮, 其貴言."

"신부족언, 유불신언. 유혜, 기귀언."

"믿음이 부족한 곳에 반드시 불신이 있기 마련이다. 그윽하구나! 그 말 한마디를 귀하게 여기는구나."

"功成事遂, 百姓皆謂我自然."

"공성사수, 백성개위아자연."

"공이 이루어지고, 일이 다 이루어져도, 백성들은 모두 나 스스로 그러할 뿐이라고 말한다."

이 장은 노자가 정치철학 분야를 주장하고 있는 장이다. 노자는 정치유형을 네 가지로 분류하고 있다. 그는 "아래 있는 사람들이 위에서 다스리는 지도자가 있다는 것만 알 뿐이다.(下知有之)"라는 명제를 제일(太上)의 정치형태로 꼽았다. 이것은 민중이 위에 지배자가 있어도 스스로 자유를 깨달아 다스리는 자가 하등의 부담스러운 존재가 아닌 정치가를 태상으로 여겼다. 그리하여 국민이 위에 지도자가 있어도 전혀 부담을 느끼지 않는 무위정치(無爲政治)를 들었다. 그 다음으로 그가 주장하는 정치는 유가의 정치체계와 비슷한 지배자가 인정(仁政)을 베푸는 정치, 즉 민중과 친하고 민중들을 사랑하는 인의정치(仁義政治)를 들고 있다. 그 다음으로는, 백성들을 두렵게 만드는 정치이다. 이것은 법가(法家)들의 주장에서 나온 권위주의 발상에서 비롯된 것이다. 법 앞에는 누구나 평등하다고 말하면서 그 뒷면에는 상벌에서 기준을 꾸미고 법에 의해서 위계질서가 서게 함으로써 국민을 두렵게 하는 법제정치(法制政治)이다. 아울러, 법이라는 조문을 먼저 제정해 두고 인간행위를 의도적으로 제재하기 때문에 오히려 백성들은 법망을 피하려 하면서 두려워할 수밖에 없을 것이다. 노자의 무위철학에 의하자면 법 자체는 인간이 제정해 놓았지만, 인간이 만들어 놓은 법에 의해 오히려 자유와 자율이 상실된다고 보았다. 그리하여 거미줄처럼 얽어 놓은 법망에 인간의 자율과 의지력은 항상 부자유스러워지며 질곡(桎梏)만을 느낄 뿐이다. 이러한 법력(法力)에 의하여 통치자는 피통치자에게 위협적 권위와 권좌를 누린다는 정치의 한 형태이다.

그 다음으로 지배자가 법의 체계도 말살시키고 무력에 의해 피지배자에게 강압과 수모를 주며 무력으로 진압하려는 무력정치(武力政治)이다.

지금까지 노자가 주장하는 정치형태를 차례대로 정리하여 보면, 그는 최상의 무위정치에서 그 다음이 인의정치이며, 그 다음이 법제 정치이고, 최하위에는 인간성을 완전히 무시하고 무력에 의해 민중을 억압하는 무력정치라고 주장하였던 것이다.

제18장

"大道廢, 有仁義. 慧智出, 有大僞. 六親不和, 有孝慈. 國家昏亂, 有忠臣."

"대도폐, 유인의. 혜지출, 유대위. 육친불화, 유효자. 국가혼란, 유충신."

"큰 도가 없어지니 인의가 있게 되었다. 큰 지혜가 생겨나니 큰 위선이 있게 되었다. 육친(부·모, 형·제, 처·자식)이 불화하니 효도와 자애가 있게 되었다. 국가가 혼란하니 충신이라는 것이 있게 되었다."

유가(儒家)는 사상·철학·정치·문화를 모두 인(仁)사상에 입각해서 근본제도를 정립하였다. 이 점에 대해 노자는 유가의 대도(大道)나 인의(仁義) 그리고 효도(孝道)나 충신(忠臣)이라고 하는 제도를 자신의 무위철학에 빗대어 유가의 전통적 정치제도를 뿌리째 흔들어 버렸다. 사실 도

122

(道)의 입장에서 보면 유가의 사상과 철학의 덕목들이 도가와 상반된 점들이 많다. 노자는, 인간이 인의(仁義)라는 덕목을 세우지 않았다고 하면 대도(大道)가 폐하지 않았을 것이고, 큰 위선(僞善)을 꾸미지 않았다고 하면 혜지(慧智)가 나오지 않았을 것이며, 효도(孝道)나 자애(慈愛)의 덕목을 세우지 않았다고 하면 육친(六親)의 불화는 없었을 것이다. 본래 충신(忠臣)이라는 자리가 없었다고 한다면 국가가 혼란에 빠지지 않았다고 신랄하게 비판하였다.

노자는 이러한 유가가 스스로 사회질서의 기강을 세우려는 제도 자체는 위선이며 인위이고 위정자의 편의를 위해 만들어 놓은 제도라고 지적하였다. 그러므로 유가는 대도·육친·국가라는 큰 체제를 먼저 의식하게 하고 그것에 맞게 실현가치 덕목을 세워 놓은 다음 인의·효자·충신이 되도록 교육시킨 것도 사실이다. 노자는 이로 인해서 인간의 인위적 가중은 더욱더 높여간다고 이를 극구 부정하였던 것이다.

제19장

"絶聖棄智, 民利百倍; 絶仁棄義, 民復孝慈; 絶巧棄利, 盜賊無有."
"절성기지, 민리백배, 절인기의, 민복효자, 절교기리, 도적무유."
"성스러움을 끊고, 슬기로움을 버려라. 백성의 이로움이 백배할 것이다. 인자함을 끊고, 의로움을 버려라. 백성이 다시 효도하고 자애로울 것이다. 교사함을 끊고 이로움을 버려라. 도적이 없어질 것이다."

"此三者, 以爲文, 不足, 故令有所屬."
"차삼자, 이위문, 부족, 고령유소속."
"이 세 가지는 감각적 장식일 뿐이며, 우리에게 자족함을 주는 것이 아니다. 그러므로 돌아감이 있게 하라."

"見素抱樸, 少私寡欲."
"현소포박, 소사과욕."

　　"흰 바탕을 드러내고, 통나무를 껴안아라. 사사로움을 줄이고 욕심을 적
　게 하라."

　　노자는 「제19장」에서 성지(聖智)와 인의(仁義)와 공리(巧利)를 임시로
장식한 겉치레(文飾)로 보았다. 이것은 우리들이 살아가는 데 임시적 필
요조건은 될 수 있지만 필수적인 필요충분조건은 되지 않는 것이다. 노자
는 우리에게 궁극적으로 이러한 겉치레를 걷어치우고 사사로움을 줄이고
욕심을 적게 하여(少私寡欲) 도의 본성으로 귀속(歸屬)하라고 요청하였다.
아무리 과학이나 문명이 고도로 발전한다 하더라도 그것은 우리를 편리한
생활로 이끌지는 몰라도 인간의 본성을 자유롭게 전환해 줄 수는 없을 것이
다. 그리하여 노자는 그러한 대안으로 우리에게 제시한 것이 바탕을 드
러내고 통나무를 껴안는다는 현소포박(見素抱樸)을 자각하고 사사로움을
줄이고 욕심을 적게 하여 도의 본성을 따르는 가능근거를 제시하였던 것이
다. 그러므로 이 소(素)에 대한 개념은 앞에 「제4장」에서도 조금 언급
한 적이 있지만, 공장에서 갓 뽑아 올린 염색하기 이전의 원사(原絲)이다.
이 원사는 개체를 이루는 과정에서 무한한 의복의 다양성을 제공하는 것이
다. 이에 대해서 Aristotle(B.C. 384–322)도 동일한 관점에서 말했다.
형상이 아직 이루어지기 전에 통나무(樸)라는 것은, 즉 현실태(Actuality)
가 아닌 가능태(Potentiality)로써 그것을 힐레(hyle)라고 하였고, 현실태
의 형상을 에이도스(Eidos)라고 하였다. 노자도 통나무의 가능태를 자연철
학의 관점에서 독특하게 부각시키고 있다. 이 현실태와 가능태의 관계를
원효(617–686)는 『대승기신론』에서, 진여문을 총상(總相)이라 하였고, 생
멸문을 별상(別相)이라고 하였다. 예컨대, 총상은 진흙(微塵)이며 별상은
그릇(瓦器)이다. 이 총상의 진흙에서 기와 장, 화병, 도자기, 항아리 등의
별상의 그릇이 되면 진흙의 총상이 그릇 속으로 들어오는 순간 진흙 자체
는 총상의 존재를 갖지 못한다는 것이다. 통나무도 마찬가지로 탁자, 악기,

책상, 그릇 등의 형상이 이루어지면 통나무의 존재는 찾을 수가 없어진디. 그러므로 현실태의 그릇은 가능태의 진흙에 모두 포섭된다는 논리이다. 따라서 노자가 말하는 원사나 통나무도 자연의 도로써, 이 도(가능태)는 모든 만유(현실태)를 포섭하는 논리가 바로 여기에 있는 것이다.

제20장 ⬛

"絕學無憂. 唯之與阿, 相去幾何? 善之與惡, 相去若何? 人之所畏, 不可不畏."

"절학무우. 유지여아, 상거기하? 선지여오, 상거약하? 인지소외, 불가불외."

"배움을 끊으면 근심이 없을지니, 예와 아니오가 서로 다른 것이 얼마나 되겠는가? 좋음과 싫음이 서로 다른 것이 얼마나 되겠는가? 사람들이 두려워하는 것을 나 또한 두려워하지 않을 수 없다."

"荒兮, 其未央哉! 衆人熙熙, 如亨太牢, 如春登臺. 我獨泊兮, 其未兆, 如嬰兒之未孩."

"황혜, 기미앙재! 중인희희, 여형태뢰, 여춘등대. 아독박혜, 기미조, 여영아지미해."

"황량하구나! 가운데에 아무것도 드러나지 않네! 뭇사람들은 희희낙락하며, 큰 소를 잡아 잔치를 벌이는 것 같고, 화사한 봄날에 누각에 오르는 것 같네. 나 홀로 담박하구나. 아직 들러날 조짐을 보이지 않으니, 아직 웃음이 터지지 않은 갓난아기 같네."

"儽儽兮, 若無所歸. 衆人皆有餘, 而我獨若遺. 我愚人之心也哉! 沌沌兮!"

"루루혜, 약무소귀. 중인개유여, 이아독약유. 아우인지심야재! 돈돈혜!"

"지치고 또 지쳤네, 돌아갈 곳이 없는 것 같네, 뭇사람들은 모두 여유가 있는데 왜 나 홀로 이다지도 모자라는 걸까? 내 마음 왜 이리도 어리석단 말인가? 혼돈스럽구나!"

"俗人昭昭, 我獨昏昏; 俗人察察, 我獨悶悶. 澹兮其若海, 飂兮若無止. 衆人皆有以, 而我獨頑似鄙. 我獨異於人而貴食母."

"속인소소, 아독혼혼; 속인찰찰, 아독민민. 담혜기약해, 료혜약무지. 중인 개유이, 이아독완사비. 아독이어인이귀식모."

"세간의 사람들은 똑똑한데 나 홀로 멍청할 뿐이다. 세간의 사람들은 잘 도 살피는데 나 홀로 답답할 뿐이다. 담담하여 바다같이 넓고, 산들바람처 럼 그침이 없는 것 같네. 뭇사람들은 모두 쓸모가 있는데, 나 홀로 완고하 고 비천하여 쓸모가 없네. 나 홀로 다른 사람과 차이가 있다면, 만물을 낳 는 생명의 어미를 귀하게 여기는 것뿐이다."

노자는 "배움을 끊으면 근심이 없다.(絶學無憂)"라고 하였다. 과연 배움 을 끊으면 근심이 없을까? 우리는 노자의 주장에 당황한 적이 많았으며 선뜻 이해가 가지 않는 부분이 다수 있다. 노자가 학문 자체를 부정하는 것이 아니고 근심을 일으키는 상대적 학문의 내용을 부정하는 것이다. 이 것은 우리가 소유해서는 아니 될 오직 세속의 경험을 바탕으로 한 학문의 내용을 말함이다. 바로 이 장에서 의미하는 바는 제48장의 "학문을 하면 할수록 날로 불어나고(爲學日益) 도에 의한 삶은 닦으면 닦을수록 줄어든 다(爲道日損)고 하는 것과 맥을 같이하고 있다. 노자는 위학일익(爲學日 益)의 현상적인 지식과 위도일손(爲道日損)의 철학적 지혜는 각각 의미가 다른 것이라고 보았다. 현상적 지식은 매일 매일 닦아감으로써 더해져 가 는 것이 사실이다. 그리고 현재의 지식은 과거의 지식보다 불어나고, 미래 의 지식은 현재의 지식을 능가해 갈 것이다. 우리가 철학적 지혜로서, 이 현상적 지식의 근본적 이면을 들여다보면, 무수히 누적돼 가는 상대적 지 식일 뿐이다. 우리는 이미 제2장에서 언급했듯이, 상대적 지식 속에는 이 미 철학적 지혜를 내재하고 있다는 것이다. 이에 대한 예증은 다음과 같다.

"천하의 사람들이 모두 아름다운 것을 아름답다고 알고 있다. 그런데 그 것은 추한 것이다. 천하의 사람들이 모두 선한 것을 선하다고만 알고 있다. 그런데 그것은 선하지 않는 것이다."(『노자』, 「제2장」)

상대적 지식에서 천하 사람들이 어떤 사물에는 진실한 가치를 가졌다고 말하지만 이것은 이미 그 속에 모순과 허위가 무수히 내재해 있다. 이 때문에, 우리는 진실한 절대가치를 취하려는 동시에 일상적 상대가치를 제거해야 함을 알게 된다. 이것을 말하여 노자는 허위 속에 진실이 혼합돼 있고, 아름다움 속에 이미 추함이 혼합돼 있다는 것이다. 이렇게 누적되고 혼합된 상대가치, 즉 진실 속에서 허위를 제거하고, 아름다움 속에서 추함을 제거하고, 선속에서 불선을 제거해 가는 일이다. 이러할 때, 철학적 고매한 지혜는, "도를 행하면 행할수록 감소해 간다. 따라서 감소하고 또 감소하여 나중에는 무위에 이름"(損之又損, 以至於無爲)(「제48장」)을 성찰할 수 있다. 그러할 때 허위는 절대가치로 바뀌고 상대가치는 절대가치 속에 포섭된 채, 우리의 의식이 명료하게 구분되어 진실한 무차별 세계에로 "미묘현통(微妙玄通)"(「제15장」)해 가는 것이다.

제21장

"孔德之容, 惟道是從. 道之爲物, 惟恍惟惚. 惚兮恍兮, 其中有象; 恍兮惚兮, 其中有物."

"공덕지용, 유도시종. 도지위물, 유황유홀. 홀혜황혜, 기중유상; 황혜홀혜, 기중유물."

"빔의 덕의 모습은 오로지 도를 따를 뿐이다. 도의 만물됨은 오로지 황하고 오로지 홀하다. 홀하고 황도다. 그 가운데 형상이 있네. 황하고 홀하도다. 그 가운데 물체가 있네."

"窈兮冥兮, 其中有精; 其精甚眞, 其中有信. 自古及今, 其名不去, 以閱衆甫."

"요혜명혜, 기중유정; 기정심진, 기중유신. 자고급금, 기명불거, 이열중보."

"그윽하고 어둡구나! 그 가운데 정기가 있네. 그 정기가 참으로 진실하구나! 그 가운데 믿음이 있네. 예로부터 지금까지 그 이름이 사라지지 아니하니, 이로써 만물의 태초를 살필 수 있다."

"吾何以知衆甫之狀哉? 以此."
"오하이지중보지상재? 이차."
"만물의 태초의 모습을 내가 어찌 알겠는가? 이 도로 말미암아 알 뿐이다."

제22장 🖉
"曲則全, 枉則直, 窪則盈, 敝則新, 少則得, 多則惑."
"곡즉전, 왕즉직, 와즉영, 폐즉신, 소즉득, 다즉혹."
"굽어지면 온전해지고, 구부리면 펴진다. 파이면 고이고, 낡으면 새로워
진다. 적으면 얻고, 많으면 미혹된다."

"是以聖人抱一, 爲天下式. 不自見故明, 不自是故彰, 不自伐故有功, 不自
矜故長. 夫唯不爭, 故天下莫能與之爭."
"시이성인포일, 위천하식. 부자현고명, 부자시고창, 부자벌고유공, 부자긍
고장. 부유부쟁, 고천하막능여지쟁."
"성인은 하나(道)를 껴안고 천하의 모범이 된다. 스스로 드러내지 않으니
밝고, 스스로 옳다 하지 않으니 빛난다. 스스로 뽐내지 않으니 공이 있고,
스스로 자만하지 않으니 으뜸이 된다. 대저 오로지 다투지 아니하니 천하에
그와 다툴 자가 없다."

"古之所謂曲則全者, 豈虛言哉! 誠全而歸之."
"고지소위곡즉전자, 기허언재! 성전이귀지."
"예로부터 전해오는 말에, 굽으면 온전하여 진다는 것이 어찌 헛된 말이
되겠는가? 진실로 온전함을 얻으려함은 도로 돌아가야 할 것이다."

성인은 하나(一; 道)를 껴안고 천하의 모범이 되어 가는 과정을 밝힌
장이다. 그것은 자연본성의 무위(無爲)와 인간작위의 유위(有爲)는 서로
반대 입장에 있음을 노자는 잘 말해 주고 있다.

「제22장」의 자연 본성의 무위(無爲)
"스스로 드러내지 않으니 밝고(不自見故明)

스스로 옳다 하지 않으니 빛난다(不自是故彰)
스스로 뽐내지 않으니 공이 있고,(不自伐故有功)
스스로 자만치 않으니 으뜸이 된다.(不自矜故長)"

「제24장」의 인간 작위의 유위(有爲)
"스스로 드러내는 자는 밝지 아니하고(自見者不明)
스스로 옳다 하는 자는 빛나지 아니하고(自是者不彰)
스스로 뽐내는 자는 공이 없고(自伐者無功)
스스로 자만하는 자는 으뜸이 될 수 없다(自矜者不長)"

위의 두 가지 본성과 작위를 비교해 본다면, 자연본성의 무위(無爲)는 스스로 드러내지 않고, 스스로 옳다 하지 않으며, 스스로 뽐내지 않고 스스로 자만하지 않으니 인간들이 으뜸으로 삼고 있다. 그런데, 인간작위의 유위(有爲)에서 본다면, "스스로 드러내고 있으며, 스스로 옳다 하고, 스스로 뽐내며, 스스로 자만하니 우리들이 으뜸이 못 되는 것은 뻔한 사실이다. 그러므로 인위 또는 인간의 작위는, 즉 스스로 드러내는 것(自見者)과 스스로 옳다고 하는 것(自是者)과 스스로 뽐내는 것(自伐者) 그리고 스스로 자만하는 것(自矜者)이 무위의 덕(德)과 같아지려면 위에서 긍정함에서는 결과가 불가능한 것을 보여주었음으로 자신의 강한 부정정신(negative spirits)만이 그 단서(端緒)를 열어주고 있다. 그러할 때 우리는 "도를 따라 섬기는 자(從事於道者)"가 될 수 있고, 노자가 주장했던 "도를 추구하는 자는 도와 같아지게 된다(道者同於道)"는 위대한 덕의 모습(孔德之容)을 체득하게 되는 것이다.

제23장
"希言自然. 故飄風不終朝, 驟雨不終日. 孰爲此者? 天地!"
"희언자연. 고표풍부종조, 취우부종일. 숙위차자? 천지!"
"말이 없는 것이야말로 스스로 그러함이다. 그러므로 회오리바람은 아침나절을 불지 못하고, 소나기는 종일 내리지 못한다. 누가 이렇게 만들고 있는가? 하늘과 땅이다."

"天地尚不能久, 而況於人乎!"
"천지상불능구, 이황어인호!"
"하늘과 땅도 이렇게 오래갈 수 없거늘, 하물며 사람에 있어서야!"

"故從事於道者; 道者同於道, 德者同於德, 失者同於失."
"고종사어도자; 도자동어도, 덕자동어덕, 실자동어실."
"그러므로 도를 따라 섬기는 자는 알아야 할 것이다. 도를 구하려는 자는 도와 같아지고, 덕을 구하려는 자는 덕과 같아지고, 잃음을 구하려는 자는 잃음과 같아진다."

"同於道者, 道亦樂得之; 同於德者, 德亦樂得之; 同於失者, 失亦樂得之. 信不足焉, 有不信焉."
"동어도자, 도역락득지; 동어덕자, 덕역락득지; 동어실자, 실역락득지. 신부족언, 유불신언."
"도와 같아지려는 자는 도 또한 그를 즐겁게 얻고, 덕과 같아지려는 자는 덕 또한 그를 즐겁게 얻고, 잃음과 같아지려는 자는 잃음 또한 그를 즐겁게 얻게 된다. 믿음이 부족한 곳에는 언제나 불신이 있기 마련이다."

제24장 ✐
"企者不立, 跨者不行. 自見者不明, 自是者不彰, 自伐者無功, 自矜者不長."
"기자불립, 과자불행. 자현자불명, 자시자불창, 자벌자무공, 자긍자부장."
"발꿈치를 치켜들고 서 있는 자는 오래 서 있을 수 없고, 다리를 벌리고 걷는 자는 오래 걸을 수 없다. 스스로 드러내는 자는 밝지 아니하고, 스스로 옳다고 하는 자는 빛나지 아니하고, 스스로 뽐내는 자는 공이 없으며, 스스로 자만하는 자는 으뜸이 될 수 없다."

"其在道也, 曰餘食贅行. 物或惡之, 故有道者不處."
"기재도야, 왈여식췌행. 물혹오지, 고유도자불처."

"이것은 도에 있어서는 찌꺼기 음식이요, 군더더기 행동이라 한다. 만물은 이런 행위를 혐오한다. 그러므로 도를 체득한 자는 이에 처하지 아니한다."

노자는 인간의 유위(有爲)를 적나라하게 표현하였다. 일시적인 신체의 행위에서 적절한 예시를 들고 있다. 발꿈치를 치켜들고 서 있는 자는 오래 버티지 못하고, 다리를 벌리고 걷는 자는 오래 걸을 수 없음을 예증하였다. 아울러, 인간의 인격에도 인위에서 무위로 전환해 줄 것을 비판한 것이 남보다 더 잘 보이고 싶어 스스로 드러내고, 남보다 더 정확하고 싶어 스스로 옳다 하고, 남보다 높아지고 싶어 스스로 뽐내고, 남보다 우월하고 싶어 스스로 우쭐대는 아만(我慢)의 유위행위는 꼴불견에 불과하다고 하였다. 이것을 모두 제거하고 진정한 자각으로 우주근원에 복귀하기를 바라고 있다. 사실 우리는 발꿈치를 치켜들고 서 있는 자는 오래 서 있을 수 없으며, 다리를 벌리고 걷는 자는 멀리 갈 수가 없다. 하물며 자연에서도 예외가 없듯이 "회오리바람도 아침나절을 불지 못하고(飄風不終朝) 소나기는 온 종일 내리지 못한다(驟雨不終日)."는 것과 같은 것이다. 노자는 이러한 유위의 우쭐대는 위선적 행위나 아만으로 인한 독선이 빚어낸 하등가치(下等價値)를 무척 혐오하였던 것이다. 이것을 비유하여 먹고 남은 찌꺼기음식(餘食)이나 필요치 않는 군더더기 행위(贅行)라고 혹평하였던 것이다.

제25장 ✍

"有物混成, 先天地生. 寂兮寥兮, 獨立不改. 周行而不殆, 可以爲天下母."

"유물혼성, 선천지생. 적혜료혜, 독립불개. 주행이불태, 가이위천하모."

"혼성된 물이 있으니, 그것은 천지보다 앞서 생겼다. 적막하고 쓸쓸하여라! 홀로 서 있지만 변하지 않는다. 두루 운동을 하건만 위태롭지 아니하니 천하의 어미로 삼을 만하다."

"吾不知其名, 字之曰道, 强爲之名曰大. 大曰逝, 逝曰遠, 遠曰反."
"오부지기명, 자지왈도, 강위지명왈대. 대왈서, 서왈원, 원왈반."
"나는 그 이름을 알지 못하나, 그것을 글자로 나타내어 도라고 하였다. 억지로 그것에 이름 붙여 크다고 말할 뿐이다. 큰 것은 가게 되고, 가는 것은 멀어지게 되고, 멀어지는 것은 되돌아오기 마련이다."

"故道大, 天大, 地大, 王亦大. 域中有四大, 而王居其一焉."
"고도대, 천대, 지대, 왕역대. 역중유사대, 이왕거기일언."
"그러므로 도는 크고, 하늘도 크고, 땅도 크며 왕 또한 인격이 넓다. 이 영역 중 넷의 큼이 있으니 왕이 그중에 하나이다."

"人法地, 地法天, 天法道, 道法自然."
"인법지, 지법천, 천법도, 도법자연."
"사람은 땅을 본받고, 땅은 하늘을 본받고, 하늘은 도를 본받는데, 도는 스스로 그러함을 본받는다."

이 장에서는 노자가 "인간은 땅을 본받는 존재(人法地)"라고 하였다. 그러하다면, 인간과 땅은 어떤 관계에 있으며, 왜 인간은 땅을 본받아 살아가지 않으면 안 되는가를 논의돼야 할 것이다. 태초에 각 민족들은 물을 찾아 강을 끼고 땅을 일구고 거기에 생산한 곡식으로 정착생활을 하며 문화의 발상지를 만들었다. 그러므로 땅은 삶의 터전인 셈이다. 그리하여 땅을 개발하고 난 후 스스로 부족이 되었고 크게는 국가가 형성되었다. 거기에서 얻은 산물에 따라 각종 직업이 분류되었던 것이다. 동서양을 막론하고 어느 민족이든 땅을 떠나서 문화를 이룬 나라는 아직까지 없다. 서양과 동양이 땅에서 얻은 문화의 차이가 바로 유목문화와 농경문화이다. 이것에서 땅과 문화를 비교해 보도록 하자.

먼저 이스라엘을 예로 들면, 이스라엘은 율법이 지배하는 나라이다. 메마른 이곳의 주된 생업은 유목이었다. 그러나 그들은 가축에게 먹일 초원을 일구지 않는다. 초원이 있는 곳으로 가축을 이끌고 갈 뿐이다. 그러다가 양떼들에게 먹일 풀이 더 떨어지면 새로운 풀밭을 찾아 정처 없이 떠난다. 그들은 늘 누군지 몰라도 양떼들에게 먹일 풀밭을 만들어 놓았기에 풀을 먹일 수 있다고 믿어 왔다. 그래서 그것을 신(神)이 만들어 준 목초지라고 인정하였던 것이다. 이러한 환경에서 살아온 서양문화를 우리는 유목문화(遊牧文化)라고 하였다. 반면에, 자신이 땅을 개발하여 초지를 만들고 가축을 키우고 농사를 짓고 살아온 동양문화를 땅의 문화 혹은 농경문화(農耕文化)라고 하였다. 두 문화 모두 땅을 본받아 살아왔기 때문에 주택과 식단을 비교해 봐도 각각 다른 점이 있다는 것을 쉽게 발견할 수 있을 것이다. 먼저 주·식(住·食)은 땅과 어떤 관계를 갖고 있으며 그것이 동서양에는 서로 어떻게 다른가를 비교해 보자.

동양의 주택은 소박한 자연을 소재로 하여 가족 수에 따라 건축하게 되었다. 예로부터 우리의 주택구조는 아내를 중심으로 하여 안채를 지었고 그 다음 가장을 중심으로 하여 사랑채가 지어졌다. 기타 잡일을 하기 위한 사람들을 위해 행랑채가 지어졌던 것이다. 이렇게 건축했던 이유는 식구관계와 풍수지리에 의해 그 구조를 정초하였다고 할 수 있겠다. 따라서 동양은 지형 면에서 서양보다 좁고 땅의 높낮이가 급한 산야를 갖고 있어서 평면으로 보면 모든 것은 분산(分散)되어 있는 셈이다. 반면에, 서양은 인구수에 비해 지형이 넓기 때문에 건축에서도 역시 넓은 형태를 선호하게 되었다. 그러므로 한 평면에 펼쳐져 있으면서 통합(統合)을 이루고 있다.

식단에 오르는 음식도 땅과 무관하지 않다. 우리가 주지하고 있듯이, 동양에서는 식단에 오르는 밥·국·김치 그리고 수많은 반찬들이 올망졸망하게 접시마다 별개로 담겨져 식단에 오르게 된다. 이것이 동양의 분산식단이라고 할 수 있겠다. 서양의 음식문화를 본다면, 커다란 접시 하나에 포크와 나이프 그리고 고기, 빵, 우유가 대부분이며 식단은 단순하기 그지없다. 그리하여 한 접시에 뷔페식으로 담아 올리는 통합식단을 이루고 있다. 이처럼 주택과 식단에서 보듯이, 문화와 의식, 풍습과 인습 등은 그

나라의 땅을 본받아 형성되어왔음은 두말할 나위가 없다. 노자에 의하면, 인간은 땅을 본받지 않으면 살아갈 수 없는 존재라고 주장한 것이 바로 주택과 식단에서도 잘 나타나고 있는 것이다.

그 다음, "땅은 하늘을 본받는다.(地法天)"라는 논의의 차례가 되겠다. 인간이 땅을 외면하고 하늘만을 하나의 실체로 볼 수 있을까? 하늘 자체만으로는 어떤 실체역할을 할 수가 없다. 하늘은 허로 충만한 거대한 기(氣)의 보고(寶庫)에 불과하다. 하늘의 정기는 땅의 형태와 독립되어 있거나 분리될 수 없는 관계에 있다. 하늘은 쉼 없이 정기를 내리고, 땅은 하늘의 정기를 받아 쉼 없이 실제의 존재들을 생성하는 일을 한다. 왜냐하면, 하늘의 기는 땅으로 잠입되고, 땅은 하늘의 기를 싣고 뭇 생명의 원천을 이루고 있다. 그래서 왕필은 말하기를, "땅은 하늘에 어긋나는 짓을 하지 않고, 온전하게 실었다. 이것이 곧 땅이 하늘을 본받는 것이다."(『노자진경』)라고 하였다. "하늘이 명하여 사람에게 부여한 것을 본성이라 하며, 이 본성을 따르는 것을 도라고 하였다."(『중용』, 「서문」) 이것은 하늘이 인간에게 명하여 하늘과 일치될 수 있다는 자질과 능력을 부여받음이 본성이고, 이 본성을 따르는 것이 인간이 가야 할 길이다. 따라서 인간은 자기 성찰을 통하여 하늘과 일치될 수 있는 자질과 능력을 이미 갖춘 하나의 주체이다. 그래서 인간은 본연의 본성을 발현해야 하고 확립해야 하는 영원한 철학 과제를 부여받은 셈이다.

마지막으로, "도는 스스로 그러함을 본받는다(道法自然)."라고 함에서 '스스로 그러함'을 이해해야 할 것이다. 진정한 자연의 본성을 우리의 한정된 인간의식으로는 말할 수가 없는 것이다. 스스로 그러함이란 무위의 다름 아니며, 인간의 인위나 작위와는 상반되는 개념이 될 것이다. 왕필은 스스로 그러함을 인간이 칭할 수 없는 말이라 하였고, 그리고 또 극한을 다하는 말이라 하였다. 이것은 언어로 표현할 수 없는 언어표현이며, 언어가 극한에 달하여 억지로 그것을 이름 지어 내는 말이 더 본의(本意)에 가까울 것 같다. 원효도 일심(一心)을 철학적 관점에서 나타내는데 그 어려움을 말하기를 "언어로서는 격리(隔離)되고 사려(思慮)가 단절(斷絶)된 부득이한 언어적 표현이다."(『금강삼매경론』, 「서문」)라고 하는 말과 더욱 유사점으로 보여진다.

제26장✎
"重爲輕根, 靜爲躁君"
"중위경근, 정위조군"
"무거운 것은 가벼운 것의 근원이 되고, 안정한 것은 조급한 것의 으뜸이 된다."

"是以聖人終日行, 不離輜重; 雖有榮觀, 燕處超然."
"시이성인종일행, 불리치중; 수유영관, 연처초연."
"그러하므로 성인은 종일 걸어 다녀도 무거운 짐은 내려놓지 않고, 비록 영화로운 모습 속에 있어도 한가로이 처하며, 마음에 집착하지 않는다."

"奈何萬乘之主而以身輕天下? 輕則失本, 躁則失君."
"나하만승지주이이신경천하? 경즉실본, 조즉실군."
"어찌 일만 수레의 주인으로서 하늘아래 그 몸을 가벼이 굴릴 수 있겠는가? 가벼이 하면 그 근원을 잃고, 조급히 하면 그 으뜸을 잃는다."

필자가 보기에, 노자철학의 정체는 본래 민중을 대상으로 하여 쓰인 것이 아니고, 군주나 정치가 혹은 사회 지도자(Worldly Leader)를 위해 집필된 것 같다. 노자가 주장하는 리더의 자세는 무거운 것과 안정된 것, 그리고 가벼운 것과 조급한 것을 분별하고 제어하여, 영화로운 모습 속에 있더라도 한가히 처할 수 있는 초연한 삶의 가치를 추구하였다. 이러한 리더의 참된 자세는, 즉 "자신은 움직이지 않으면서 타인을 움직이게 한다(無爲而無不爲)." 하며 그리고 Aristotle도 동력인과 목적인을 들었다. 그것은 "가지 않으면서 가는 자를 부림(不行者使行)"과 "움직이지 않으면서 움직이는 자를 제어함(不動者制動)"을 말하였다. 그는 또 지도자가 몸을 가벼이 하면 근본을 잃어버리고, 조급히 하면 으뜸을 잃어버린다는 지도자의 초인적 덕성을 강조했던 것이다.

제27장

"善行無轍迹, 善言無瑕讁, 善數不用籌策, 善閉無關楗而不可開, 善結無繩約而不可解."

"선행무철적, 선언무하적, 선수불용주책, 선폐무관건이불가개, 선결무승약이불가해."

"잘 가는 자는 흔적을 남기지 아니하고, 잘 하는 말은 흠을 남기지 아니한다. 잘 헤아리는 자는 주산을 쓰지 아니하고, 잘 닫는 자는 빗장을 쓰지 않는데도 열 수가 없다. 잘 맺는 자는 끈으로 매지 않는데도 풀 수가 없다."

"是以聖人常善救人, 故無棄人."

"시이성인상선구인, 고무기인."

"그러하므로 성인은 늘 사람을 잘 구제하며, 그러기 때문에 사람을 버리지 않는다."

"常善救物, 故無棄物. 是謂襲明."

"상선구물, 고무기물. 시위습명."

"그 사물을 잘 구제하며 그렇기 때문에 사물을 버리지 않는다. 이것을 일컬어 밝음을 계승한다."

"故善人者, 不善人之師; 不善人者, 善人之資."

"고선인자, 불선인지사; 불선인자, 선인지자."

"그러므로 좋은 사람은 좋지 못한 사람의 스승이며, 좋지 못한 사람은 좋은 사람의 바탕이 된다."

"不貴其師, 不愛其資, 雖智大迷. 是謂要妙."

"불귀기사, 불애기자, 수지대미. 시위요묘."

"그 스승을 귀히 여기지 않고, 그 바탕을 아끼지 아니하면, 비록 지혜롭다 할지라도 크게 미혹될 것이다. 이것을 일컬어 현묘한 요체라 한다."

노자는 자연의 원칙에 순응해야 밝은 지혜를 체득할 수 있다고 천명하였다. 그리고 그는 인간이 사물의 본성에 따름을 선행(善行)과 선언(善言)으로 비유하였고, 사물을 헤아림에서 선수(善數), 선폐(善閉), 선결(善結)로 들었다. 그는 인간구제에서 선인(善人)과 불선인(不善人)의 관계를 스승과 지도바탕으로 대비시켰으며, 물질구제에서는 선수, 선폐, 선결에서 구물가치를 추구하여 우리의 삶은 항상 사물의 본성에 맡길 뿐 사물을 억압하거나 억지로 꾸미지 말 것을 주장하였다. 그러할 때, 전자는 인간을 버리지 않게 되고, 후자는 물질은 버리지 않게 되는 통합적 이해에서 밝은 체득을 이룰 수 있다고 보았다. 따라서 노자철학은 "이 밝음의 체득과 영원한 변화의 지속을 아는 것"(「제16장」)이 우주 속에 자신을 성찰하는 기반이 되며 요체가 된다고 강조하였다.

제28장

"知其雄, 守其雌, 爲天下谿. 爲天下谿, 常德不離, 復歸於嬰兒."

"지기웅, 수기자, 위천하계. 위천하계, 상덕불이, 복귀어영아."

"수컷 됨의 존재를 알고, 그 암컷 됨을 지키면 천하의 계곡이 된다. 천하의 계곡이 되면, 항상 덕이 떠나지 아니하니, 그리하면 다시 갓난아기로 되돌아간다."

"知其白, 守其黑, 爲天下式. 爲天下式, 常德不忒. 復歸於無極."

"지기백, 수기흑, 위천하식. 위천하식, 상덕불특. 복귀어무극."

"그 밝음을 알면서도 그 어두움을 지키면 천하의 모범이 된다. 천하의 모범이 되면, 항상 덕이 어긋나지 아니하니, 그리하면 다시 극한이 없는 데로 되돌아간다."

"知其榮, 守其辱, 爲天下谷. 爲天下谷, 常德乃足, 復歸於樸."

"지기영, 수기욕, 위천하곡. 위천하곡, 상덕내족, 복귀어박."

"그 영예를 알면서 그 굴욕을 지키면 천하의 계곡이 된다. 천하의 계곡이 되면, 항상 덕이 이에 충만하니, 그리하면 다시 질박한 통나무로 되돌아간다."

"樸散則爲器, 聖人用之, 則爲官長. 故大制不割."

"박산즉위기, 성인용지, 즉위관장. 고대제불할."

"통나무가 흩어져 온갖 그릇이 생겨난다. 성인은 이러한 이치를 갖고서, 다스림의 으뜸 노릇을 한다. 그러므로 위대한 다스림은 자르는 법이 없다."

노자는 현실세계의 대상이 갖고 있는 가치를 연계(連繫)시킴으로써 일면을 부정이 있으면 다른 일면은 긍정을 취하게 되어 유기체적 통일을 이루게 된다고 보았다. 위의 예문에서 보듯이, 암컷 됨을 알고 수컷을 지키는 것에서 암컷이란 오직 수컷에 빗대어 나타난 언어이며, 암컷과 수컷은 동전에 비유하면 양면과 같은 형상이다. 사실 대상을 언급할 때, 동물을 말할 때, 암컷만을 말할 수 없고 수컷도 포함된다. 우리의 사유과정은 현실을 떠난 이상이나 특수 없이 보편을 추구하는 것은 많은 모순을 드러내게 된다. 이러한 양면성의 유기적 이해야말로 우리 동양만이 갖는 유일한 합리성(合理性)이라고 할 수 있겠다.

노자가 말하는 도(道)나 정(靜) 그리고 허(虛)와 같은 추상적 의미를 표현하는 것도 모두 이 물상의 유비에서 양면성을 통관(通觀)하라는 의미를 갖고 있다. 사실 외면적으로 볼 때, 수컷은 지배력이 강하고 적극적이고 능동적으로 보인다. 반면에, 암컷은 연약하고 겸허하며 수동적이고 소극적인 것처럼 보인다. 실제로 우리가 어느 하나의 가치만을 선택하라고 한다면, 우리는 망설일 것이다. 노자가 말하는 유약(柔弱)을 지키는 것은, "이미 남성의 가치를 터득하고, 남성의 가치를 수용하면서 여성의 존재가치를 활용하는 것이 암컷 됨을 지키는 것이 된다."고 하였다. 우리가 가시적으로 볼 때, 강한 것이 우월하고 항상 적극직이고 능동적인 것처럼 보인다. 왜냐하면, 누구나 강하다는 것은 권위와 부귀를 동시에 누린다고 여기기 때문이다. 동물에서 보듯이 약한 것은 항상 약육강식이 되어 왔고, 아래에 처하며 모두 싫어한다. 노자는 『도경』에서 현묘하게도 "약한 것이 강한 것을 이긴다(柔弱勝剛强)."라는 자연의 철리는 우리의 주장과는 반대적 입장을 취하고 있다. 그것을 공간적 입장과 시간적 입장에서 구분될 때 우리는 약한 것이 강한 것을 이긴다는 자연의 본성을 알게 될 것이다.

첫째로, 공간적 유무상생(有無相生)에서 논의해 보자.

> "인간의 신체는 살아 있을 때는 부드럽고 죽으면 딱딱하게 굳어진다. 마찬가지로, 초목도 살아 있을 때는 부드럽고 연약하게 보이나 죽으면 굳어져 버린다. 그러므로 딱딱하고 강한 것은 죽음의 현상이요, 부드럽고 약한 것은 삶의 현상이다. 따라서 강한 군대는 망하기 마련이고, 경직된 가지는 부러지기 마련이다. 강한 것은 아래 처하고 약한 것은 항상 위에 처한다."(『노자』, 「제76장」)

"약이 항상 강을 이긴다(柔弱勝剛强)."고 주장하는 대목이다. 왜 그러할까? 사실, 질료에서 보면 외부에서 강하게 보이는 것이 내부까지 강한 것은 아니다. 반대로 표면적으로 약한 것이 내부까지 약한 것은 아닐 것이다. 현상계는 약도 존재하고 강도 존재한다. 그러나 우리는 특히 생명의 본모습(外柔內强, 柔弱)을 관조하는 것이 매우 합리적일 것이다.

둘째로, 시간의 정반상성(正反相成)에서 논의해 보자.
강자는 언제나 위에서 득세하지만 시간의 흐르면 오히려 약자가 강자를 지배하게 된다. 왜냐하면, 영원한 시간의 지속으로 정반의 변화를 거듭하기 때문이다. 큰 나무는 풀보다 강하게 보이지만, 태풍이 불어오면 오히려 풀보다 약한 법이다.

"힘을 자랑하는 자는 제명을 살지 못한다."(『노자』, 「제42장」)
"부드러움을 지키는 것이 강한 것이다"(『노자』, 「제52장」)

노자는 유·무, 난·이, 장·단, 고·하, 음·성, 전·후, 강·약, 미·추, 화·복, 신·구, 경·중의 관념에서, 서로 대립되거나 분열되어 있는 것 같아 보이지만, 현상의 존재 작용에서 본다면, 이것은 서로 돕고 서로 이루는 상대성을 이루고 있다. 그래서 노자는 우리에게 외면(見·明)만을 고수하고 내면(隱·微)을 배제하는 철학을 극력 거부하였으며, 양면(見隱 ·微明)을 동시에 수용해야 한다고 주장하였던 것이다. 다시 말해서, 수컷의 존재를 알면서 암컷을 지키는 것과 밝음을 알면서도 그 어둠을 지키는 것과 그 영예를 알면서도 굴욕을 지키는 것과 강한 줄 알면서도 약할 수 있는 것 등은 모두 양면을 전관(total view)하는 것이다. 이 양면의 이중 사유가 바로 리더의 지혜이다. 성인은 이러한 이치를 터득했기 때문에 항상 남을 다스린다(官長)는 것이다.

제29장 ✍

"將欲取天下而爲之, 吾見其不得已. 天下神器, 不可爲也;"
"장욕취천하이위지, 오견기부득이. 천하신기, 불가위야;"
"천하를 가지려고 억지로 애쓰는 자를 보면, 나는 그것이 얻어지지 못함을 볼 뿐이다. 천하란 신묘한 그릇이다. 거기에다 인위를 가할 수 없는 것이다."

"爲者敗之, 執者失之. 故物或行或隨, 或歔或吹, 或强或羸, 或挫或隳."
"위자패지, 집자실지. 고물혹행혹수, 혹허혹취, 혹강혹리, 혹좌혹휴."
"인위를 가하는 자는 패할 것이요, 잡는 자는 잃을 것이다. 그러므로 만물의 이치는 앞서 가는 것이 있으면 뒤따라가는 것이 있고, 들어 마시는 것이 있으면 내뿜는 것이 있고, 강한 것이 있으면 약한 것이 있고, 꺾이면 무너지는 것이다."

"是以聖人去甚, 去奢, 夫泰."

"시이성인거심, 거사, 거태."

"그러하므로 성인은 극심함을 버리고, 사치함을 버리고, 과분한 것을 버린다."

이 장은 노자가 춘추전국시대의 무모한 강국 간의 군웅 할거했던 역사적 체득에서 천하를 가지려고 갖은 힘을 다했으나 결코 얻지 못했다는 것을 천명하였다. 성인만이 인욕과 인위를 끊어버릴 수 있으며 우주의 본성을 인식할 수 있기 때문에 천하를 얻을 수 있다고 강조하고 있는 장이다. 그러므로 앞서는 것과 뒤따르는 것 그리고 들이마시는 것과 내뿜는 것, 강함과 약함에 치우쳐 극심함을 버리고, 사치함을 버리고, 과분한 것을 버리라고 하였다. 이러한 극심함·사치함·과분함은 편협한 사유에서 오는 획일된 오류이며 이것은 중용의 정신에도 위배된다고 할 수 있겠다. 현대인들의 가장 자유자재한 삶을 말하라고 하면 단연 중용(中庸)의 삶이라고 말할 것이다. 인간이 가지는 지혜와 정과 의지는 정신작용의 구체적 표현이다. 감정이 사물과 접할 때 마음이 발한다. 그런데 마음이 발할 때 정신적 태도는 발하기 전의 정신적 태도와 밀접한 관련을 갖고 일어난다. 발하기 전의 정신적 태도가 동요되어 있었거나, 불안정하거나 사물에 집착되어 있었다면, 그 발한 후의 상황은 기대에 미치지 못할 것이다. 그것은 당연히 지나침과 부족함의 결과를 초래하게 된다. 이런 결과로, 우리는 우리 앞에 놓인 사물을 왜곡하거나 미처리된 상태로 남게 될 것이다. 따라서 마음이 발하기 이전의 안정과 무집착의 정신상태를 주지하려는 가치판단에서 적어도 중(中)은 유지돼야 할 것이다. 불가에서는 진리의 어두움으로 무명(無明)을 들었다. 이 무명을 깨뜨리고 다시 원만하게 거듭나려고 바른 깨달음을 구도의 길로 선택해 왔다. 『중용』에서는 자신의 본성을 다하여 천리를 아는 데 애써 왔으며 노자 역시, 극심함과 사치스러움과 과분한 것을 버림으로, 즉 자연의 뿌리로 복귀하려는 것은 오직 인간노력

외에는 다름 아닐 것이다. 이것은 우리가 일면에 매달려 그것만을 고수하려해서는 안 되며, 능히 그것을 근원적으로 해소하려 하고 반본복초(返本復初)하며 복귀기근(復歸其根)해야만 성취될 것이다.

제30장 📖

"以道佐人主者, 不以兵强天下. 其事好還, 師之所處, 荊棘生焉. 大軍之後, 必有凶年. 善有果而已, 不敢以取强."

"이도좌인주자, 불이병강천하. 기사호환, 사지소처, 형극생언. 대군지후, 필유흉년. 선유과이이, 불감이취강."

"도로써 사람의 주인을 보좌하는 사람은 무력으로 천하를 강하게 하지 않는다. 무력의 대가는 반드시 본래대로 되돌아오기 마련이다. 군대가 처한 곳에는 가시덤불이 생겨나고, 대군이 일어난 후에는 반드시 흉년이 일어난다. 무력 자는 난을 구제해 줄 뿐, 무력으로 세상을 제압하지는 못한다."

"果而勿矜, 果而勿伐, 果而勿驕. 果而不得已, 果而勿强."

"과이물긍, 과이물벌, 과이물교. 과이부득이, 과이물강."

"좋은 결과가 있어도 뽐내지 아니하고, 좋은 결과가 있어도 자랑하지 아니하고, 좋은 결과가 있어도 교만하지 아니한다. 좋은 결과가 있었던 것도 부득이 그렇게 된 것일 뿐이다. 좋은 결과를 올렸다고 해서 강함을 과시하지 말라."

"物壯則老, 是謂不道. 不道早已."

"물장즉노, 시위부도. 부도조이."

"사물이 강성함은 곧 늙어버리는 것, 이것을 일컬어 도답지 못하다고 한다. 도답지 못함은 일찍 끝나버릴 뿐이다."

춘추전국시대에서의 군주들의 최대 관심사는 부국강병에 있었다. 자연의 대도를 몸소 실천하고 군주를 보좌하는 사람은 무력으로 천하를 강하게 하려 하지 않는다. 왜냐하면, 무력의 대가는 반드시 자기에게 되돌아오

기 때문이다. 노자는 전쟁을 무력에 의한 인위적 삭위라고 간주하고, 천하
를 쟁취하는 것은 민중을 짓밟는 처사이며 "무력으로는 절대 천하를 강하
게 하지는 못한다."(「제29장」)라고 연달아 부정하고 있으며, 아울러 이것
은 도답지 못하다고 맹렬히 비난하였다. 그리고 노자는 부국강병을 일삼
는 위정자들을 사물의 강성함에 빗대어, "모든 사물은 강성하면 할수록
일찍 늙는 것이니 이것을 일컬어 도답지 못하다"고 비판하였으며 "도답지
못하면 일찍 끝나버릴 뿐이다."라고 하여, 무력과 권력의 허망함을 신랄하
게 비판하였다. 전쟁을 강행하려는 것은 인위적인 책략이며 반자연사상인
것이다. 그래서 그는 자연사상에 근본을 두고 반전사상(反戰思想)과 평화
주의의 기치를 들었던 것이다.

제31장 ✍

"夫佳兵者, 不祥之器. 物或惡之, 故有道者不處. 君子居則貴左, 用兵則貴右."
"부가병자, 불상지기. 물혹오지, 고유도자불처. 군자거즉귀좌, 용병즉귀우."
"대저 아무리 훌륭한 병기라도 그것은 상서롭지 못한 무기이다. 만물은
모두 그것을 혐오할 뿐이다. 그러므로 도를 지니고 있는 자는 그것에 처하
지 않는다. 군자는 평상시에 왼쪽을 귀하게 여기고, 전쟁 시에는 오른쪽을
귀하게 여긴다."

"兵者, 不祥之器, 非君子之器, 不得已而用之, 恬淡爲上. 勝而不美, 而美
之者, 是樂殺人. 夫樂殺人者, 則不可以得志於天下矣."
"병자, 불상지기, 비군자지기, 부득이이용지, 염담위상. 승이불미, 이미지
자, 시락살인. 부락살인자, 즉불가이득지어천하의."
"무기란 것은 상서롭지 못한 기물이며 군자가 소유해야 할 기물은 아니
다. 부득이해서 그것을 쓸 뿐이니, 편안하고 담담한 자세가 제일 좋을 것이
다. 승리를 해도 그것은 아름답게 생각하지 않는다. 승리를 아름답게 여기
는 자는 곧 살인을 즐기는 것이다. 대저 살인을 즐기는 자가 어떻게 천하에
뜻을 얻을 수 있겠는가?"

"吉事尙左, 凶事尙右. 偏將軍居左, 上將軍居右, 言以喪禮處之. 殺人之衆, 以哀悲泣之. 戰勝, 以喪禮處之."

"길사상좌, 흉사상우. 편장군거좌, 상장군거우, 언이상례처지. 살인지중, 이애비읍지. 전승, 이상례처지."

"길사 때에는 왼쪽을 높은 자리로 삼고, 흉사 때에는 오른쪽을 높은 자리로 삼는다. 그러므로 부관 장군은 왼쪽에 자리 잡고, 최고 상장군은 오른쪽에 자리 잡는다. 이것은 전쟁에는 상례로서 처하라는 말이다. 살인을 많이 하였다면, 슬픔과 자비의 마음으로 읍해야 할 것이다. 전쟁엔 승리를 거두어도 반드시 상례로서 처할 것이다."

제32장 ✍

"道常無名. 樸雖小, 天下莫能臣也. 侯王若能守之, 萬物將自賓."

"도상무명. 박수소, 천하막능신야. 후왕약능수지, 만물장자빈."

"도는 늘 이름이 없다. 통나무는 비록 작지만 천하에 아무도 그를 신하로 삼을 수 없다. 제후·제왕이 이 통나무를 잘 지키기만 하면, 만물이 스스로 따르게 된다."

"天地相合以降甘露, 民莫之令而自均. 始制有名. 名亦旣有, 夫亦將知止. 知止, 可以不殆. 譬道之在天下, 猶川谷之於江海."

"천지상합이강감로, 민막지령이자균. 시제유명. 명역기유, 부역장지지. 지지, 가이불태. 비도지재천하, 유천곡지 어강해."

"하늘과 땅이 서로 합일하여 단 이슬을 내리듯이, 백성들은 명령을 내리지 않아도 스스로 고르게 된다. 통나무를 제한함으로 말미암아 비로소 이름이 붙게 되는 것이니 이름이 이미 생겨난 후에는 대저 또한 그침을 알아야 한다. 그침을 알아야 위태롭지 아니하다. 도가 천하에 있는 것을 비유하면, 계곡의 시냇물이 강과 바다로 흘러들어 가는 것과 같다."

9) 도와 동일하게 보는 통나무(樸)

노자철학에서 도의 의미로 나타나는 통나무(樸)는 "도는 늘 이름이 없다"(「제32장」), "이름이 없는 통나무"(「제37장」) 그리고 천지 이전의 혼돈을 나타내고 있다. 이 박 또한 '도'와 마찬가지로 한정된 형체를 갖고 있지 않고 우리의 감각·지각을 초월해 있으며, 인간이 제한할 수 없는 무형이고, 무명이며, 무물로 간주된다. 그렇다고 '도'와 '박'은 아무것도 없는 것이 아니다. 노자는 도가 사물 됨을 여실히 말하고 있다.

> "홀하고 황하도다! 그 가운데 형상이 있네. 황하고 홀하도다! 그 가운데 물체가 있네. 그윽하고 어둡도다! 그 가운데 정기가 있네. 그 정기가 참으로 참 되도다! 그 가운데 진실이 있네."(『노자』, 「제21장」)라고 하였다.

실제로 통나무 자체는 우주에서 절대적이며 영원하다. 세계에는 절대적 무라든가 공이라는 것은 있을 수 없다. 이러한 혼성 속에 실체는 상의로 존재하고 영원히 변함이 없다. 이 변함이 없는 실체가 바로 박(樸)이다. 이렇게 볼 때, 도와 박의 개념은 무엇으로 지칭하거나 명명할 수가 없다. 노자는 도 자체가 시공을 초월해 있다는 데서 영원한 존재로 보는 반면, 도가 물 됨에 있어 전혀 도와 물을 분리하지 않았고, 통나무는 비록 작지만이라고 함에서, 이 질박한 박 자체가 천지의 혼돈에서 현상계의 실체로 그 공능을 드러내고 있음을 암시하고 있다. 이에 대해 왕필은 도와 박의 관계를 극명하게 제시하고 있다.

> "통나무의 물건 됨이 항상 없음으로써 그 마음을 삼는다. 그러나 그 통나무 또한 이름이 없다. 그러므로 도를 얻으려고 하면 이 통나무를 지키지 않으면 안 된다. 대저 지혜롭다고 하는 자들은 그것을 신하로 삼을 수 있다. 용감한 자들은 무력으로 부릴 수 있다. 기술이 있는 자들은 공사 일을 맡겨

쓸 수 있다. 힘센 자들은 무거운 것을 지게 할 수 있다. 그러나 통나무는 그 물건 됨에 있어서 텅 빈 것 같고 치우침이 없어 존재하지 않는 것처럼 보인다. 그러므로 노자는 통나무를 신하로 삼을 수 없다고 말한 것이다. 통나무를 껴안고 무위를 실천하면 현상적인 물로써 그 참된 모습을 번거롭게 하지 않으며, 인위적 욕망으로써 그 자연의 신묘함을 해치지 않으면, 곧 만물은 스스로 잘 따르게 되고, 그리고 도는 스스로 얻어지게 된다."

왕필은 인간이 박에 제한을 두면 백가지 형태가 생겨난다고 하며, 그것에 대해 다시 세주를 달았다. 그것은 다음과 같다.

　"통나무란 그 질박한 참된 모습이다. 그 참된 원래 모습이 흩어지면 백가지
　형태가 생겨나고 온갖 특이한 종류가 형성된다. 그것을 그릇이라 표현한다."

노자는 통나무에 제한을 가한다면 비로소 이름이 생겨난다고 하였으며 "통나무를 흩트리면 그릇이 됨"(「제28장」)에서 통나무를 제한하고 명칭을 가해지며 박은 이미 이름이 생겨나고 이미 그릇의 이름이 붙기 시작하는 것이다. 왕필은 "박의 존재는 이미 만물에 내재되어 있어, 무라고 말하려면 만물이 그것으로 말미암아 생성하게 되고, 유라고 말하려면 그 형체가 보이지 않는다."(「제14장, 왕필」)라고 하듯이, 박은 무명·무형·무물(無物)이며 사물이 형성되기 이전에 현상의 모든 존재를 생성할 수 있는 가능태로 있지만, 그것이 변화하면 그릇은 이미 유명이며 유물이고 유형의 현실태인 형상으로 바뀌게 되는 것이다. 이 박과 기의 관계를 이해하려면 대승불학에서 진공묘유에서 유사점을 찾는 것이 매우 효과적일 것 같다.

『반야심경』에서, 본체와 현상의 관계가 공즉시색, 색즉시공이다. 우리는 일반적으로, 불교의 실상론에 치우쳐 공이, 즉 색이요, 색이, 즉 공이라고 하는 공의 입장에 서서 공과 색을 따로따로 이해해왔다. 이것은 불교의 연기(緣起)의 구조를 제대로 살피지 못한 연유이다. 연기의 입장에서 보면, 공은 공 자체만으로 공 노릇을 할 수 없으며, 색도 마찬가지일 것이다.

146

이것은 공의 성질, 즉 공성이 바로 진여(眞如)라는 것에 있다. 다시 말해서, 일체세간의 제상이 실제로 여여(如如)하게 존재한다. 이것이 진여이며, 혹은 여여이다. 이 공성은 연기법에 의하여 인연취산으로 인하여 천차만별의 형상을 이룬다. 그래서 공이나 색의 본성이 따로따로 존재하는 것이 아니다. 그리하여 제한할 수도 없으며, 명칭을 두고 부를 수도 없다. 그러므로 본성이 없기에 무자성이고, 그것을 인간의 한계로는 미치지 못하기 때문에 무규정성이다. 그러하므로 공은 유무를 포섭하고 있는 제상의 포괄자이다. 따라서 현상의 작용에서 보면, 색은 색 자체로는 색이 되지 못하며 그것이 현상계를 이루려고 하면 공을 만나지 못하면 물상 자체를 이룰 수 없는 것이다. 그러므로 색은 공을 만나 대립하려 함이 필연적이다. 왜냐하면, 본체의 공은 현상에 내재할 때 진실한 공이 되고, 현상의 색은 공을 얻을 때만 생(生)의 법칙에 따라 자기의 공능을 발휘할 수 있기 때문이다. 그러므로 진공묘유(眞空妙有), 즉 본체와 현상의 대대(對待)적 의미에서 불가사의한 묘와 존재 작용의 유(有)를 볼 수 있다. 이것이 바로 진실한 공에서만 그 묘함이 있다고 말하는 것이다. 이 진공묘유(眞空妙有)는 노자가 주장하는 박산위기(樸散爲器)와 동일한 점을 이룬다. 왜냐하면, 보편에서 본다면 형이상·법칙·조리·원리이고, 특수에서 본다면 자유로운 개체적 존재이며, 원융한 모습은 자유자재한 현상 자체인 것이다.

제33장

"知人者智, 自知者明. 勝人者有力, 自勝者强. 知足者富, 强行者有志. 不失其所者久, 死而不亡者壽."

"지인자지, 자지자명. 승인자유력, 자승자강. 지족자부, 강행자유지. 부실기소자구, 사이불망자수."

"남을 아는 자를 지혜롭다 할지 모르지만, 자기를 아는 자야말로 밝은 것이다. 남을 이기는 자를 힘세다 할지 모르지만, 자기를 이기는 자야말로 강한 것이다. 만족함을 아는 자라야 부한 것이요, 행함을 강하게 하는 자라야 뜻이 있는 것이다. 바른 자리를 잃지 않는 자라야 오래가는 것이요, 죽어도 없어지지 않는 자라야 수하다 할 것이다."

일반적으로 우리는 타인을 잘 아는 자를 지혜롭다고 한다. 그러나 지혜 롭다 할 때 지혜의 의미는 단순히 비교되는 타자에 있는 것이 아니다. 그 것은 곧 자기 자신을 성찰하는 데 있다. 노자는 자기를 성찰하는 것이 밝 음이라고 하였다. 면전에 보이는 남을 전제로 하여 자기를 비추어 볼지는 모르지만 진정한 철학은 자신에서 발단한다. 그러므로 진솔한 지혜란 곧 자기를 아는 데서 출발한다. 우리는 이 장에서 Sokrates(B.C. 469-399)의 지혜로운 삶을 연상하지 않을 수 없다. 이미 우리가 주지하고 있는 사실 이지만 소크라테스의 델포이 아폴로신전에 적힌 글을 다시 생각해 보자.

"나는 모르는 것을 모른다고 생각한다. 이것만이 남보다 우월하다. 너 자 신을 알라"

소크라테스의 "너 자신을 알라"는 말은 너 자신의 무지를 자각하라는 의미이다. 소크라테스는 인간 무지의 폭로야말로 오직 신에게 봉사하는 것이며, 이것이야말로 철학적사유의 결단이었다. 일반적으로 소크라테스라 는 인간은, 오직 일에 몰두하고, 약한 이론만을 강변하고 일종의 묘한 지 혜를 가진 사람이라고 평하는 것이 당시 사람들의 평판이었다. 따라서 그 는 사상을 서술하기보다는 지식을 애구하는 한서(寒暑)에도 빈곤으로 견 딘 소피스트가 아닌 진정한 철학자였다. 그 당시 디오게네스 라에티오스 의『철학자전』에 의하면, 멜레토스의 고발 내용에서 더 잘 나타난다.

"소크라테스는 국가가 인정하는 신들을 인정하지 않고 새로운 다이모니 온(Daimonion)신을 믿는 죄를 범하고, 또 청년들에게 해를 끼치는 죄를 범 했다. 그 당시 법으로 이것은 당연히 사형에 해당되는 것이었다."

소크라테스는 피고인의 자격으로 법정에서 재판을 받았다. 자신의 사형 문제에 대해 50명의 배심원이 투표한 결과 제1차 투표에서 찬성 281표, 반대 220표로써 61표 차이로 유죄판결이 내려졌다. 그래서 소크라테스는 자신의 무죄를 변명하였다. 이 변명에 배심원들은 더욱 노여움으로 악화되었다. 그리하여 다시 2차 투표에서 361표의 찬성으로 사형이 확정되었다. 그러자 친구들이 감옥에서 탈출할 것을 권유했다. 소크라테스는 이미 죽을 결심을 하였는데 "다이모니온이 아무 말이 없는 것을 보니 죽는 것이 옳은 것 같다"고 신탁하였다. 그는 변명의 마지막 부분을 이렇게 나타내고 있다. "자! 나는 갈 때가 되었다. 너희들은 살기 위해서 나는 죽기 위해서 갈 때가 되었다." 하고 독배를 마셨다. 소크라테스가 주장하는 법은 만인 앞에 평등하다고 믿었고, 빈부귀천을 초월하여 만인에게 모두 해당된다고 생각하였다. 이것이야말로 일생 동안 몸소 법과 인간평등을 주장해온 자신만의 보편진리였다.

공자 역시 일차적으로 남을 위한 학문이 아니고 자기를 위한 학문에 주력하였다. 이것은 어둠의 단계에서 밝음 단계로 비약하려는 밝은 지혜였다. 공자는 평생 동안 교학낙도 하는 데 뜻을 두고, 군자나 성인의 밝은 경지를 추구하는 수학과정에 있었다. 이것을 다음과 같이 천명한다.

"나는 15세에 학문에 뜻을 두고 역행 정진하여, 30세에 이르러 견고한 지조가 확립되었고, 40세가 되어서는 사물의 이치를 판단하게 되어 미혹됨이 없으며, 50세가 되어서는 자연과학, 즉 천도를 인식하여 성지자(誠之者)로서의 사명감을 인식했고, 60세가 되어서는 선악, 시비, 곡직을 구별하여 올바른 종합판단을 내렸고, 70세에 이르러서는 나 자신이 마음먹은 대로 행동하여도 법도에 어긋남이 없이, 한 치의 법망을 넘어서는 일이 없었다."(『논어』, 「위정」)

이와 같이 공자는 날 때부터 앎을 터득한 것이 아니고, 성지자(誠之者)로서 성실하게 평생 동안 박학, 심문, 신사, 명변, 독행으로 인고의 어려움 속에서 밝은 지혜를 체득하려고 외롭게 살아 왔다. 그리고 그가 학문의 도를 깨우치기 위해 "아침에 도를 깨우치면 저녁에 죽어도 좋다"(『논어』, 「이인」)라고 한 것을 본다면 그는 언제나 자신을 성찰해왔으며 밝은 단계의 불유구의 경지를 획득할 수 있다는 것을 예지하고 있었던 것 같다.

제34장✍

"大道氾兮, 其可左右. 萬物恃之而生, 而不辭. 功成不名有."

"대도범혜, 기가좌우. 만물시지이생, 이불사. 공성불명유."

"큰 도는 범람하는 물의 모습과 비슷하다. 좌우로 두루 넘실거리는 것이다. 만물이 이 도에 의지하여 생겨나면서도 도는 사양하지 않는다. 공이 이루어져도 그 이름을 소유하지 않는다."

"衣養萬物而不爲主, 常無欲, 可名於小; 萬物歸焉而不爲主, 可名爲大. 以其終不自爲大, 故能成其大."

"의양만물이불위주, 상무욕, 가명어소; 만물귀언이불위주, 가명위대. 이기종부자위대, 고능성기대."

"만물을 입히고, 기르면서도 주인노릇을 하려 하지 않는다. 항상 무욕하니 적다고 이름 할 수 있다. 만물이 결국 그에게 돌아가는데 주인노릇을 하지 않으니, 크다고 이름 할 수 있는 것이다. 끝내 스스로 크다 하지 않으니, 그러므로 능히 그 큼을 이룰 수 있는 것이다."

10) 도 가운데 사물이 있음(道中有物)

일반적으로 도가의 양대 산맥으로 말하면 노자와 장자를 꼽는다. 이들이 주장하는 도는 공통된 이념을 갖고 있지만, 학문적 방법에서는 서로 다르다. 노자가 주장하는 "도는 모든 현상사물 가운데 있다(道中有物)"고 하였고, 장자의 "도는 없는 곳이 없다(道無所不在)"라고 하여, 무릇 사물이 있는 곳에는 곧 도가 있으며, 도와 물을 일체 융화시키고 있는 것이다. 노자의 도는 스스로 물에 내재하여 조리나 법칙으로 존재하는 반면, 장자는 인간과 사물이 한 덩어리가 되는(心物同和) 데 특히 정신작용을 강조하였던 것이다. 다시 말해서, 노자의 도는 도중유물(道中有物)이며 물은 비록 도는 아니지만 만물이 작용하고 성장하는 것은 도의 범위를 넘지 못함을 의미하고 있다. 그렇다고 해서, 도는 물을 초월해 있거나 물보다 선행해서 존재한다는 것이 아니고, 도와 물을 별개로 보지 않고 하나로 보는 데 그 특징을 갖고 있는 것이다.

장자는 도와 물을 한데 묶어놓고, 도와 물을 일체 융화시켰다. 그러므로 노자와 장자의 도에 대한 관점은, 도의 본질이 초월에 있는 것이 아니고, 도가 물에 항상 내재(immanence)관계를 이루고 있다는 것이 공통점이다. 도와 물의 내재적 관계는 장자가 동곽자를 지도하는 가운데 잘 나타나고 있다.

"동곽자: 소위 '도'라 하는 것은 어디에 있습니까?

장　자: 없는 곳이 없습니다.

동곽자: 분명히 가르쳐 주십시오.

장　자: 땅강아지나 개미에게도 있습니다.

동곽자: 어째서 그렇게 천한 곳에 있습니까?

장　자: 강아지풀이나 피에도 있습니다.

동곽자: 어째서 그렇게 점점 더 낮아집니까?

장　자: 기와나 벽돌에도 있습니다.

동곽자: 어째서 그렇게 더욱 심하십니까?

장　자: 똥이나 오줌에도 있습니다.

동곽자: (……)

장　자: 당신의 질문은 애당초 본질에도 미치지 못했소. 시장의 관리인이 시장 감독자에게 돼지를 발로 밟아보고 그 살찐 정도를 조사하는 방법을 물었던바, 아래쪽으로 내려가면 전체의 살찐 모양을 잘 알 수 있다고 대답했다. 당신도 도가 어디에 있다고 한정해서는 안 되며, 도가 사물을 벗어난 것이라 여겨서는 안 됩니다. 궁극의 도는 일체를 포괄하며, 위대한 이론도 역시 일체를 포괄합니다. 도의 보편성을 나타내는 말에는 두루 · 언제나 · 모두의 세 가지가 있거니와 그 이름은 각각 다르지만 내용은 같은 뜻이며, 그것이 가리키는 것은 오직 한 가지, 즉 도의 보편성입니다."(『장자』, 「지북유」)

장자의 자연철학에서 도는 물에 내재(內在)해 있다고 동곽자에게 잘 말해 주고 있는 대목이다. 먼저 장자는 물이 있는 곳이면 도가 있지 않는 곳이 없다고 하여 물을 위주로 하고 도와 일체로 융화시킨다. 그런데, 노자는 도 가운데 물이 있다고 주장하였다. 그것은 사물의 범위가 한없이 많다 하더라도 도의 범위를 벗어나지 못한다고 하였으며 물은 도가 내재되는 순간 사물을 작용하게 하는 조리를 부여받게 된다. 이러한 논리로써, 도는 텅 비어 있어 아무리 써도 고갈되지 않는다는 도의 속성과 도는 물을 포용하면서 만물 전체를 포섭하는 관계를 이룬다는 논리이다. 우리는 본체와 현상의 내재적 의의는 현상에 나타나는 공능의 발현에서 사물의 모습을 감지하는 것이다.

제35장

"執大象, 天下往. 往而不害, 安, 平, 太."
"집대상, 천하왕. 왕이불해, 안, 평, 태."
"큰 모습을 지키면 천하가 움직인다. 움직여도 해가 없으니, 편안하고, 평등하고, 안락하다."

"樂與餌, 過客止. 道之出口, 淡乎其無味. 視之不足見, 聽之不足聞, 用之不足旣."
"락여이, 과객지. 도지출구, 담호기무미. 시지부족견, 청지부족문, 용지부족기."
"아름다운 음악과 맛있는 음식은 과객을 멈추게 하지만, 도가 사람의 입에서 나오는 것은 담담하여 맛이 없다. 도는 보아도 보기에는 만족하지 않고, 도는 들어도 듣기에는 만족하지 않고, 그것을 써도 쓰이는 데는 만족하지 않다."

제36장 ✍

"將欲歙之, 必固張之; 將欲弱之, 必固强之; 將欲廢之, 必固興之; 將欲奪之, 必固與之. 是謂微明."

"장욕흡지, 필고장지; 장욕약지, 필고강지; 장욕폐지, 필고흥지; 장욕탈지, 필고여지. 시위미명."

"장차 움츠리려면 반드시 펴주어야 하고, 장차 약하게 하려면 반드시 먼저 강하게 해주어야 하며, 장차 폐하게 하려면 반드시 먼저 흥하게 해 주어야 하며, 장차 뺏으려면 반드시 먼저 주어야 한다. 이것을 일컬어 어둠과 밝음의 이치라 하는 것이다."

"柔弱勝剛强. 魚不可奪於淵, 國之利器不可以示人."

"유약승강강, 어불가탈어연, 국지리기불가이시인."

"부드럽고 약한 것이 딱딱하고 강한 것을 이기는 법이다. 물에 사는 고기는 연못을 뛰쳐나와서는 안 되며, 나라의 이로운 기물은 사람에게 보여서는 아니 되는 것이다."

11) 안과 밖의 일원성(微·明)

내외를 이루고 있는 미(微)·명(明)과 유(幽)·명(明)은 언제나 단독으로 쓰일 수 없고 대대(對待)를 이루는 것이다. 사실 우리의 인식은 가시(可視)에서 보고 말하는 것이 일상적이지만 그 이면에는 불가시적인 면이 도사리고 있음을 인지해야 할 것이다. 이 가시적인 면이, 즉 전면이 명이고, 불가시적 이면이 미이다. 다시 말해서, 앞쪽이 명이라면 그 반대쪽의 미를 대칭으로 수반하고 있다. 즉 노자는 논리에서나 현상에서 밝음과 어둠은 한 개념으로 보아야 원만하다고 강조하였다. 예컨대, 낮과 밤, 전면과 후면, 수축과 팽창, 약화와 강화, 폐함과 흥함, 탈취와 수여는 분리된 개념이 아니고 하나의 도의 대대적 양면이라고 보는 것이다. 중국 청대 기철학자 왕부지(1619-1692)는 『주역』에도 양면성을 부여하고 괘 풀이를 하였다. 음양의 괘는 종괘와 착괘로 구성되어 있는데, 먼저 착괘를 현·은

과 유·명으로 대대시키고 종괘는 다양하면서 상보관계에 있다고 지적한다. 이것을 왕부지는 다음과 같이 말한다.

"태극은 하나의 혼륜한 천의 전체이다. 드러난 것이 반쪽이고 숨은 것이 반쪽이다. 음양이기가 그 자리에 함께 존재한다. 그러므로 수레바퀴가 굴러감에 언제나 여섯 개만 드러나고, 드러난 것만을 볼 수 있을 뿐이다. 그 뒤쪽은 지각할 수 없다. 건괘가 드러나면 곤괘는 숨게 된다. 반대로 곤괘가 드러나면 건괘는 숨게 된다. 이와 같이 『주역』은 이것을 병렬하여 서로 떨어질 수 없는 관계에 있다는 것이다. 실제 한 괘의 앞쪽과 뒤쪽에 건곤 두 괘가 모두 존재한다. 나아가서 건곤 두 괘만 그런 것이 아니고 인간이 보는 시야의 드러남에도 둔괘와 몽괘가 있고, 드러나지 않음에, 즉 그것의 반대면에는 정괘와 혁괘가 존재한다."(왕부지, 『선산전서』, 「주역 내전」, 권7.)

왕부지는 건·곤의 두 괘 중 시야에 보이는 쪽, 즉 드러나는 쪽을 명(明)이라고 하고, 드러나지 않는 쪽을 유(幽)라고 하였다. 그리고 건괘가 명에 있으면 곤괘는 반대로 유에 있게 된다. 또, 곤괘가 유에 있으면 건괘는 명에 있게 된다고 보았다. 그는 건의 6양과 곤의 6음을 합하여 모두 12위로 간주하였지만, 우리 인간이 현시할 수 있는 것은 6음이나 6양 중 어느 한쪽뿐이다. 실제로 사물이나 괘가 완전한 형상을 이루려면 앞쪽과 뒤쪽을 합하여 12위로 보아야 원만한 형상을 이루게 된다. 따라서 『주역』의 64괘가 모두 이러한 구조를 이루고 있는 것이다. 이것은 동양적(東洋的) 일원성(一元性)에 바탕을 두고 있으며 이 일원성은 물리(物理)와 인사(人事)의 덕업(德業)을 이루는데 그 괘의 정합성에서 증명되는 것이다.

위의 노자 주석에서 미(微)·명(明)을 종합하여 본다면, 수축하려고 하면 먼저 팽창하게 해주고, 약하게 하려면 먼저 강하게 해주고, 폐하려고 하면 먼저 흥하게 해주며, 뺏으려고 하면 먼저 주어야 한다는 것이 사물의 본성인 것이다. 이 본성은 고정되어 있는 것이 아니고 항상 시간의 변화 속에 순환과정을 이루게 된다. 유약함이란 시간의 흐름에 따라 그 다음은 반드시 강강함이 오게 되는 것이다. 유약(柔弱)함은 도의 본성이고 강강(剛强)함은 인간이 꾸며낸 인위일 뿐이다. 나라를 다스림에 있어서도 나라의 이로운 기물(병기)로 다스린다면, 일시적으로 국민들이 순종할 수는 있어도 사회질서로 평화를 이끌어갈 수는 없을 것이다. 이러한 병기의 힘은 국민에게 위협을 주며 폭력에서 나온 우매한 발상인 것이다. 이에 빗대어 노자는 인간이 자연의 본성을 거역한다면 "물에 사는 고기는 연못을 뛰쳐나와서는 아니 된다(魚不可奪於淵)."(「제36장」)라고 단언하였다. 물고기가 연못을 벗어난다고 하면 그것은 곧 죽음일 뿐이다. 즉 그때서야 우매한 실책을 깨닫게 된다는 것이다.

제37장 ✍

"道常無爲, 而無不爲. 侯王若能守之, 萬物將自化. 化而欲作, 吾將鎭之以無名之樸. 無名之樸, 夫亦將無欲. 不欲以靜, 天下將自定."

"도상무위, 이무불위. 후왕약능수지, 만물장자화. 화이욕작, 오장진지이무명지박. 무명지박, 부역장무욕. 불욕이정, 천하장자정"

"도는 늘 함이 없으면서도 하지 않음이 없다. 제후와 제왕이 만약 이것을 잘 지킨다면 만물이 장차 스스로 교화될 것이다. 그러나 교화와 함께 인위적 작위를 하려 할 것이다. 그러면 나는 무명의 통나무로 그것을 억누를 것이다. 무명의 통나무는 대저 또한 욕망이 없을지니, 욕심내지 아니하면서 고요하면, 천하가 스스로 질서를 지어질 것이다."

이제 우리는 아쉽게도 도경의 마지막 장에 이르렀다. 지금까지 도의 의미는 대략 열한 개 부분으로 파악한 것 같다. 마지막 장인 도경의 골격은 아마 도는 항상 함이 없어도 하지 않는 것이 없다는 것을 주장한다. 이것은 자연계에서는 자연 질서이고, 인간계에 와서는 리드의 자세에 속할 것이다. 왕필은 이것을 스스로 그러함에 따르는 것이라고 주를 달았다. 다시 말해서, 자연처럼 함이 없어도 자연은 하지 않음이 없으며, 만물이 도로 말미암아 질서 짓고 생을 형성하지 않을 수 없다. 또 이것은 화엄사상에서의 사물은 법계연기로 있는 이사무애(理事無礙)와 너무나 유사한 점을 갖고 있다. 이것은 이(理)에서 나타난 사(事)와 사에 충만한 이(理)가 서로서로 거리낌 없이 융통하여 상즉(相卽)하는 관계에 있는 것이다. 사실 도는 인간처럼 작위(作爲)하려 들지 않는다. 그러나 현상계의 어떤 곳이든 만물이 육성되고 먹이사슬이 형성되며 자유롭게 나름대로의 속성으로 생을 이어가지 않음이 없는 것이다. 인간은 모든 것을 소유하려 하고 집착하고 인위를 일삼으며 종국에는 자기 자신까지도 질곡 속에 빠뜨리고 만다. 이러한 인간의 부질없는 작위를 막기 위해서, 유가는 인의(仁義)를 제정하고 인의의 덕으로 난세를 해결하려 했으며, 법가는 법의 냉혹함에서 인간의 작위를 막으려 했는가 하면, 노자는 이름 없는 통나무로 진압한다고 주장하였다. 이것은 무명의 통나무는 대저 욕망이 없으며, 욕망을 내지 않고 고요하니 천하가 스스로 안정된다는 것이었다. 노자는 인간의 본성이 통나무로 복귀할 때, 철학에서는 덕에 이르고, 정치에서는 청정한 덕치에 이르며, 인생의 삶에는 유위를 거절하고 무위자연의 순박함을 이상으로 삼았다. 그렇게 할 때 비로소 "내가 하는 것이 없으면 백성들은 저절로 교화되고, 내가 고요한 것을 좋아하면 백성들은 저절로 질서 지어지고, 내가 욕심을 내지 않으면 백성들은 스스로 순박해진다."(「제57장」)라고 하였다.

　우리가 현상에서 보면 도는 무위를 일삼고, 본체에서 보면 무사를 일삼는다. 이것이 노자철학에 있어서 본체의 무위와 현상의 인위의 대교를 잇는 교량역할이 바로 "함이 없어도 하지 않는 것이 없다(無爲而無不爲)"라는 것이다.

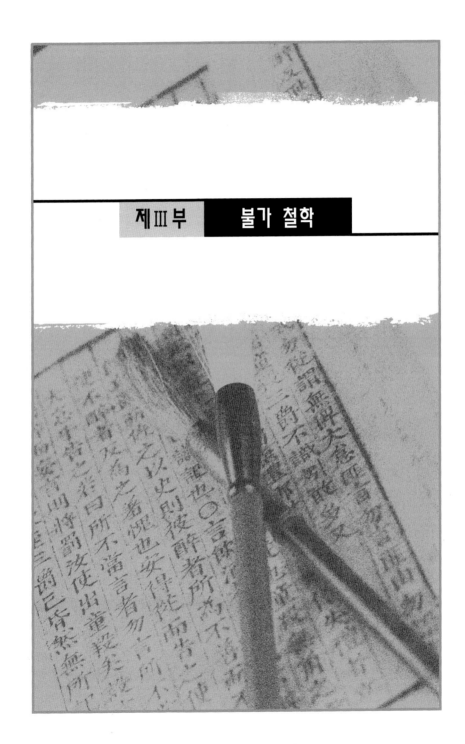

제Ⅲ부　　불가 철학

제1장 원시불교의 이해

1. Siddhartha의 출가동기와 인간관

고타마(Gotama, 구담), 싯다르타(Siddhartha, 실달다)는 B.C. 563년 북인도 히말라야 기슭에 자리 잡은 카필라바투에서 슈도다나(Suddhodana, 정반왕)와 그의 부인 마야(Maya) 사이에 샤카족의 왕자로 태어났다. 그는 깨우침을 얻고 난 후 붓다(Buddha, 佛陀) 샤카무니(Sakyamuni, 석가모니, 샤카족의 성인) 혹은 세존(샤카족의 존자)이라는 이름을 불명(佛名)으로 받았다. 그는 왕실의 왕자로 태어나서 세속에서 무엇 하나 부족함이 없이 지냈다. 그러나 그는 어릴 때부터 왕실의 특권에서 오는 권위의식의 횡포, 노예의 예속화, 생산의 관료화, 경제에서 받는 부 등을 몹시 혐오하였다.

그는 인간의 행복이라는 것은 외부요인에서 오는 것이 아니라 인간내면의 자유와 존재다운 삶에 있음을 깨달았다. 그리하여 그는, 세계의 존재는 언젠가는 멸해야 한다는 실존의 한계와 현실에 놓여 있는 불안과 초조에 몰입하게 되었다. 그래서 그는 의식구조의 변환은 투철한 자기 성찰에서만 이루어진다고 보았던 것이다. 그 후, 그는 자기 결심대로 왕궁을 벗어나 사문(四門)을 활보하며 세속에서의 생로병사(生老病死)와 출가하려는 자들을 만나 면담을 나누고 자신의 사문유관상을 정립하게 되었다. 그는 사문유관에서 생명의 실상을 냉철하게 비판하고, 그것을 단초로 하여 출가의 동기를 더욱 굳히게 되었다. 그리고 그는 사문유관에서 보았던 존재의 실상을 다음과 같이 말한다.

> "어느 한 농부가 밭을 갈고 있다. 그는 농부의 쟁기에 찍혀서 허리가 잘려져 꿈틀대는 벌레를 보았다. 싯다르타는 생각한다. 저러한 벌레도 살기 위해 몸이 끊어지면서도 저렇게 몸부림치고 있구나! 그리고 그 순간 어디서 날아 왔는지 참새가 꿈틀대는 그 벌레를 물고 푸른 하늘로 사라진다. 다시 매 같은 사나운 날짐승이 그 참새를 덮쳐서 창공을 회전한다. 싯다르타는 허공을 향해 눈을 돌렸다. 그 다음 눈앞에 펼쳐진 광경이 농부의 채찍에 시달리는 소를 목격했다. 그 소는 가죽과 뼈만 앙상하였고, 등과 배는 거의 맞붙어 있어서 매우 고통스러워 보였다. 연달아 소를 때리는 농부의 두 손은 바쁘게 움직이고, 이마에는 삶의 고통으로 연륜의 주름살이 깊이 패여 있었다. 싯다르타는 허공을 향해 한숨을 쉬고는, 아! 어째서 현상의 생명체는 다른 생명체를 저렇게 괴롭히며 살아가는가? 이 세상에 살아 있는 모든 생명의 실상들이 고뇌 없이 평등하고 평화롭게 살아가는 길은 영영 없을까?"(『대방광장엄경』)

싯다르타는 일차적으로 중생들의 삶에 대한 애착과 무명(無明)에서 오는 인간고뇌를 초탈하는 방법 이외에는 별 관심이 없었다. 그도 언젠가 세속의 중생들과 같이 늙고, 병들고, 죽어야 하는 실존의 길을 걸어야 한다고 느꼈던 것이다. 그리하여 그는 구도자(求道者)의 영원한 길은 출가(出家)의 길밖에는 없다고 결심하였다. 그럼에도 불구하고, 그의 아버지 숫도다나는 출가하려는 아들 싯다르타를 자기 곁에 머물게 하려고 모든 방법과 수단을 가리지 않았다. 아버지 숫도다나의 마음속에는 왕으로서 아들에게 물려줄 수 있는 계급제도와 누구보다 부귀영화를 마음껏 누릴 수 있다는 왕족의 권위의식, 모든 관료 제도를 세습해 줌으로써 생을 마감하는 날까지 자신은 오래도록 행복을 누릴 수 있다고 생각했다. 그러한 방안을 해결하는 길은 아들의 출가를 막는 것이 유일한 방법이라고 단언하였다. 그 다음 그는 가장 급선무가 아들의 결혼식을 서둘러 올려야겠다고 생각했다. 그래서 이웃나라의 야소다라라는 예쁜 공주와 결혼하게 하였다. 이듬해 귀여운 라훌라라는 아들을 얻었다. 싯다르타는 무심히 하늘을 바라보며 "아! 장애로구나" 하며 홀로 탄식하였다. 그리하여 산스크리트어로 '장애'라는 말이 곧 아들의 이름이 되어 버렸다. 따라서 대를 이을 아들 라훌라를 얻고 난 후 싯다르타는 오히려 출가할 수 있는 반전의 기회를 얻었던 것이다. 왜냐하면, 아버지의 생각과는 달리 이제 자신의 뒤를 이을 후사(後嗣)가 있기 때문에 출가할 여건이 더욱 좋아졌다고 생각했기 때문이다. 아버지 정반왕이 싯다르타의 출가를 막기 위해 결혼을 서두른 동기가 오히려 출가를 재촉하는 결과를 가져오게 되었다.

싯다르타는 드디어 사랑하는 아내와 귀여운 아들 라훌라를 두고, 모든 사람들이 잠든 밤, 불퇴전의 출가를 기필코 결심하고, 험준한 카필라성벽을 넘었다. 그 후, 구도자 싯다르타는 찌는 듯한 더위와 싸워야 했고, 연속된 단식으로 삶과 죽음이 오가는 순간을 인내하면서 6년간이라는 긴 고통 속에 드디어 35세의 젊은 나이에 성인으로서의 대각(大覺)을 얻었던 것이다. 이때부터 붓다(Buddha) 혹은 샤카족의 성인(Sakyamuni)으로 불리게 되었다.

그 후 Buddha는 80세로 열반에 들기까지 45년의 긴 기간 동안 중생들을 위해 방대한 경전들을 남겼다. 그것을 총칭하여 법보(法寶)라고 한다. 법보는 다음과 같이 세 가지 책들로 나누어진다.

첫째는 경장(Sutta-Pitaka)으로 이것은 그의 언설들을 실은 대화집이다. 둘째는, 율장(Vinaya Pitaka)이다. 그것은 승단의 규율과 윤리에 해당한다. 마지막으로 논장(Abhidhamma Pitaka)을 들 수 있다. 그것은 그가 종교 전반에 걸쳐 철학과 사상을 논술한 모음집이다. 이러한 삼장들을 총칭하여 불교에서는 법보라고 하였던 것이다. 이 법보는 Buddha의 종교로서 북으로는 중국·한국·일본·몽고로 전파되어 나갔고, 남으로는 스리랑카·미얀마·태국과 지금은 전 세계에 전파되었다. 우리는 그의 형이상학 문제와 철학적 인간관을 크게 세 가지로 축약하여 말하고자 한다.

첫째로, 그는 예수와 같은 신의 아들이 아니고 우리 범부들과 같은 생명의 실상이었다. 그는 진리에 대한 자신의 독단을 옹호하려 하지 않았고, 어떤 사람이라도 진리를 깨우치면 나와 같이 될 수 있다는 "진리를 보는 자 반드시 나를 보게 된다."라는 성불의 가능성을 제시하였다.

둘째로, 열반(nirvana)에 대한 Buddha의 주장이다. 그는 열반의 경지에 대하여 단견이나 상견에 빠지는 것을 단호히 배격하고, 열반의 경지는 사후가 아닌 실존이 고뇌의 원인을 알아서 고뇌를 제거해야 한다는 실용주의 입장에 있었다. 붓다가 주장하는 열반은 미래에 연연하여 사후에 영원히 기대되는 이상경지가 아니고 고뇌하는 실존이 무엇보다도 무명이 제거되어야 생사(生死)라는 순환 고리가 깨어지고 존재의 변화를 실천에 두었던 것이다.

셋째로, Buddha의 인간관은 바로 인간평등에 있었다. 그 당시 인도가 처한 상황은, 거칠고 호전적인 아리안 족들이 인도를 침범해 옴으로써 커다란 변화가 일어났다. 이때 지배자가 원주민을 지배하고 예속화하는 과정에서 생겨난 통치체제가 바로 Cast제도의 발현이다. 이러한 신분제도는 4천년이라는 긴 세월 동안 인도대륙에서 관습으로 이어져 왔다. 이 Cast제도는 최상부에 Brahman이라는 종교지도층 그룹을 두었고, 그 밑에는 귀족과 무사로 구성된 Ksatriya계층이 있었고, 그 아래에 평민으로써 Vaisya계층이 있었다. 그리고 최하위에는 노예 신분에 해당하는 Sudra계층이 있었다.

붓다는 노예제도와 계층은 사회적 인권문제에 커다란 악습이 된다고 보아서 인도가 근대화를 여는 데 걸림돌이 된다고 여겼다. 그래서 그는 네 개의 계층이 모두 동일한 인권을 보장받아야 하며, 누구나 평등해야 한다고 주장하였다. 이때까지 금지되어 온 모든 여성의 출가도 남성과 동일하게 개방해 주었다. 요컨대, 그의 종교적 인간관(人間觀)은 만인이 평등해야 한다고 주장하고 인간의 성찰(省察)과 자각(自覺)을 본질로 여겼다. 이것은 그가 민중을 위한 동양의 인본주의 산실을 개방한 셈이 된다.

2. 원시불교의 철학과 사상

1) 붓다의 연기론에 입각한 인간관

우리는 사물을 관찰함에서, 눈앞에 드러난 일들은 쉽게 볼 수 있지만 그 뒷면에 놓여 있는 존재가치는 보지 못하는 것이 사실이다. 붓다는 사물의 본질을 시간의 계기성(繼起性)과 공간에 놓여 있는 불고립(不孤立)으로 파악하였다. 이러한 관법이 바로 연기법(緣起法)이다. 근본불교의 존재법칙에서 주장하는 논리는 반드시 인연이 이산(離散)하거나 집합(集合)하여 하나의 결과를 낳는다는 것이다. 이것은, 즉 인(因)이 직접적인 원인이 되어 연(緣)이라는 간접원인을 낳는다. 이러한 관계에서 생함을 인연소생 혹은 연생이라 하였다. 붓다는 인연에 따라 자타관계가 성립됨을 다음에서 잘 말해 주고 있다.

> "언젠가 불타는 두 묶음의 갈대 짚단을 가져오라고 제자들에게 지시한다. 그리고 제자들이 가져온 두 묶음의 갈대를 세워보라고 지시한다. 하나를 제거할 때 나머지 하나도 넘어져 버렸다. 불타는 제자들에게 말하였다. 비구들이여, 이것이 있을 때 저것이 있으며, 이것이 생김으로써 저것이 생긴다. 이것이 없을 때 저것도 없으며, 이것이 멸함으로써 저것도 멸한다."(『잡아함경』)

연기라는 어원은 '말미암아 일어나는 것'으로 '더불어 일어나는 것'이다. 이 세상에 모든 존재들은 단독으로 존재할 수 없고 다른 것과 더불어 존재하며 홀로 생성되는 것이 아니라 여러 조건 속에서 생성되는 것이다. 이것과 저것의 결합은 생성을 위한 인연의 결합이고, 이것과 저것의 해체는 소멸돼 가는 과정이다. 그것의 거듭되는 생성과 소멸로 인하여 윤회(輪廻)는 연속을 이룬다. 연기에서 인(因)은 타자에 의해 자기가 성립됨을 말하며, 연(緣) 역시 인에 의존할 때 자기 존재는 존재할 조건이 주어지게 된다. 따라서 공간적으로 존재할 수 있는 조건을 상의성이라 하고, 시간적으로 존재할 수 있는 조건을 계기성이라고 한다. 이 점에서 본다면 연기라는 것은 자타불이(自他不異)의 세계가 이뤄진다고 하겠다. 세계는 서로 의지하고 의지되어 가는 상의(相依)에서 법이라 하였다. 이 법은 시간상으로는 과거로 거슬러 올라갈 수 있고 미래에도 적용되며 공간상에는 전 세계존재로 된다. 이로써, 천차만별의 존재들은 상의성과 계기성에 의해서 자유자재하게 살아간다. 이것을 일컬어 법계(法界)라고 한다. 세계의 존재는 얽히고 얽혀 서로의 관련 속에 있다. 즉, 연기의 세계는 시간적 연속성과 공간적 보편성으로써 수많은 법계를 이룬다. 그러므로 모든 법이 보편성과 개별성을 갖는다는 것은 연기적 성격에 의거한 것이다. 그는 연기성에 입각해서 순관연기(順觀緣起)로 인간고뇌의 실상을 직시하였고, 역관연기(逆觀緣起)로 말미암아 고뇌로부터 해탈의 길을 열었던 것이다. 이것이 바로 그의 깨침을 열었던 12연기설이다. 이 12가지는 다음과 같이 분류된다.

① 무명(無明, Avidya): 진리에 대한 무지, 불선을 일으키는 근원.
② 행(行, Samskara): 무명에 의한 그릇된 행위와 그 행위의 결과로서의 업력.
③ 식(識, Vijnana): 행에 의해서 형성된 원초적 인식주관으로서의 의식.
④ 명색(名色, Nama-rupa): 6식의 대상으로서의 여섯 가지 대상(색(色), 성(聲), 향(香), 미(味), 촉(觸), 법(法)).

⑤ 육입(六入, Sad-agatana): 명색에 의한 여섯 가지 감각기관(안(眼), 이(耳), 비(鼻), 설(舌), 신(身), 의(意)).

⑥ 촉(觸, Samsparsa): 주관과 대상의 접촉.

⑦ 수(受, Vedana): 촉으로 일어나는 감수 작용.

⑧ 애(愛, Trsna): 수에 의한 애증(愛憎)의 욕망.

⑨ 취(取, Upadana): 사랑스러운 것은 취하고 미운 것은 멀리하는 행동, 즉 집착.

⑩ 유(有, Bhava): 취의 여력으로 인해 과거의 습관으로 태어나고자 하는 의지.

⑪ 생(生, Jati): 유로부터 생기는 경험 혹은 업의 결과로 생을 받는 것.

⑫ 노사(老死, Jara-marana): 생의 필연적 결과로 모든 괴로움의 총칭이다.

Buddha는 고뇌를 일으키고, 반면에 고뇌를 멸할 수 있는 인연조건들을 열두 가지로 나타내었다. 이것을 그는 인간의 심리에서 어떻게 괴로움이 일어나고 있으며 또 그것을 어떻게 멸할 수 있는가에 있었다. 우리는 무명(無明)으로 인해 삼업(三業: 身·口·意)에서 그릇된 행동을 하게 되고 나쁜 습관도 갖게 된다. 이 그릇된 행위와 습관은 반드시 인식의 통로를 거치게 된다. 거기에는 인식대상(名色)과 인식주관(六入)이 필연적으로 만나게 되며(觸) 인식주관과 인식대상이 접촉함으로써 인식작용이 일어나서 감정의 감수 작용(受)이 생기게 된다. 마음은 좋은 것은 취하게 되고(取) 그러한 행동은 다른 습관으로 남게 되어(有) 또 다른 경험을 일으키고(生) 최종적인 경험의 결과는 괴로움을 총칭하는 노사(老死)의 괴로움을 낳게 된다. 결론적으로, 진리에 대한 무명으로 말미암아 마지막 노사라는 괴로움의 총칭이 있게 되는 것이다.

서양은 성경에서 인간 최초고뇌가 원죄에 있다고 설명한다면, 동양은 인간의 고뇌가 무지(Aviya), 무명(無明)에 있다는 셈이다. 이렇게 무명에서 출발하여 노사까지, 무명으로 말미암아 끊임없이 남을 괴롭히고 스스로 자기 앞의 이익을 취하면서 감각적 쾌락으로 일삼고 있다. 범부의 삶이라는 것은 윤회과정의 연속이다. 그리고 그들은 무명에 맡겨지는 무반성의 삶이다. 이에 대처하여, 순관연기는 고뇌를 인식하기 위한 긍정적 관찰이고, 역관연기는 무명을 없애기 위한 부정적 관찰로서, 붓다는 역관연기를 강조하였던 것이다. 왜냐하면, 이러한 관찰은 거꾸로 거슬러 올라감(12→1)으로써 노사에서 무명을 멸하기 위해 부정의 방법으로 해탈이라는 깨우침을 열어주기 때문이다. 초기불교에서는 무명의 극복을 출가수행의 근본 요체로 삼아왔고, 이에 따라 Buddha 역시 무명을 멸하기 위해 특히 역관에 생사를 걸었던 것이다. 그러한 수행으로 그는 반복되는 윤회과정에서 벗어나 마침내 순관연기에 의해 무명에서 노사라는 실존의 고뇌를 직시하였으며, 다시 역관연기에 의해 노사에서 무명이라는 윤회과정을 벗어던지고 열반사덕(常樂我淨)의 대각(大覺)과 전지(全知)한 경지를 얻었던 것이다. 그러기 때문에 그는 연기(緣起)를 중시하여 "연기를 본 자는 법은 보고 법을 본 자는 연기를 본다."고 말한 이유가 바로 여기에 있는 것이다.

2) 무상(無常)과 무아(無我)의 자각

Buddha는 존재의 변화를 시간과 공간으로 나누고 그 다음 이것을 자각할 때 깨달음의 세계가 있다고 설파한 것이 바로 그의 삼법인(三法印)이다. 이 세 가지는 제행무상이고 제법무아이며 열반적정이다. 이것을 차례로 논의해보도록 한다.

첫째는, 제행무상(諸行無常)이다.

일체의 존재가 하나도 예외 없이 모두 유전(流轉)해 간다는 논리이다. 유전하는 존재는 변화하고 차별이 있게 되며 법성에 의하여 변화해 가기 때문이다. 그것은 인간에게는 생·노·병·사(生老病死)라는 과정으로 변화해 가고 있으며, 사물에는 생·주·이·멸(生住異滅)이라는 과정을 겪으며 변화해 간다. 불가에서의 주장은 현상이 "불변적 실체"라는 언설은 있을 수 없는 것이다. 우리는 언어가 지시하는 대상이 시간 속에 변하지 않고 그대로 머물러 있다고 항상 착각하며 산다. 만약, 변화하지 않는 실체가 있다고 한다면, 이것은 역설(逆說)이며 희론(戱論)에 불과하다. 앞의 연기설에서도 언급한 바 있지만, 실체가 불변하게 보인다는 말은 자기모순이며 망상에 불과하다. 그래서 붓다는, 존재일반은 변하는 것이고 변하는 것은 존재하는 것이라고 연기론에서 명료하게 말한 바 있다. 그러므로 실체가 실체로서 자질을 가질 수 있는 조건과 결과는 상호의존성에 있다. 이 말은, 즉 이것이 존재한다고 함은 이미 이것은 다른 것에 의해 조건 지어져 있다는 것을 의미하며 어느 하나도 절대적 단독으로 존재하는 것이 아니라 모두가 의존적이며 상대적으로 존재한다는 것을 말한다. 즉, 제행무상은 실체들이 끊임없이 생멸하고 변화해 가는 과정의 참모습이다. 우리는 이 진리를 법성에 의해만 재확인할 수 있다는 것이다.

둘째는 제법무아(諸法無我)이다.

실체를 연기에 의해 공간상에서 고찰한 논리이다. 무아(無我)라는 말은 인간의 주체를 부정하는 것이 아니고, 자아에 따른 고정관념, 즉 나는 영원히 존재한다는 실체와 나의 소유관념을 부정하는 것이다. 나라는 존재는 여러 가지 요소의 인연을 만나 현상에 존재한다. 현재 나를 이루고 있는 것은 남과 다른 사물 간의 상의상존(相依相存)하기 때문에 존재한다. 제행무상이 시간상의 외적 표현이라고 한다면 제법무아는 공간의 내적 표현이 된다. 내적으로 변하지 않는 영원한 실체가 있다고 말할 수 있을까? 먼저, 가장 가까이에 있는 우리 몸을 구성하고 있는 의식의 내면을 들여다보자. 우리는 신체를 구성하고 있는 오온(五蘊: 色・受・想・行・識)을 갖고 있다. 이것은 물질적 요소와 정신적 요소를 동시에 지니고 있다. Buddha에 의하면, 색(色)이란 인간을 구성하고 있는 물질적 요소, 즉 살과 뼈와 같은 물질이다. 그리고 수(受)는 감각기관에 의해 대상과 접촉하면서 일상의 희로애락의 감정을 받아늘인다. 그리고 상(想)에 의해서 모든 것을 자각하고, 행(行)에서 업(業)을 짖고 있다. 그 다음 식(識)은 받아드림과 상상을 종합하는 역할을 한다. 이 오온마저도 조용히 머물러 있지 않고 언제나 옮겨가고 있다. 하물며 우리가 지닌 가장 믿을 수 있는 신체마저도 자체의 변화로 인해 영원한 자아(自我)라고 말할 수 없다. 이 것이 무아(無我)이다. 인간도 세계 내에서 예외 없이 변하고 있는 제법의 실상일 뿐이다. 다른 존재들과는 달리, 인간은 종합적으로 물질요소, 감각기관, 의지적 요소들을 내포하고 있지만, 사실 인간의 생로병사 과정과 사물의 생주이멸 과정을 비교해 보아도 어느 것 하나 다를 바 없다. 다시 말해서, 인간과 사물을 실재(Reality)입장에서 보더라도 순간순간 작용하고 변화해 가는 존재요소에 불과하다. 인간과 세계란 그 배후에 어떤 상주불변하는 본질이나 실체가 없다는 무아(無我)의 세계관을 Buddha는 강조하였던 것이다. 제법은 상의상자(相依相資)하고 어떤 것도 독자성을 지니지 못하며 조건적, 상호적, 상대적으로 생기하고 있으며, 상주불변한다는 실체의 개념은 하나의 관념에 불과한 것이다. 범부들은 마냥 나라고 하는 존재가 영원하다고 믿고, 내가 소유한 것은 마냥 내 것이라고 착각하며 살고 있다. 나라고 하는 것은 우주 전체의 공존 속에 있는 하나의 과정일 뿐이다. 이 변화의 흐름 속에 자아도 예외가 아니라는 것을 깨우쳐 주는 진리이다.

셋째는, 열반적정(涅槃寂靜)을 논의할 차례이다.

우리 인간은 항상 변하고 있는 존재를 영원한 존재로 여기고 실체가 없는데도 실체가 있다고 늘 고집하고 착각하며 살아간다. (1)의 무상(無常)과 (2)의 무아(無我)를 깨닫지 못한 범부들은 항상 탐내고 성내며 어리석은 삶의 연속에 있다. 왜냐하면, 무상함을 인식하지 못한 데서 실체가 변하지 않는다고 보며, 무아를 인식하지 못한 데에서 고정관념이 일어난다. 이것은 탐(貪)·진(瞋)·치(癡)가 만연하고 자신에게 스스로 속박되어 육도(六道: 지옥, 아귀, 축생, 수라, 사람, 하늘)를 윤회하는 그러한 삶이다.
일체 이러한 모든 괴로움이 소멸되고 번뇌 망상의 불이 꺼진 상태가 열반
(Nirvana)이다. 그리고 붓다는 번뇌에서 이미 벗어나고 마음이 고요한 선
정(禪定)에 놓여 무의식에 안주함을 적정(寂靜)이라고 하였다. 열반적정이
란 (1), (2)의 철학적 의미를 터득하고, 일체의 고뇌와 번뇌를 끊어 버리고
공관(空觀)의 법성(法性)을 증득한 무상(無常)의 전지한 경지를 말한다.
절대적인 열반의 진실한 의미는 세속적인 증험과 인간의식을 초월해 있기
때문에 논의될 수가 없다. 그것이 논의될 수 있다면, 그것은 하나의 말장난
에 불과하며 모순에 빠질 것이다. 그리하여 Buddha도 역시 열반의 절대개
념을 우리 가슴에 와 닿도록 해명하지 못했고 침묵으로 일관하였다. 열반
이라는 의미는 경험적 현상을 말함이 아니고 제법실상 그대로이며, 초경험
의 본질로 하고 있다. 열반은 세속의 이름(名)과 대상(色)을 초월하여 있
는 그대로의 실재를 연기에 의해서만 논리를 자각하고 개념화했을 뿐이다.
그리고 열반을 증득한 자는 오직 소승의 아라한(阿羅漢: arhat)만이 가능
하다고들 한다. 그들은 철저한 고행을 겪으며 물욕을 떠나 있다. 정신적으
로는 공(空)의 마디아마카 철학의, 즉 중도정신(中道精神)에 몰입할 수 있
다. 그리하여 그들은 6근이 청정할 수밖에 없고, 번뇌 망상을 말끔히 씻을
수 있어 무루(無漏)에 안주하기 때문에 가능하다는 것이다.

3) 네 개의 성스러운 진리(四聖諦)

이 네 가지 성스러운 진리는 Buddha가 대각을 이룬 후 Benares에 있는
녹야원에서 고행을 같이한 다섯 비구들에게 최초로 실시한 설법이다. 이
것을 초전법륜(初傳法輪)이라고도 한다. 이 설법의 주요 내용은 인간이
고(苦)를 극복하는 데 주된 목적이 있다. 여기에서 우리는 그의 네 가지
진리와 여덟 가지 바른 길을 살피고, 고뇌를 일으키는 원인이 어디에 있

는가? 그것을 어떻게 치유할 수 있는가에 관심이 집중된다. 이 네 가지는 다음과 같이 논의된다.

첫째로, 인간은 누구나 겪고 있는 고제(苦諦)이다. 실존은 공포와 초조, 그리고 삶과 죽음이 엇갈리는 실존한계를 갖고 있다. 이것은 인간이 우연히 겪어야 할 것이 아니라 필연이다. 이 필연적 고뇌는 자기동일성으로 있다. 인간은 고뇌를 외면하거나 소외하고 살아갈 방법은 없다. 그러므로 Buddha는 고뇌를 해결하는 방안으로 실존의 성찰과 명석판명한 자기 판단에서만이 치유될 수 있다고 주장한 것이 고제이다. 실존의 여덟 가지 고뇌는 생·노·병·사의 고통과 좋아하는 사람과 헤어지는 고통(愛別離苦)과 싫어하는 사람과 만나야 하는 고통(怨憎會苦)이며 추구해도 얻지 못하는 고통(求不得苦)과 나는 육신을 가지고 있으므로 이루지 못하는 고통(取五蘊苦) 등이 있다. 이것은 육체에 의존한 단순한 고통이 아니고 시간의 유한성과 공간의 제한성 속에 던져진 실존적 고뇌이다. 재언하자면, 존재로서의 인간이 겪지 않으면 안 되는 유일한 필연적 고통이다. Buddha에 있어서 인간과 세계의 존재는 인연화합에 의해 무수한 존재요소들의 결합으로 이루어졌다는 것이다. 그러므로 법계는 연속적으로 생멸하는 윤회과정 속에 자신의 속성을 발휘하게 된다. 이러한 속성은 욕망에 의한 경쟁과 집착과 갈등, 죽음에 대한 초조는 그 어느 누구도 단절시킬 수 없기에 고뇌는 영원히 지속된다고 보는 논리이다.

둘째로, 고뇌의 발생요건은 스스로 일으키거나 타에 의해서 일어난다는 진리가 집제(集諦)이다.

현실에서 우리들은 이 고뇌를 겪고 있다는 결과는 내외적으로 어딘가 원인을 제공받고 있다는 논리이다. 그리고 원인이 있다면 생성이 있고, 생성이 있다면 일정한 규칙과 법칙을 가지고 상호관계에서 일어난다는 것이다. 일상적으로 우리들은 자기가 처한 고뇌를 우연이나 숙명으로 되돌린다. 그런데, Buddha는 인간의 숙명론을 단호히 지양하는 반면에 시공간을 착종

하는 연기론에 의거하고 있다. 그리하여 그는 현상의 존재들은 모두 인연 소생 혹은 연생으로 보고 생사에 유전하는 고뇌의 원인을 이렇게 천명한다.

　　"무명을 원인으로 행이 있고, 행을 원인으로 식이 있고, 식을 원인으로
　　명색이 있고, 명색을 원인으로 육입이 있고, 육입을 원인으로 촉이 있고,
　　촉을 원인으로 수가 있고, 수를 원인으로 취가 있고, 취를 원인으로 유가
　　있고, 유를 원인으로 생이 있고, 생을 원인으로 노사가 있다."라고 하였다.

　이것은 붓다의 연기론에서 순관연기로 보아 원인이 있으므로 결과가 있다는 것을 유전연기로 설명한 것이다. 연기설에 의하면, 제법은 우연적이고 독단적이며 무질서한 가운데 일어나는 것이 아니고, 규칙성과 법칙성이 상즉상입(相卽相入)하는 속에서만 윤회과정이 되풀이 된다. 이러한 존재의 이법을 모르는 데서 괴로움의 원인, 즉 무명은 비롯된다. 무명 자체는 어떤 조건적 연관 속에 발생하기 때문에, 그것을 제거하려면 다른 것으로부터 그것의 원인과 결과를 파악하여 다른 것을 제거해 나갈 때 그것도 아울러 제거될 수 있다는 논리이다.

　셋째로, 고가 멸해진 상태, 즉 열반(Nirvana)으로서의 멸제(滅諦)이다. Buddha가 입멸 후 후세에 이루어진 구별에 의하면 열반에는 과거의 업에서 현세의 오온을 유지하고 있는 유여열반과 오온이 모두 해체되어 사후에 주어지는 무여열반으로 분류하였다. 유여열반이란 번뇌가 모두 사라지고 해탈했다는 것으로 무루자(無漏者) 혹은 소승의 아라한(arhat)만이 체험할 수 있다는 것이다. 여기에 대한 우리의 관심은, 인간에게는 영원불멸의 자아가 없는데도 아라한이 죽은 후에 어떻게 되는가? 열반의 형이상의 문제는 불교에서 성립될 수 있는가? 이에 대해서 불교학자들 간에 오래도록 논의되어 온 것도 사실이다. Buddha는 이 문제에 답하기를 거부한다. 왜 붓다가 이 문제에 답하기를 꺼려하는가? 이것에 대한 내용을 그는 14무기(無記)로써 대신하였다.

이 14무기는 ① 세계는 영원(常)한가? ② 영원하지 아니(無常)한가? ③ 영원하기도 하고 영원치 못한가? ④ 상(常)도 무상(無常)도 모두 아닌가? ⑤ 세계는 유한(有邊)한가? ⑥ 무한(無邊)한가? ⑦ 유한하기도 하고 무한하기도 한가? ⑧ 유한도 무한도 아닌가? ⑨ 여래(如來)는 사후에 존재하는가? ⑩ 존재하지 않는가? ⑪ 존재하고 존재하지 않는가? ⑫ 개인아(Jiva)는 육체와 같은가? ⑬ 같지 않은가? ⑭ 같기도 하고 같지 않는가?"라는 14가지이다.

Buddha가 주장하는 열반이 존재한다와 존재하지 않는다는 관점에서 우리는 귀 기울일 필요가 있겠다.

만약, 열반이 존재한다고 하면 그것은 오온무아설(五蘊無我說)이 상주론(常住論)에 빠지게 되고, 그리고 다르다고 말한다면 인격의 연속성을 무시하기 때문에 도덕적 인과율이 부정되어 단멸론(斷滅論)에 빠지게 된다. 그리하여 어쩔 수없이 Buddha는 두 견해를 거부하고 중도(中道)의 입장을 취한 것이다. 열반의 세계는 누군가 '존재한다.' 혹은 '존재하지 않는다.'라는 용어로 사용할 수 있는 성질이 아니다. 그것은 번뇌가 마음속에서 외부로 나타나지 않은 무루(無漏)가 혜(慧)·계(戒)·정(定)의 해탈이 실현되고, 해탈했다는 자각, 즉 해탈지견(解脫知見)을 갖춘 아라한(Arhat)만이 체험하는 완전한 자유 경지를 의미하는 것이다.

넷째로, Buddha는 열반에 이르는 실천의 진리로서 여덟 가지 정도(正道)를 제시하였다.

그것은, ① 정견(正見), ② 정사(正思), ③ 정어(正語), ④ 정업(正業), ⑤ 정명(正命), ⑥정정진(正精進), ⑦ 정념(正念), ⑧정정(正定)의 8정도이다. 다시 이 여덟 가지 수행을 셋으로 분류하여 혜(慧: 정견·정사), 계(戒: 정어·정업·정명), 정(定: 정정진·정념·정정)의 삼학(三學)으로 나눈다.

삼학의 혜·계·정을 부단히 수행함으로써 해탈의 영원한 자유를 얻는 반면, 삼독(三毒)의 탐(貪)·진(瞋)·치(癡)를 과감히 제거함으로써 육근이 청정하여 희락과 평온한 마음을 얻을 수 있다는 것이다. 이 삼학의 혜학·계학·정학 중에서 혜학은 무상(無常)과 무아(無我) 그리고 고뇌를 깨닫고, 무명을 제거하려는 의지를 유발시킨다. 그리고 정학에 주력하여 가장 많은 수양을 요한다. 왜냐하면, 마음의 적정을 요하는 지(止)와 그 적정이 가져다주는 진리의 통찰, 즉 관(觀)은 종합적 인식을 필요로 하기 때문이다. 그렇게 할 때 생사의 고질적 윤회를 깨뜨리고 대오(大悟)의 지평을 열게 한다는 논리이다.

제2장 대승불학의 경전들

1. 대승불교의 연원과 수행정신

대승(大乘)이라는 말은 산스크리트어로 마하야나(Maha yana)이다. 마하(Maha)란 매우 큰(Great) 광대무변한 의미를 갖고 있으며 야나(Yana)는 수레(乘)라는 의미로서 모든 중생을 피안으로 옮겨주는 큰 수레라는 뜻을 갖고 있다. 초기의 대승불교 운동은 거의 출가승에 의해 움직여졌다. 그들의 의도는 중생들의 경제적 지원 아래 안정된 생활과 재가신도들의 물질적 보시로 말미암아 그들만의 정신적 안일을 추구할 수 있었던 것이다. 이러한 점에서, 재가 신도들은 그들의 편협한 현실 도피적인 경향에 반발하고 일어난 것이 최초 대승불교 운동의 발단이 되었다. 대승불교 교리는 일체 중생구제에 목표를 두고 있었다. 그들은 중생구제를 위해 일차적으로는 인격적 자아를 완성하고 이차적으로는 자성성불과 이익중생을 목표로 삼으면서 새로운 대중 불교의 면모를 갖추었던 것이다. 초기 승가 조직의 교단을 본다면, Buddha가 입멸한 뒤 100년경 불교교단은 교리를 충실히 표방하는 보수파로 구성된 상좌부(Theravada)와 교단과 교리에 있어서 진보파로 구성된 대중부(Mahasamghika)로 갈라지게 되었다. 이러한 교단의 분열은 국왕의 지원 아래 더욱 융성해 감에 따라 다시 세분화

되었고, 나중에 상좌부와 대중부는 20개의 부파로 분화하게 되었다. 이러한 분화작용으로 말미암아 교리와 교단은 많은 발전을 거듭하게 되었다. 그리하여 교리는 전문적으로 출가자들의 손에 맡겨지게 되었고 속세의 제가자들은 종교와는 사실무관하게 되어 버렸다. 그리하여 만인을 위한 중생구제에 있다는 본래의 종교취지와는 아주 거리가 멀어지게 되었다. 그러므로 대승불교는 이러한 출가자들의 독단을 배격하고 재가자들의 종교적 각성에서 연원한 것이었다. 그리하여 대승불교는 나중에 자신의 이익뿐만 아니라 세속의 윤회과정의 중생들에게 이타행(利他行)을 강조하는 실천적 불교로 전략하게 되었다. 이것이 보살정신의 발로이다. 보살의 개념은 보리살타(菩提薩埵, Bodhisattva)의 약자이며, 보리살타는 범어로 보리(Bodhi), 즉 깨달음이다. 살타는 사트바(Sattva)로서 유정(有情)이며 깨달음으로 가는 중생 혹은 깨달음을 본질로 하는 자라는 뜻이다. 그리고 대승은 자신의 이익과 깨달음만을 추구하는 존재를 거부하고 자리(自利)와 이타(利他)의 수행을 겸비한 이상적인 인간상을 목표로 하였다. 소승불교에서 보살이라는 것은 역사적 석가모니불과 같이 특별한 사람만이 가지는 지위이고, 보살이나 모든 범부들은 도저히 도달할 수 없다고 여겼다. 소승불교에서는 최고로 아라한(Arhat)을 들고 있다. 그리고 아라한들은 재가수행에는 깨침이 불가능하다고 주장하고 출가수행만이 종교의 본질로 여겨왔다.

　사실 보살이라는 원의(原義)는 대승경전에 자주 등장하는 선남자(善男子)와 선여자(善女子)같은 재가 신자들이었다. 소승불교(부파불교)의 소승적 견해에서는 수도자를 성문승(聲聞僧)과 연각승(緣覺僧, 獨覺僧)을 두 부류로 나누었다. 성문승이란 Buddha의 법문을 듣고 그대로 실행하는 수도자이며, 그들은 관념적으로는 깨달음에 도달할지 모르지만 불법의 실천면이 결여되어 있다. 그리고 연각승은 성문승보다 지적으로 뛰어나며 깨침에서는 연각승이 성문승보다 월등할 것이다. 이 두 보살의 치명적인 결점이 바로 소리를 들음과 홀로 깨침으로 모든 교리를 오직 관념에 두고 수행정진하기 때문에 실천적 이타행이 부족하다는 것이 소승의 단점으로 드러났다. 소승불교에서는 Buddha라고 하면 오직 역사적 석가모니불만을 신봉하지만, 대승불교에서는 보살은 보편화되어 있어 누구나 궁극적 목표는 석가모니불과 동일한 성불에 있었던 것이다. 이에 대한 보편성을 『여래장』사상에서는 "일체중생실유성불(一切衆生悉有成佛)"로 나타내고 있으며, 『묘법연화경』에서는 "회삼귀일(會三歸一)"로 나타내고 있다. 이것의 최종목표는 누구나 성불할 수 있다는 일불승(一佛僧)에 두고 있다. 다시 말해서, 대승불교에서 보살이 보편화되었듯이 삼세시방(三世十方)에 수없이 많은 다불(多佛)이 존재한다고 믿었던 것이다. 예컨대, 자비를 으뜸으로 여기는 관세음보살, 비원대행을 으뜸으로 여기는 보현보살, 지혜를 으뜸으로 여기는 문수보살, 미래에 소원성취한다는 미륵보살 등의 무수한 보살이 있었다. 이러한 보살들은 Buddha와 동일하게 여겼으며 보살들을 모두 상징적인 존재로 보았다. 특히 보살에 대한 신앙에서 보면, 소승불교에서의 해탈이란, 즉 열반이라는 것은 어디까지나 남을 외면하고 자신만의 노력에 의해 성취하려 하였다. 소승불교는 석가불법에 중심을 두는 데 비해, 대승불교의 가르침은 Buddha의 보살정신과 깨달음에 있었다. 이에 대해서 대승불교 사상가들은 이러한 Buddha 삼신설(三身說)을 전개하였다. 첫째는, 화신(化身) 혹은 응신(應身)으로 자리이타의 보살정신을 심어주기 위해 지상에 태어난 역사적인 붓다를 말한다. 둘째로, 보신(報身)이다. 보살의 소원을 통해 오랜 수행 끝에 얻는 결과로서 해탈의 몸을 의미한다. 이것의 좋은 예증으로 아미타불을 들 수 있겠다. 셋째로, 법신(法身)을 말한다. 이것은 Buddha의 정신적 깨달음의 세계이다. 모든 불의 마지막 도달점이 되는 것은 진여(眞如)와 여여(如如)이며 이것을 깨닫는 정신 자체의 몸을 말한다. 대승불교에 있어서 교리상의 특색은 반야의 공사상을 바탕으로 하고 있으며, 재가 신자들의 종교적 요구에 응하여 법신역할을 하고 있으며, 작용에서는 반야의 지혜와 자비를 들 수 있겠다. 그것은 중생을 위해 오직 위로는 자기 깨달음을 완성(上求菩提)하고 아래로는 생사의 고뇌를 겪고 있는 중생들을 교화(下化衆生)하는 데 목적을 두고 있었다.

다음은 대승불교의 요체라고 할 수 있는 나가르쥬나(龍樹, 150－250)의 중관철학의 내용을 이해할 차례가 되었다. 이것을 논의해 가도록 한다.

2. 『중론』에 나타난 철학적 의미

나가르주나는 『반야심경』의 공관, 즉 일체의 모든 실상이 공(空)이며, 그들은 모두 제행무상, 제법무아의 기반 위에 고정된 실체가 없다는 사상을 이어 받아 공사상을 체계화하였다. 이것으로 인해 그의 『중론』을 중심으로 하여 중관철학이 이루어진 것이다. 그래서 그의 제자 제바(提婆, Aryadeva)에 의해 『백론』이 저술되었고, 이 『백론』은 용수의 『중론』 및 『12 문론』과 함께 중국 삼론종의 기본논저를 이루고 있으며 그는 『대지도론』을 저술하기도 하였다. 그러면 중론에 접근하여 보자.

우리는 생(生)한다는 의미를 연기설에 입각해서 더 세밀하게 논리적으로 접근해 보면 사실 아래 네 가지 대안 외에는 더 말할 수가 없다. 이들 대안을 하나하나씩 분석해 보도록 하자.

① 사물은 그 자체로부터 발생한다.
② 사물은 타자로부터 발생한다.
③ 사물은 그 자체와 타자의 모두로부터 발생한다.
④ 사물은 자체로부터 혹은 타자로부터도 발생하지 않는다.

첫째로, "사물은 그 자체로부터 발생한다."라는 명제는 단연 원인 가운데 결과가 있다는 설(因中有果說)에 해당한다. 이것은 원인 가운데 결과가 있다는 말이 된다. 다시 말해서, 이것은 원인 속에 이미 결과가 내재해 있다는 논리일 것이다. 만일, 원인과 결과가 동일하다면 인과는 성립이 불가능하다. 이것은 분명히 하나의 오류에 불과하다. 왜냐하면, 인과성(Causality)이란 두 사물 사이에 관계하고 있지만 그것이 진정한 관계를 성립시키려면 원인과 결과 사이에 차이가 있어야 하고, 한편에서 긍정되거나 부정될 수 있는 조건을 반드시 반대에서 충족할 수 있는 조건을 소지하고 있어야 한다.

예컨대, "싹은 씨앗으로부터 나온다. 혹은 씨앗의 결과가 싹이다."라는 명제가 있다고 하자. 이럴 경우, 원인과 결과가 동일하다면 싹은 커서 30㎝라고 말할 수 있지만, 씨앗은 30㎝이라고 말할 수 없을 것이다. 그러므로 원인과 결과가 동일하다는 주장은, 즉 인중유과 설에 속하며 이것은 자기모순이며 불합리한 논리가 되어 버린다.

둘째로, "사물은 타자로부터 발생한다."는 명제는 원인 가운데는 결과가 없다는 설(因中無果說)에 해당한다. 그러므로 이것은 원인과 결과가 전혀 다르다는 것을 알 수 있다. 어떠한 답변이든 의미가 있으려면 두 개의 사물 중 하나는 원인이 되고, 다른 하나는 결과가 될 때 효력이 발생한다. 한쪽이 원인이고 다른 쪽이 결과라고 제한하지 않는 말은 희론(戲論)이 되고 만다. 만일, 원인과 결과가 완전히 관계가 없다면 아무것도 생성될 수 없을 것이다. 그것은 한쪽만 고집하고 강조하는 식이 된다. 예컨대, 원인과 결과가 전혀 다르다면, "죽은 나무에 꽃이 피고, 배나무에 감을 따는 것과 다를 바 없다." 인과성은 사물과 사물이 결합하기도 하고 분리하기도 하는 두 가지 기능을 모두 갖는다. 한 측에 집착하여 독단적 주장을 가할 때, 다른 측은 배제될 수밖에 없는 불합리성을 초래하게 된다.

셋째로, "사물은 그 자체와 타자 모두로부터 발생한다."는 전제는 ①에서 자체로부터 발생한다는 논리는 이미 모순이라고 단언하였고, ②에서 타자로부터 일어난다는 이 명제는 이미 성립되지 않는다고 한 바 있다.

넷째로, "사물은 자체로부터 타자로부터도 모두 발생하지 않는다."는 전제는, 우리가 논박할 여지조차도 없다. 왜냐하면, 자체와 타자의 인과성이 각각 포기되어 있기 때문이다. 따라서 인과의 부정은, 실재가 원인과 결과로 이루어져 있는 인과 개념에 대한 변증의 실재의 부정이다. 중관학자들이 실재에 대한 논박문제는, 실재의 부정에 있는 것이 아니라 원인과 결과의 개념이 실재로서 어떤 절대적 지시 대상을 수반한다는 것을 부정하는 것이다. 용수가 여기에서 주로 사용하고 있는 방식들은 일종의 부정적인 변증으로서 제 개념들을 하나하나 부정적으로 고찰하고, 그 전제가 갖고 있는 상대적이고 자신의 모순과 오류를 드러내는 귀류법의 논증방법을 사용한 것도 이 때문이다.

1) 실체부정에 의한 중론의 성립

대승의 공을 근간으로 하여 쓰인 『중론』, 「관인연품」은 연기설에 토대를 두고 귀류법의 논리로서 여덟 가지로 부정하고 중의 도리를 드러낸다. 이것을 하나하나 고찰하여 중의 의미에 접근해 보도록 한다.

(1) 불생(不生)·불멸(不滅), (2) 불상(不常)·부단(不斷), (3) 불일(不一)·불이(不異), (4) 불거(不去)·불래(不來)(『중론』, 「관인연품」)

(1) 생한다고 하는 의미는 불가철학에서 다음 두 가지로 말할 수 있다. 하나는 자체에 의해 생하는 것(能生)과 다른 하나는, 생함에 의하여 생하는 것(所生)이 있다. 이것을 불가에서는 능생(能生) 혹은 소생(所生)이란

말로 표현한다. ① 자체의 원인(能生)이 존재해서 결과(所生)를 발생하는 것이다. 이것은 능생이 먼저 실체로 존재하는 조건하에서 나중에 결과로써 소생이 성립된다는 논리이다. ② 소생이 먼저 실체로 존재하고 난 다음 능생을 낳는다는 논리이다. 이러한 논리는 능생이든 소생이든 혹은 소생이든 능생이든 실체적인 원인이 먼저 있고 나중에 결과를 발생한다는 것이다. 불가의 연기설에는 실체(實體)와 독존(獨存)이란 말은 허용되지 않는다. 왜냐하면, 연기의 입장에서는 상대주의 혹은 상의적 존재론이니까 실체적인 개체의 독립성은 인정할 수가 없다. 그러므로 생(生)은 부정되어 불생이며 불멸이 된다.

(2) "상주하는 일도 없고 단멸하는 일도 없다."는 전제는, 인과(因果)의 일체성(一體性)을 긍정하고 상주(常住)하는 것이 된다. 예컨대, 이 경우는 씨앗과 싹의 일체성을 말하는 것이 된다. 다시 말해서, 씨앗의 원인이 결과라고 하는 논리와 동일하다. 이것은 싹을 틔움에서 싹 속에서 이미 씨앗이 존속해 있는 것이 되고, 반대로 씨앗에 있어 씨앗 자체에 싹이 상주(常住; 대상을 늘 속에 내포하고 있음)하는 것이다. 그러므로 연기설에 있어서 인에 의하여 과가 될 때는 인이 그대로 과가 되는 것은 아니므로 상주·단멸의 논리는 성립되지 않는다. 그러니까 불상이며 부단이 된다.

(3) "동일한 것이 아니고 다른 것도 아니다."란 전제는, 능생과 소생과의 관계에서 원인과 결과는 각각 이체(異體; 각각 다름)로 된다. 이것은 논박할 여지가 없다. 자체의 인과성이 포기되었기 때문에 사물이 우연적으로 발생한다는 논리가 된다. 사물이 우연히 인과성이 없이 발생한다는 것은 말장난에 불과하다. 예를 들어, "씨앗이 없어도 싹이 튼다."는 결론이 나온다. 따라서 연기설에 의하면, 인에 의하여 과가 생긴다고 할 때는 인에서 과는 이체로 생기는 것은 아니다. 그러므로 인·과는 불일이며 불이가 된다.

(4) "오는 것도 아니고 가는 것도 아니다."라는 전제는, '온다.'와 '간다.'라고 말할 때, 이것을 우리는 능작자(能作者)와 소작자(所作者) 그리고

수자(受者) 셋으로 나누어 말할 수 있다. 다시 말해서, 동작의 주체와 주체가 동작을 하기 위한 능작(能作)으로서의 사물과 동작으로 인해 받는 수자의 관계에 있다. 이 세 가지의 관계를 들어보면 남에게 보시할 경우 '주는 사람'과 '주는 물건' 그리고 '받는 사람'의 세 단계로 연결될 때 보시는 성립되는 것이다. 이것을 우리는 각각 별개의 개념으로 생각하기 쉽다. 그러므로 인과설은 성립될 수 없다. 연기설에서 거(去)와 내(來)란 상의적 관계에 있다. 그러므로 불래이며 불거가 성립한다.

나가르쥬나는 생·멸, 상·단, 일·이, 거·래의 개념들을 인과의 논리로 분석할 때, 그것은 희론에 불과하다고 설파하였다. 용수에 의하면 이러한 개념들은 우리가 모두 연기에 입각한 공(空)의 진리를 모르는 데서 온 모순이며, 습관적으로 자신의 관습에 의해 현상사물을 실제로 보는 데에서 온 것이다. 그것은, 다름 아닌 연기에 토대를 두고 공성으로 인한 개체들의 상의성(相依性)을 무시한 채, 그냥 개체와 개체의 형상만을 보면 불생·불멸, 불상·부단, 불일·불이, 불래·불거가 된다. 앞에서도 언급했지만, 불가가 주장하는 존재방식은 현상의 존재방식과는 다른 관점에 있다. 우리 언어는 개념에서 각각 별개로 여기고 있으며, 또한 분별함에서 오는 독립성으로 말미암아 진리를 왜곡시키는 일이 많다.

2) 실체의 부정과 중도의 긍정(破邪顯正)

나가르쥬나는, 세계의 제법(諸法)은 모두 공(空)하다고 주장하였다. 그것을 다음과 같이 말한다.

> "인연에 따라 생기지 않는 것은 하나도 없다. 그러므로 모든 것은 공(空)이 아닌 것이 없다."(『중론』, 「제24장, 19게」)
> "세계의 모든 법은 연하여 생기한다. 그것은 자성이 적멸한 것이다."(『중론』, 「제7장, 16게」)

　모든 실체는 자성(自性: Svabhava)이 없기 때문에 공(空)하다고 천명하였다. 그러나 공은 있는 것도 아니고 없는 것도 아닌 자성이 없이 생기(生起)하고 있는 구체세계의 실상을 그대로 드러낸 말이다. 우리의 일상적 현실은 무반성적인 기반 위에 대립차원에서 보는 습관적 관념에 있다. 이 고정적 대립관념에서 발생하는 고정 불변하는 실체는 어떤 사실이나 어떤 여건에서도 성립할 수 없다. 그러하다면, 어찌하여 구체세계가 비유(非有)·비무(非無)이면서 중도(中道)를 이루는가? 용수는 『중론』에서 이것을 단적으로 지적해주고 있다.

　　"여러 인연에 따라 생겨나는 법, 나는 그것을 공이라 한다. 또한 그것은 가명(假名)이라 하고 또한 그것을 중도(中道)라고 한다."(『중론』, 「제24장, 18게」)

　용수는 공이란 비유(非有)·비무(非無)이며 중도(中道)라고 천명한다. 공(空)은 연기의 진리에 근거를 두고 있다. 인연에 의해 상의(相依)로 생기는 법은 자성(自性)이 없다는 무자성이며, 따라서 공(空: Sunyata)인 것이다. 용수에 의하면, 범부들이 세계의 실제모습이 공이라는 것을 깨닫지 못하는 것은 우리가 소통하고 있는 언어와 언어가 지시하는 개념과 밀접한 관계에 있다고 지적한다. 즉 우리가 사용하고 있는 언어는 사물을 실재적으로 보게 하는 경향이 있고, 이 언어가 빚어내는 오류로 말미암아 사물이 각각 독립되고 고정된 의식을 갖게 되며, 실재하는 것처럼 말하고 있다. 용수는 이것에 대해, 인간의 고정된 언어의 독립성을 깨뜨리기 위해 공의 본질을 다음과 같이 말한다.

　　"만일 공하지 않는 것이 존재한다면 공한 것도 존재할 것이다. 그러나 공하지 않는 것은 존재하지 않으므로 공한 것도 존재하지 않는다."(『중론』, 「제13장, 7게」)
　　"그것은 모습이 있지 않으며, 모습이 없지도 않다. 모습이 있지 않지도 않으며, 모습이 없지 않지도 않다. 그리고 모습이 동시에 있고 없고 하지도 않다. 한 모습도 아니며, 다른 모습도 아니다. 한 모습이 아닌 것도 아니고, 다른 모습이 아닌 것도 아니며, 또한 동시에 한 모습도 다른 모습도 될 수 있는 것도 아니다.”(『대승기신론』)

　제법의 실상이 공이라고 자각하면 제상이 없는 것도 아니고 있는 것도 아니며, 즉 있는 그대로의 모습으로 각각의 이름을 갖고 존재한다는 것이다. 이러한 각각의 이름들은 『반야심경』에서 말하는 현상과 진리 또는 진리와 현상의 색즉시공 공즉시색이다. 사실 동양철학의 한 범주 중 불가철학은 현상과 진리를 서로 나누지 않고 보는 것은 정말 합리적이다. 그래서 용수는 우리 범부들이 세계의 모습을 실상 그대로 보기란 무척 힘든 일이기 때문에 이를 가명(假名)이라 하였다. 이 공(空)·가(假)·중(中)은 모두 같은 의미로 쓰이고 있다. 가명은 자성이 없는 공한 법들이 각자의 이름을 갖고 존재한다. 그러나 진리에 있어 존재의 모습은 공이지만, 현상에서는 묘유(妙有)로 존재하는 것이다. 사실 모든 존재들은 이 가명이라는 진리 자체를 외면하고 현상적 차별 세계를 절대적 실재라고 오인하여 상견(常見: Eternalism)이나 단견(斷見: Nihilism)에 빠져 진정한 중도를 모르고 고뇌 속에 허덕이는 것이다. 용수는 이러한 잘못된 견해를 바로잡기 위해 부정적 방법으로 공을 강조하였다. 이러한 실체의 실재를 부정한 것이 바로 파사(破邪)의 의미이고, 중도로써 공의 의미를 드러내려고 긍정한 표현이 바로 현정(顯正)이다.

　이 파사현정은 실체에 의해 현상세계가 성립한다고 하는 Veda학설이나 Upanisad의 논사, Samkhya학파, Vaisesika학파의 사견을 논파하는 일에서 발단하였다. 그렇게 함으로써 모든 주체와 객체, 즉 존재와 비존재, 현상과 진리의 분별을 없애고 절대적 독립적으로 존재한다는 실체를 망각하게 되고 중도의 올바른 의미를 깨닫게 된다는 것이다.

3) 세속(俗諦)과 열반(眞諦)과의 관계

용수는, 현상이 공(空)이면서도 유(有)라는 것을 『중론』에서 이렇게 말하고 있다.

> "하나는 속제이고 다른 하나는 진제이다. 이 제의 구별을 알지 못하는 사람은 불법의 진실을 이해하지 못한다. 속제에 의하지 않고는 진제를 얻을 수 없고, 진제를 깨닫지 않고는 열반을 이룰 수 없다."(『중론』, 「제24장, 8, 9게」)

우리는 이제 용수의 중론에서 이제설(二諦說)을 접하게 된다. 용수는 세속과 열반을 두 가지로 나누어 말한다. 이것이 세속(俗諦)과 열반(眞諦)이다. 여기에서 진제란 속제를 포섭하면서 사물을 존재하게 하는 그러한 원리 자체이다. 그리고 속제란 세간에 있는 모습 그대로이며 일상의 세계이다. 그러하다면, 우리는 이 진실한 진제의 세계를 무엇으로 인식할 수 있는가? 언어로 말할 수 있을까? 그것은 아닐 것이다. 이는 일상적 언어 개념을 초탈하고 무차별의 공상에서 해탈과 초월을 꿰뚫어보는 반야(般若, Prajna)의 지혜로만 가능한 것이다. 위의 중론 89게에서 말하고 있듯이, 나가르쥬나는 이러한 세간의 속제를 부정하지 않았다. 오히려 그는 세간의 속제에서 공의 진리인 진제를 얻기 위한 방편이나 수단으로 여겨 왔다. 사실, 진제의 입장에서 본다면, 속제는 진리가 엄폐해 있는 것 같이 보일지 모르지만 오히려, 우리가 언어로써 긍정과 부정을 나타내는 철학적인 모든 작업들은 다름 아닌 속제에서 이루어지고 있다. 그러므로 그는 속제에 의하지 않고는 진제를 얻을 수 없고, 진제를 깨닫지 않고는 자유와 해탈을 이룰 수 없다는 것이다. 모든 불교교설들은 이 속제를 방편으로 할 때, 진제의 깨달음은 다가오는 것이다. 그러므로 진제와 속제는 두 개의 대립이나 분리 영역이 아니라, 서로 포섭하고 포괄하는 상즉상입(相卽相入)관계로 보는 것이 합리적일 것이다.

진제의 세계는 해탈과 생사, 참과 거짓, 진여와 생멸, 일(一)과 다(多), 공(空)과 유(有), 불타와 중생, 그것들은 세간의 언어영역을 넘어서 있으며, 공마저도 부정하는 진여 혹은 여여는 무차별이며 무분별의 세계인 것이다. 다시 말해서, 그것은 이원적 대립을 초월해 있는 절대불이의 세계이다. 그러나 진여인 공의 세계는 모든 삼라만상의 차별상을 포섭하고 있는 묘유의 세계이기도 하다. 용수는 이 묘유의 세계를 근간으로 하여 세속(俗諦)으로부터 열반(眞諦)의 참된 지혜를 얻으려고 묘유(妙有)에서 공(空)의 일원적 중론(中論)을 전개했던 것이다.

3. 묘법연화경 사상

1) 묘법연화경에 나타난 일불승(一佛乘)의 의미

『법화경』은 산스크리트어로 『묘법연화경, Saddharma -pundarikasutra』이다. 나집 역 『묘법연화경』과 축법호 『정법연화경』에는 삿다르마(saddharma)는 묘법 혹은 정법이다. 푼다리카는 화(華)로 번역되며 원래는 인도 아열대 기후에서 피고 있는 연꽃을 말한다. 이것을 원어로 『묘법연화경』 혹은 『법화경』이라고 한다. 이 『묘법연화경』은 전체가 28품으로 구성되어 있다. 그것은 전반 14품과 후반 14품으로 짜여져 있다. 전반 14품은 「서품」제1에서 「안락행품」제14까지이다. 이것은 방편품을 중심으로 구성된 적문과 「용출품」제15에서 「권발품」제28까지 수량품을 중심으로 구성된 것이 본문이다. 다시 말해서, 전반 14품, 즉 적문은 인도에서 도를 이룬 시성정각(始成正覺)의 불(佛)을 강조한 점에서 말하고 있다. 그 중심 불법은 「방편품」제2에 있으며, 제법실상과 십여시(十如是)로 부처만이 발견할 수 있는 지혜라고 밝힘과 동시에 모든 중생이 모두 불성을 소유하고 있음을 설파하고 있다. 이것이 방편의 요지인 개삼현일(開三顯一)이다. 그리고 법화경 본문은 석존이 옛날에 성도하였다는 구원오백진점겁의 구원실성을 밝힌 것이다. 그 중심 사상은 「수량품」제16에 있고, 석존자신의 구원오백진점겁의 옛적에 성도하였다는 구원실성을 밝히고 개권현실(開權顯實)로 설하면서 성불의 모습을 보여주고 있다. 이는 「신력품」에서 지용의 보살에게 별도로 부속하고 있다.

법화경은 주로 회삼귀일, 유유일불승(唯有一佛乘)으로 법화경에 나오는 어법 그대로 성문, 연각, 보살이라는 3승의 수행자들이 한결같이 일불승의 방편으로, 즉 개삼현일로 회향되어야 한다는 것을 가르친다. 『유마경』이나 다른 경전에는 성문승은 성불의 시기를 부정적으로 보고 있지만, 이 일승을 주장하고 있는 『법화경』은 성문승이나 연각승도 불의 대비(大悲)에는 제한함이 없고, 일승(一乘)의 정신으로 양자를 통합하는 포괄적인 입장에 있다. 그러므로 성문, 연각, 보살의 수행자가 제각기 수행하는 방법은 다를지라도 종국에 가서는 모두가 평등하게 성불할 수 있다는 것이 방편품의 전체 취지이기도 하다. 이것이 바로 불성상주(佛性常住)인 것이다.

후반 14품은 주로 부처의 영원한 생명과 불신사상에 대해 설명하고 있다. 이것은 『묘법연화경』에만 나오는 전문 용어로서 부처의 몸을 세 가지로 이해하려는, 즉 삼신설의 법신·보신·화신이다. 이 삼신설은 부처가 세상에 출현하는 목적을 분명히 밝히고 있다. 그것은 다음과 같다

"사리불이여! 석존은 오직 일대사 인연을 가진 고로 세상에 출현하였습니다. 석존은 중생으로 하여금 불지견을 열게 하여(開) 청정함을 얻게 하고자 하는 고로 세상에 출현하였으며, 중생으로 하여금 불지견을 보여주고자(示) 하는 고로 세상에 출현하였으며, 중생으로 하여금 불지견을 깨닫게 하고자(悟) 하는 고로 세상에 출현하였으며, 중생으로 하여금 불지견의 길에 들어가게 하고자(入) 하는 고로 세상에 출현하였느니라."(『묘법연화경』, 「방편품, 2」)

석존의 일생을 일대사인연(一大事因緣)으로 세상에 출현할 목적을 밝힌 것이 바로, 개(開)·시(示)·오(悟)·입(入)이다. 이것은 석존이 중생에게 불지견을 열어 진실한 피안의 행복경애에로 나아가기 위한 것을 근본목적으로 삼고 있다. 이 개·시·오·입은 인간의 삶의 자세에서 여러 가지 고난에 부딪쳤을 때 스스로 자신의 생명을 비하하지 않고, 스스로 자신을 증상만에 빠지지 않게 하며, 개·시·오·입의 자세를 확립하여 번뇌를 극복하고 확고부동한 행복경애에 들어가게 하는 것을 가르친다.

그러므로 이에 대해 『묘법연화경』은 "법화7유"를 방편으로 불타의 지견(知見)을 열고, 보이고, 깨닫게 하고, 불지견의 길에 들어가게 하여 중생이 올바른 불 신관을 확립할 수 있도록 하기 위해 하였던 것이다. 그 후 『법화경』은 인도에서 중국으로 유입되어 천태대사(智顗, 538-597)에 의하여 『마하지관(摩訶止觀)』과 『천태사교의(天台四敎義)』의 교판을 토대로 천태종이 설립되었다. 이 천태종은, 세계는 모든 중생의 일념 속에 넓은 삼천 세계가 간직되어 있다는 일념삼천론을 근본적 세계이론으로 세우고 발전해 갔다.

2) 일념은 삼천세계를 갖춘다는 철리(一念三千論)

일념삼천은 일념 가운데 삼천의 세계가 갖추어진다는 근본적인 세계 이론이다. 일념은 단순한 생각이나 정신 혹은 관념이 아니고, 불법에서 말하는 물질과 마음(色·心), 환경과 주체(依·正), 원인과 결과(因·果), 선과 악(善·惡), 과거·현재·미래(三世)를 하나로 포괄하는 일념(一念)이다. 이 일념이 삼천 세계를 갖춘다는 것은, 즉 일심이 십법계를 갖추고 각각의 십법계는 다시 십법계를 갖추며, 그 속의 일법계가 십여시를 갖추니 백법계, 즉 천여시가 된다. 여기에다 세 종류의 삼 세간을 곱하면 삼천이 되는 것이다. 이 내용에 대한 인용문은 지의(智顗, 천태대사, 538-598)의 주장에서 잘 나타나고 있다.

"일심이 십법계를 갖춘다. 그리고 십법계는 또 나시 각각 십법계를 갖춘다. 그러면 백법계가 된다. 다시 백법계에 각각 십여시를 갖추니 천여시가 된다. 그 다음 이 천여시에서 삼 세간을 갖춘다. 그러므로 삼천 세계가 된다. 이 삼천 세간은 일념에 있다. 마음이 없다면 모르지만 마음이 있다면 삼천 세간을 갖춘다."(『마하지관』)

위의 나온 내용을 다시 검토해 보면, 『묘법연화경』에서, 십법계는 지옥계, 아귀계, 축생계, 수라계, 인계, 천계, 성문계, 연각계, 보살계, 불계를 말한다. 앞에서부터 여섯 가지를 육도 중생이라고 하고, 이것이 윤회하는 세계가 바로 현상세계이다. 그리고 성문, 연각, 보살은 대승불교의 삼승이다. 천태대사 지의는 이 육도와 삼승에 불계를 더하여 십계를 제창하였다. 이는 불교 법화사상에 근거로 해서 인간내부에 내재되어 있는 성구(性具)의 가치를 일승(一乘)으로 끌어올리자는 것이었다. 따라서 이 십계는 다시 십계를 내재하고 있다. 인간계도 십계가 존재하고, 지옥계도 십계가 존재하며, 불계도 십계가 존재한다. 아무리 훌륭한 사람이라도 선한 마음과 악한 마음이 존재하고, 아무리 악한 사람이라도 선한 마음과 악한 마음이 동시에 존재한다. 또 일계가 십여시를 갖추고 있다. 이 제법의 십여시(十如是)는 여시상, 여시성, 여시체, 여시역, 여시작, 여시인, 여시연, 여시과, 여시보, 여시본말구경 등의 열 가지이다. 상(相)은 외계의 형상을 말하고, 성(性)은 내부의 본성, 체(體)는 사물의 주체, 역(力)은 잠재적인 힘과 작용, 작(作)은 구조, 인(因)은 직접적인 원인, 연(緣)은 간접적인 원인, 과(果)는 직접적인 원인의 결과, 보(報)는 간접적인 원인의 결과, 본말구경(本末究竟)은 형상(形相)의 본말에서 구경(究竟)까지를 포괄하는 평등의 이법(理法)이다. 그리고 삼 세간은 오음세간, 중생세간, 국토세간이다. 오음세간은 세계를 구성하는 구성요소를 말하고, 중생세간은 주체의 인간과 생물을 말하고, 국토세간은 인간과 생물이 활동하는 환경을 말한다.

3) 방편(方便)을 이용한 중생교화

『묘법연화경』은 비유법을 사용하여 중생을 교화하였다. 방편이라는 것은 평상적인 방식을 깨뜨리고 무언가 중대한 설법이 진행됨을 예상케 한다. 이것은 제불이 달도한 지혜가 너무나 깊어서 중생으로서는 사려가 미치지 않아 사용하는 구극의 대 선언이다. 불전에서 비유는 범어로는 Upama를 한역한 것이다. 대승불교에서 비유법의 교화는 가장 대중적이면서 차원 높은 수단이다. 『법화경』은 법화7유로 구성되어 있다.

그리고 구마라십 역의 『묘법연화경』에는 ① 화택유(비유품), ② 궁자유(신해품), ③ 약초유, 운우유(약초유품), ④ 화성유(화성유품), ⑤ 의주유(오백제자수기품), ⑥ 계주유(안락행품), ⑦ 의자유(수량품) 등의 비유들이 법화경의 많은 장을 차지하면서 교화정신으로 출현하고 있다. 이것을 하나하나 짚으며 그 철학적 의미를 논의해 보고자 한다.

(1) 삼거화택유(三車火宅喩)

불타가 사리불에게 수기하고 나서 화택유를 설한다. 불이 타고 있는 집 속에 세 아이들을 구제하기 위하여 아이들이 좋아하는 양거(羊車)·녹거(鹿車)·우거(牛車)를 이용하여 중생을 교화함에 선교방편으로 사용하고 있다. 이 방편이 무엇을 비유하고 있으며, 우리는 그 비유품에서 얻는 일불승이 무엇을 의미하는가를 잘 생각해 볼 필요가 있겠다. 이것을 다음과 같이 말한다.

> "어느 곳에 돈이 많은 장자가 살았는데, 장자의 재산은 무궁무진하였다. 그는 집이 광대하였고 출입하는 대문은 오직 단 한곳뿐이었다.
> 그 속에서 많은 식구들이 함께 생활하고 있던 어느 날, 갑자기 불이 나서 집이 타기 시작하였다. 장자는 성급히 자신은 무사히 빠져 나올 수 있었지만,

철없는 아들들을 어떻게 불 속에서 구해낼까 히는 생각뿐이었다. 불이 났으므로 나와야 한다는 말에도 아랑곳없이 놀이에 정신이 팔린 아이들을 구할 대책을 생각하던 중, 갑자기 머리에 떠오른 한 생각이 있었다. 그리하여 아이들이 좋아할 만한 장난감인 양거(羊車)·녹거(鹿車)·우거(牛車)를 보이며, 불타고 있는 집에서 뛰어나온다면 원하는 대로 나누어주겠다고 하였다. 아이들은 서로 다투어 그 수레들을 갖고자 하는 마음으로 불타는 집에서 뛰어나왔다. 그리하여 무사히 살아 나온 아이들이 저마다 아버지에게 약속을 지킬 것을 말하자, 똑같이 대백우거(大白牛車)를 나누어주었다. 평등한 마음으로 차별하지 않고 건네주자, 아이들은 그들이 원래 생각해 보지 못했던 대백우거를 타고 더 없는 큰 기쁨을 얻게 되었다."(『묘법연화경』, 「비유품」)

(2) 장자궁자유(長子窮子喩)

『묘법연화경』, 「신해품」에서, 석존의 사대 제자인 가섭, 수보리, 목건연, 가전연들이 석존이 사리불에게 수기(受記)하심을 보고, 설법에 기뻐하며 다음과 같이 비유를 들어올린다.

"어릴 적에 아버지를 버리고 도망하여 딴 곳에서 수십여 년이 되도록 살다가 가난하고 늙어감에 따라 이리저리 의식을 구하러 다니던 한 궁자(窮子)가 본국에 들어오게 되었다. 그의 아버지는 아들을 찾아 헤매었으나 찾지 못했고, 그는 장자(長者)가 되어 있었다. 그러던 어느 날 궁자가 우연히 그의 아버지인 장자의 집 앞에 와서 그 안에 여러 가지 장식으로 화려하게 꾸미고 앉아 있는 장자를 보고 자기 아버지인 줄도 모르고, 그만 두렵고 무서운 공포심이 일어나 도망치려 하였다. 이때 장자는 얼른 아들을 알아보고 기뻐하여 급히 사람을 보내어 데려오도록 하였으나 영문도 모르는 궁자는 겁에 질려 거절하고 말았다. 궁자는 그곳을 나오자마자 가난한 동네로 가서 전처럼 의식을 구걸하는 수밖에 없었다. 이때 장자는 방편으로 초라한 두 사람을 보내어 아들과 함께 지내다가 두 배의 품삯을 주는 일을 하도록 권하였다. 그리하여 궁자는 거름치는 일을 하게 되었다. 장자는 아들을 불쌍히 여겨 어느 날, 남루하고 냄새나는 옷으로 갈아입고서 궁자에게 접근하여 열심히 일하면 품삯을 더 주겠다고 말하며, 스스로 마음을 편안히 먹고 아버지같이 여겨 달라고 조용히 타일렀다. 이렇게 20년을 두고 행동하자, 그들은 서로 믿고 친해졌고 거처에 출입도 어렵지 않게 되었다. 그때 장자가 병이 들어 스스로 죽을 날이 멀지 않다는 것을 알고서, 궁자를 불러 모든 진귀한 보물과 창고를 맡겼으나 아들은 조금도 쟁취할 생각이 없었다. 장자가 임종할 때를 당하자, 그 아들에게 분부하여 친족, 국왕, 귀족 등을 다 모이도록 한 다음에 궁자가 바로 장자의 아들임을 선언하면서 지난 일을 처음부터 끝까지 설명한 다음, 모든 재물은 모두 아들의 소유이며, 그 전에 출납한 것도 모두 아들이 맡아야 할 것임을 당부하였다. 이에 궁자는 크게 기뻐한다.”(『묘법연화경』, 「신해품, 4」)

(3) 약초유(藥草喩)

이 약초유는 『묘법연화경』, 「약초유품」 가운데 나오는 비유로서, 석존이 마하가섭에게 이야기하는 내용이다. 비유하자면, 삼천 대천 세계의 산천계곡과 땅 위에 나는 온갖 초목과 수풀과 약초들의 종류가 가지각색인데 저마다 빛깔과 이름이 다르므로 하늘에 가득한 구름이 삼천 대천 세계를 덮어 일시에 큰비가 내려 약초를 고루 적신다. 이 약초들은 비를 맞지만 그 종류와 성질에 따라 자라며 꽃과 열매를 맺는 것이다. 비록 같은 땅에 나고 같은 비에 젖지만 모든 초목에는 각각 차별이 있음을 비유한 것이다.

(4) 화성유(化城喩)

이 화성유는 「화성유품, 7」에 있는 비유이다. 한 총명하고 지혜 있는 사람이 많은 사람들을 인솔하여 오백유순(五百由旬)의 험난한 길을 지나 진귀한 보물이 있는 곳으로 가는 중이다. 따라가던 사람들은 절반쯤 가다가 중도에 지친 나머지 못 가겠으니 그만 되돌아가자고 하였다. 방편에 능한 그분은 도중에다 거짓 성을 만들어 놓고 그 안에서 마음껏 쉬도록 하였다. 그러나 따르던 사람들이 화성에 들어와서는 이미 목적지에 도달했다는 기분으로 마음을 놓으려 하자, 그 지도자는 그들이 충분한 휴식을 취해 피곤함이

가심을 알고 거짓 화성을 부쉬 버렸다. 그리고 여러 사람들에게 보배가 있는 곳은 멀지 않는 곳에 있으니 어서 그곳으로 가자고 강조하는 비유이다.

(5) 의주유(衣珠喩)

의주의 비유는, 「오백제자수기품」에서 부루나는 석존이 지혜 방편으로 인간의 기근에 따라 화성유를 설하심에 매우 기뻐한다. 그때 불타께서는 부루나의 많은 공덕을 여러 비구들에게 칭찬한 다음 수기하기로 결정하였다. 그리고 마하가섭과 천이백 아라한들에게 차례로 수기해 주겠다고 약속한 다음, 먼저 오백 아라한에게 수기해 준다. 그러자 모두 기뻐하는 가운데 의주유가 나온다. 이것의 비유는 이러하다.

> "어떤 가난한 사람이 술에 취하여 친한 친구 집에 가서 누웠다. 마침 그때 친구는 다른 일로 먼 길을 떠나야 했다. 만취되어 누워 있는 친구에게 알릴 수가 없으므로 값진 진주보석을 그의 옷 속에 매달아 주고 떠났다. 그러자 술이 깬 다음날, 그 친구는 전날에 일어난 일을 알 리가 없었다. 그는 다시 의 · 식을 얻기 위하여 거리에 구걸하러 나왔다. 그 후, 그 친한 친구를 우연히 만나게 되었다. 그 친구가 말하기를, '자네는 왜 이렇게 구걸만 하고 다니느냐고 꾸짖으면서, 옷 속에 진주보석이 있음을 알지 못하고 매일 가가호호 구걸하며 괴로워하니 참으로 어리석구나!'라고 하면서, 그 보배를 팔아서 쓰면 정말 행복할 것이라고 가르쳐 준다."(『묘법연화경』, 「오백제자수기품, 8」)

(6) 계주유(髻珠喩)

이 계주유는 「안락행품」에 나오는 비유이다. 강력한 전륜성왕이 위세를 떨치고 여러 나라를 정복하려 할 때, 소왕들과 전륜성왕과의 대화이다. 왕은 병사들 가운데 싸움에 공훈이 있는 자를 보면 크게 기뻐하여 공에 따라 전택이나 읍성을 주고, 혹은 의복과 보옥, 금은보화, 그리고 코끼리와 마차, 노비, 인민을 주었다. 그러나 유일하게 상투 안의 간직한 명주(明珠)만은 주는 일이 없었다. 왜냐하면, 오직 전륜성왕의 머리 위에만 이 구슬이 있기 때문에 만약 이것을 준다면 왕의 일족들이 반드시 놀라고 의심하기 때문이다.

(7) 의자유(醫子喩)

이 의자유는 「여래수량품」에 나오는 비유로서, 명석한 의사에게 여러 아들이 있었는데 그는 선약으로 말미암아 타국에 가게 되었다. 그런데, 그 사이에 철모르는 아들들이 그만 독약을 먹고 독 기운이 몸에 퍼져 고통스러워할 때, 겨우 아버지가 집에 도착하게 되었다. 아들들은 정신을 잃고 아버지에게 빨리 생명을 구해달라고 간구하였다. 아버지는 아들들에게 약을 주니 약을 받아먹고 나은 아들도 있었으나, 몹시 심하게 중독된 아들은 약을 먹으려 하지 않았다. 그 다음 의사의 방편으로, 아들들을 위하여 아버지는 약을 조제해 놓고 다시 타국으로 건너가 다른 사람을 시켜, 자신이 세상을 떠났다고 아들에게 전해 달라 하였다. 이 소식을 들은 아이들은 아버지의 사망을 슬퍼하면서 번쩍 마음의 눈을 떴다. 그러자 독이 퍼진 온몸이 갑자기 완쾌되었다. 이때 아버지는 아들들의 병이 모두 나았다는 말을 듣고 기뻐하며 다시 고국으로 돌아와 아이들을 만나는 비유이다.

(8) 그 밖의 비유

그 밖의 비유는 「법사품」 중에서, 목이 말라 물을 구하는 사람이 있다고 하자. 그가 고원에서 우물을 파서 물을 찾으려 하고 있을 때,

> "굴착공사를 하면서 계속 마른 흙이 나오면 아직 물이 나오지 않는다는 것을 알고, 젖은 흙이 나오면 마침내 내심으로 물이 가까이 있음을 확신케 될 것이다. 보살의 수행도 또한 이와 같다. 즉 『법화경』을 듣지도 못하고

아직 이해도 못하고 또 배우려고도 하지 않는 사람은 '아뇩다라삼막삼보리'
에서 거리가 멀리 있음을 알아야 한다."(『묘법연화경』, 제7, 「법행품」)

『법화경』에서 출현하는 모든 비유는 바로 불타가 중생을 교화하려는 요
체라고 할 수 있다. 전술했듯이, 칠유로 대표하고 있는 법화경의 비유는
모두 일승으로 회향하려는 교화정신이며, 그것은 모두 다양한 방편으로
이용하고 있다는 것이 주된 안목이다.

처음 화택유를 보면, 화택에 머물고 있는 아이들을 불 속에서 끌어내기
위하여 아버지는 양·사슴·소가 끄는 세 개의 수레를 주겠다고 하며, 이
삼승으로 인해 아들들을 불 속에서 나오도록 방편을 사용한다. 여기에서
양이 끄는 수레는 성문이며, 사슴이 끄는 수레는 연각이다. 그리고 소가
끄는 수레는 보살로 상징하는 삼승을 의미한다. 그리고 아버지인 부처가
아들에게 주려는 것은 과연 무엇을 의미하는가? 불은 양·사슴·소의 세
수레, 즉 성문·연각·보살의 삼승의 수레를 중생에게 주려는 의도는 절대
아니다. 아버지인 부처가 아들인 중생에게 주려 한 것은 궁극적으로 이 세
수레 중 일승의 대백우거(大白牛車)인 보살승인 것이다. 이 보살승의 일승
사상은 법화경의 회삼귀일·개삼현일·개권현실을 골간으로 하고 있다. 이
것은 어떤 특정한 사람에게만 지혜가 국한되어 있는 것이 아니라 일체 중
생에게 일체지가 절대 평등하다는 것이다. 나머지 세 수레는 단지 하나의
방편이었을 따름이다. 여기서 불타가 번뇌·망상에 사로잡혀 있는 중생들
에게 궁극적으로 심어 주려는 철학은 일시적 방편을 떠나 일체중생을 영
원히 행복경애로 이끌기 위한 일불승(一乘佛)의 교화정신을 엿볼 수 있다.

다음으로 궁자유에서 알 수 있는 것은, 장자는 부처이고 궁자는 중생으
로 비유된다. 중생들이 현실의 삶에서 자신의 한계를 넘지 못하고, 자신은
부처가 될 수 없다는 무지에서 그것을 지적한 것이다. 이것은, 밝은 삶에
있는 장자는 무지의 삶에서 허덕이는 궁자의 삶을 밝은 삶으로 전환하도

록 촉구하고 있다.

이러한 비유의 가르침을 통하여 중생들이 스스로 집착의 굴레를 벗어날 때, 중생의 내면에 불성이 내재해 있음을 알게 되고, 이 불성은 그대로 자비로 나타남을 일깨워 주는 것이다. 그 다음, 의주유의 비유는 남을 위해 보시하는 것, 선을 베푸는 것에 속한다. 친구의 옷이 남루하고 궁핍해 보이는 것을 알아차리고 의주를 몰래 보시한다. 밤낮으로 술에 찌든 그 친구는 자기에게 무엇을 해 주었는지도 알아차릴 리 없다. 그리하여 그의 친구가 말하기를, "내가 너의 옷깃 안에 달아 준 진주보석은 어찌하고 이렇게 구걸만 하려 다니느냐?"라고 하는 강력한 반문에서 불(佛)의 정신이 현현하고 있다. 진주보석이 가장 가까운 자기 안에 있듯이, 불성(佛性)도 반드시 자기와 멀리 떨어진 먼 곳에서 찾아 헤매서는 안 된다는 중요한 교화이다. 그러므로 옷 속에 감추어진 보주를 방편으로 하여 대승불교의 중생이 곧 부처라는 일체중생실유불성을 일깨워 주는 것이라 하겠다. 그 다음 약초유에서 보면, 불타가 내리는 자비는 하늘의 비로 비유되어 무량 무변함을 말하고 있다. 하늘에서 내리는 비는 동일하지만 초목들이 똑같이 비를 맞고 초목의 크기에 따라 대, 중, 소의 차별이 있게 된다. 불타의 자비와 교화는 비처럼 끊임없이 내리는데, 중생들은 기근에 따라 제한되기 때문에, 이것을 깨우쳐 주기 위한 방편이 바로 약초유라는 것이다. 우리가 위에서 주지하듯이, 『법화경』에서 불타가 중생을 교화하려는 방편적 비유는 다채롭고 무척 깊다. 왜냐하면, 불타의 화택유에서는 아버지로, 장자와 궁자에는 자비의 마음으로, 약초유에서는 하늘의 비로, 의자유에서는 병을 고쳐주는 의사로써 다양한 비유를 제시하고 있기 때문이다. 여기에서 『법화경』 속에 모든 비유와 방편은 오직 중생교화로 귀결되고, 그 교화는 다시 대승불교에서 중생을 위한 사무량심(四無量心)으로 전환하고 있는 것이다.

4. 화엄철학과 사상

Buddha가 열반한 지 7일 동안 해인삼매에 들어 고뇌의 해탈락을 누린다. 이 광경을 기록한 것이 『대방광불화엄경』이다. 중국불교에서는 이 『대방광불화엄경』을 중심으로 하여 수행하는 종파를 화엄종이라고 하였다. 이 화엄종의 계보를 본다면 두순(杜順, 557-640)으로부터 지엄(智儼, 602-668)에 이어지고 의상(義湘, 625-702)에서 법장(法藏, 643-712)으로 이어지고 징관(澄觀, 738-819)에서 종밀(宗密, 780-814)로 이어진다.

화엄종은 불타의 깨달음의 세계를 비로자나(Viarocana), 즉 광명편조(光明遍照: 지혜의 큰 바다는 광명이 골고루 비추고 있으며 무한함) 밀교에서는 대일여래(大日如來)의 세계로서 그것을 상징적으로 나타내고 있다. 이 '비로자나불'이라는 것은 한편으로는 무량한 공덕보이며, 다른 한편으로는 중생을 교화하여 모두 정각을 이루게 하는 데 있었다. 화엄종의 교설은 중중무진(重重無盡) 법계연기로 이루어져 있고, 이 교설을 펴기 위한 방편으로는 십현연기설, 사법계설이 중추를 이루고 있다. 먼저 십현연기설부터 논의하기로 한다.

1) 화엄철학의 십현연기설(十玄緣起說)

(1) 동시구족상응문(同時具足相應門)

동시구족상응문(同時具足相應門)은 십현연기의 전체적 의미를 포괄하고 있기 때문에 맨 처음에 위치하게 하고 있다. 이 열 가지 법은 일체의 연기 관계를 이루고 있으며 하나의 사물이 다른 사물을 다른 사물이 하나의 사물을 동시에 포섭하고 있음을 밝히는 것이다. 이 열 가지는 다음과 같다.

"첫 번째는 교의를 말하는데, 이것은 불교에서 이론체계 전반이다. 두 번째는 원리와 현상이고, 세 번째는 종교적 인식과 실천이며, 네 번째는 인법에 있어서는 반드시 원인과 결과로 이루어지고, 다섯 번째는 주관과 객관의 관계이며, 여섯 번째는 모든 불교의 수행에 있어서 경계와 지위의 분별이고, 일곱 번째는 스승과 제자, 즉 교법과 그 교법에서 얻어지는 지혜이며, 여덟 번째는 주체와 객체에서 과보로 받는 환경과 신체이고, 아홉 번째는 모든 상이한 자에게 동일한 가르침을 주는 것이며, 열 번째는 체와 용이 순역의 작용으로 말미암아 모든 존재들이 자유자재하는 것을 말한다."(『화엄일승교의분제 장』, 「권4, 上, p.505.」)

이상과 같이 열 가지 법을 말하는 것으로 이 법은 각자 별개로 있는 것이 아니고, 동시에 서로서로 상즉(相卽, Mutual−identity)과 상입(相入, Mutual−penetration)하여 하나로 회통한다는 것이다.

(2) 일다상용부동문(一多相容不同門)

일다상용부동문(一多相容不同門)이란 일(一)과 다(多)의 체가 서로서로 포섭하고 무애(無碍)하다고 하는 연기관법이다. 따라서 법장은 다음과 같이 설명한다.

"이른바 하나(一)란 자성을 가진 단독의 하나가 아니고, 사물과 사물 간의 연기로 인한 하나이다. 만일 그것이 자성을 가진 하나라면, 그것은 다른 것으로부터 분리되고 자족되어 하나라고 할 수 없다. 따라서 만약에 하나라는 것이 무자성이 아닌 자성에 의해 존재한다고 하면, 그것은 연기의 부정이며, 용어조차도 무의미하고, 허위이고, 임의적으로 세운 하나가 된다. 진실로 의미 있는 하나라는 것은, 연기관계에 의한 하나이여야 하고, 다에 의해 포섭되고, 다와 동일한 하나이어야 한다."(『대정장경』, 「상, 권42, p.503」)

이것을 철학적 입장에서 드러낸다면, 주관과 객관의 합치되는 경지, 즉 불타의 인식은 아집과 법집을 모두 끊어버리고, 대상의 허망성을 인식함으로 외계의 대상이 없다는 것이다. 이렇게 주관과 객관이 일치된 경지가 바로 일즉일체(一卽一切)이다. 다시 말해서, 현상세계 측면에서 본다면, 현상을 떠나서는 본체는 본체로서 존재구실을 할 수 없기 때문에 둘일 수밖에 없다. 이와는 반대로, 본체 측면에서 본다면, 모든 것이 본체 속에 상용하기 때문에 하나일 뿐이다. 그러므로 일다상용부동문이 의미하고 있는 것은 본체와 현상이 스스로 일즉일체를 이루고, 그로 인해 그들은 그들 나름대로 거리낌 없는 세계를 이루고 있음을 알 수 있다.

(3) 제법상즉자재문(諸法相卽自在門)

제법상즉자재문(諸法相卽自在門)이란 제법이 상즉하고 자재한 것은 법의 본성이 공하기 때문이다. 그러므로 "공성이 무자성이므로 유라고 할 수 없고, 공 또한 공이므로 공이라고 할 수 없다."(『대정장경』, 「권42, 상, p.7」)라고 하였다. 반대로, 모든 법이 자기 나름대로 불공이라면 서로 자재하게 존재하지도 않을뿐더러 자성관계로 인해 융합되지도 않을 것이다. 이것을 논증하기 위해 법장은 이것을 분명히 언급하고 있다.

> "일즉일체(一卽一切)이기 때문에 한 개체에 전체가 간직되어 있다."(『불교대장경』, 「제68책」)

(4) 비밀은현구성문(秘密隱顯俱成門)

비밀은현구성문(秘密隱顯俱成門)은 은과 현이 함께 비밀히 이루어진다는 설이다. 하나의 사물과 수많은 사물들이 감춰짐과 나타남의 존재방식으로 서로서로 연기에 의하여 선후가 없다는 것이다. 예를 들면, 현상에 존재하는 것은 연기설에 의하여 형상화되면 곧 상대적인 것이 된다. 세상

의 어떤 물체도 관념도 모두 그 상대성을 갖고 함께 갖추어지며, 모두 은
·현으로 이루어진다. 법장은 은·현을 설명하기 위해, 삼매의 경지와 중
생을 교화하는 모습을 『화엄경』에서 그것을 잘 대변해 주고 있다.

> "삼매에 들어감을 보는 현실은 분명한 일이므로 그것을 현(顯)이라고 하
> 고, 저기에서 삼매의 일어남은 비록 보이지는 않더라도 이루어지니 그것은
> 은(隱)이다."(『불교대장경』, 「중, 권45, p.506」)

> "미래에 부처가 될 것이라고 수기로 드러나게 해주는 것은 현이고, 수기
> 를 감추어 비밀리에 주는 것은 은이다. 또 모든 중생을 교화하므로 한 환경
> 에서 교화하는 모습이 드러나므로 현이고 다른 환경에서 교화함이 보이지
> 않으므로 은이 된다.(『불교대장경』, 「중, 권45, p.506」)

위에서 언급했듯이 우리들의 관념이나 수행 자체도 자신과 타인, 본체
와 대상의 은·현으로 은밀히 이루어지고 있음을 알 수 있겠다.

(5) 미세상용안립문(微細相容安立門)

미세상용안립문(微細相容安立門)은, 인간은 이해 영역이 한정되어 있고,
자신이 집착한 부분에는 최대의 관심을 보이지만, 인간의 능력 외에 무한
하고 극미한 부분에는 극히 무관심한 것이다. 그러나 무한한 세계는 극미
(極微)의 세계를 자신 안에 포섭하고, 이들은 다시 극미한 세계 속에 무
한세계를 포용한다는 문이다. 그러한 예로 일(一)과 다(多), 대(大)와 소
(小)는 서로 포섭하고 있는 원융무애한 관계에 있다.

(6) 인다라망경계문(因陀羅網境界門)

인다라망경계문(因陀羅網境界門)은 『화엄경』에서 천상의 인드라 궁전에
매단 보석에 비유하고 있다. 인드라 궁전 천정에는 무수한 보석들이 매달

려 있다. 그것은 가로 세로 그물모양을 이루면서 여러 형태로 짜여 있다. 빛이 반사할 때마다 일체의 보석들은 현상의 대지와 대양을 비롯하여 전 우주를 반사한다. 동시에 일체의 보석은 보석끼리 빠짐없이 반사하여 모든 상을 그려내는 데 끝이 없다는 중중무진(重重無盡)의 세계로 표현된다. 하나의 보석은 다른 보석을 포용하고, 다른 보석은 또 하나의 보석들을 포용하여 중중무진하여 무애한 세계를 이룬다는 것이다.

(7) 제장순잡구덕문(諸藏純雜具德門)

제장순잡구덕문(諸藏純雜具德門)은 의미상에서 제장은 모든 공덕이 감추어져 있다는 의미이고, 이 제장에 순잡(純雜)으로 덕이 갖추어져 있다는 것이다. 이것은 여러 수행 중에서 하나를 선택하여 집중적으로 삼매하므로 그것은 순이고, 이것이 이루어지면 다른 공덕도 더불어 이루어진다. 이것이 바로 잡이다. 이는 수행하는 사람의 관점에서 공덕을 일즉일체(一卽一切) 혹은 일즉다(一卽多)로 설명한 것이다. 우리가 중생을 교화하기 위해서 육바라밀다를 실천하는 일, 즉 보시를 행한다면, 이것은 하나의 수행이다. 이것은 일차적 수행에서 오는 공덕이 순(純)이라고 말한다면, 그에 따라 다른 수행에서 더불어 오는 공덕을 잡(雜)이라고 한다. 이 순잡구덕을 다음과 같이 말한다.

> "하나의 수행공덕으로 말미암아 다른 수행공덕을 간직한다는 것이다."(『대정장경』, 「권45, 하, p.506」)

(8) 십세격법이성문(十世隔法異成門)

십세격법이성문(十世隔法異成門)이란 "한순간은 백천대겁과 상통하며, 이 대겁 또한 한순간을 융섭한다."(『대정장경』, 「권45, 하, p.506」)라고 하였다. 시간상에서 보면, 한순간과 대겁이 따로 있는 것이 아니고 한순간이 무애하게 되면 삼세(과거, 현재, 미래)의 대겁도 조화롭게 융섭된다는 진리이다. 여기에서 시간의 십세란 어떻게 이루어지고 있는가를 분명히 말하고 있다.

> "십세란 구세에 일세를 합한 것이다. 구세는 과거 · 현재 · 미래를 다시 각각 과거 · 현재 · 미래로 구분한다. 즉 과거의 과거 · 현재 · 미래, 현재의 과거 · 현재 · 미래, 미래의 과거 · 현재 · 미래이다. 이 구세가 서로 상즉상입 하므로 전체를 이룬다. 이러한 전체의 일세와 부분인 구세와 합하여 십세를 이룬다."(『대정장경』, 「권45, 하, p.506」)

시간은 한순간이 곧 백 천겁이며 백 천겁이 곧 한순간이라는 말에서 과거의 과거 · 현재 · 미래, 현재의 과거 · 현재 · 미래, 미래의 과거 · 현재 · 미래가 상즉상입함을 의미한다. 이것은 부분적 관념에서 볼 때는 엄연히 과거와 현재와 미래가 존재한다고 볼 수 있으나 긴 시간에서 볼 때는 삼세에 불과한 것이다. 불교에서는 연기법에 의해 시간성이 공이므로, 즉 일즉일체(一卽一切)로 설명될 수 있다.

(9) 유심회전선성문(唯心廻轉善成門)

유심회전선성문(唯心廻轉善成門)은 일심에 모든 공덕이 숨어 있고 동시 구족상응문에서 열 가지 법은 다만 일심의 자성청정심이 선을 이루면서 회전한다는 것이다. 그러므로 "성이 일어나서 덕을 갖추므로 삼승과는 다르다. 그리하여 일심에 또한 열 가지 덕을 갖춘다."(『대정장경』, 「권45, 상, p.507」)라고 하였다. 하나인 마음이 일체의 마음에 포섭될 때, 이것은 감춰짐이고 일체의 마음이 하나인 마음으로 상즉할 때, 이것은 드러남이다. 이것에 연유하여 다(多) 가운데 하나(一)라고 하였다. 그리고 무차별의 마음을 포용하면서 차별의 마음을 부정하지 않는 것에서, 이것을 일컬어 하나 가운데 일체, 즉 일중일체다중일(一中一切多中一)이요, 일즉일체다즉

일(一卽一切多卽一)이라고 한다.

유심회전성선문은 일심 연기사상을 바탕으로 사사무애법계의 근거를 세웠으며, 십현연기는 전체와 개별을 포섭하는 데 그것의 정합성을 잘 드러내 주고 있다.

(10) 주반원명구덕문(主伴圓明具德門)

주반원명구덕문(主伴圓明具德門)이란 일체 만법이 어느 경우에는 주가 되고 어느 경우에는 반려가 되면서 원만히 밝혀 구족을 이룬다는 진리이다. 현상에서는 주반이 전혀 상충되지 않지만, 인간의 경우는 주반관계에서 자신의 아집만을 고집하게 될 때 그 원인이 된다. 인간자신이 주체적으로 아무리 훌륭하고 뛰어난다 하더라도 단독으로는 쓸모가 없는 법이다. 객체와 균형을 이루고 객체와 깊은 관련을 가질 때 비로소 자신의 본성은 드러나기 마련이며, 본질적인 삶을 영위하는 것이다. 이 세상에 존재하는 것은 모두 본질과 현상의 양면을 갖고 있다. 본질적인 면을 진여라고 하면, 현상적인 면은 항상 변화하고 생멸하는 관계에 있다. 만일 우리가 진리의 세계를 일차에 두면서 우월하게 보고, 현상의 생멸의 모습은 이차에 두면서 폄하시킨다고 가정 해보자. 그러하다면, 진리의 세계가 아무리 빼어나고 훌륭하다 할지라도 현상세계를 제외하고는 아무런 의의를 갖지 못한다. 왜냐하면, 진여의 본질이 현실에 미치려면 반드시 현실성에 상즉상입해야 한다. 그렇지 않으면, 진여의 본질은 인간이 만든 희론으로 떨어지고 마는 것이다. 『화엄경』에서도 언급하듯이 주·반의 일심과 만법이 서로 상즉·상입할 때 만사는 원융·무애한 세계가 열림을 우리는 알 수 있다. 이것은, 즉 주체와 객체가 두루 원만하게 포섭할 때, 공덕은 한없이 베풀어진다는 것이다.

2) 화엄철학이 제시하는 네 가지 법계(四法界)

화엄사상의 종사(宗師) 두순(杜順)의 화엄 철학서 중『법계 관문』에서 사법계를 다음과 같이 말하고 있다.

① 사법계(事法界) - 사물과 사건을 현상에서 본 진리.
② 이법계(理法界) - 본체 또는 원리만으로 본 진리.
③ 이사무애법계(理事無礙法界) - 현상과 원리의 관계에서 현상과 원리가 서로서로 걸림 없이 포섭되는 진리.
④ 사사무애법계(事事無礙法界) - 사물과 사물이 서로서로 걸림 없이 포섭되는 진리.

(1) 현상만을 의미하는 사법계(事法界)

사법계란 우주만물, 즉 세계만물을 가리킨다. 모든 사물이 서로 다른 대상이나 사건으로 드러나는 현상세계, 즉 가시적 세계를 말한다. 예컨대, 바다는 출렁이고, 나무는 스스로 자라며, 새는 하늘 높이 날고, 고기는 물속에서 자유롭게 헤엄치고, 햇빛은 대지를 비추어 모든 생명들이 자라는 그러한 경험세계에서 생겨나는 현상의 대상을 말한다. 다시 말해서, 개개 사물들은 다른 것으로부터 구별되고 각 존재들을 고립적으로 본 세계이다. 그러므로 사(事)와 사(事)의 차별에 나타난 것만 인정하고 전체적 동일성은 배제함으로써 자기동일성만 있을 뿐이다. 예를 들면, 사의 고립적으로 본 세계에서 말하면 "1은 1을 포섭하고 1은 1에 든다."(一攝一, 一入一)(『불교대장경』, 「제68책」)고 할 수 있고, 사물의 표리관계에서 보면, "A는 A이다"라고 할 수밖에 없다. 그리고 사물이 개별적으로 존재하는 자기동일성에서 말하면, "A는 비(非)A가 아니다"라고 말할 수 있는 경우이다.

(2) 원리만을 의미하는 이법계(理法界)

이(理)는 진실한 공(空)의 이(理)를 가리킨다. 이것은 오직 현상계의 근원을 이루어주는 이법이며 제법을 공유하고 있는 내재의 실재적인 진리이다. 이러한 진리는 인간이나 사물이 나눌 수도 없고 통합할 수도 없다. 그러나 사물은 참된 이(理)를 각각 갖고 있다. 그리고 이 이(理)는 언제나 인간 의식을 초월해 있고, 직관에 의해서만 포착되는 진리라고 할 수 있다. 그리고 그것은 현상세계의 배후에서 모든 존재를 존재케 하는 원리나 법칙이다. 그러므로 이(理)는 모든 사건이나 사물을 주재하며 보이지 않는 통제자인 셈이다. 화엄철학에서 이(理)는 존재의 실상으로 본다. 그리고 공으로 보기 때문에 여여(如如), 진여(眞如)로 해석한다. 다시 말해서, 고정된 실체가 존재할 수 없기 때문에 다른 실체와의 인연화합으로 이루어졌다는 의미에서, 제법실상이 모두 공성이라는 공통성에서 이법계라고 한다. 이(理)는 모든 것을 포용하는 원리이며, 이 이(理)는 사(事)법계를 존재하게 하는 주재위치를 이룬다. 이에 대한 좋은 예로써, 법장은 그의 논저 『금사자장』에서 이와 사의 관계를 금과 사자로 비유하고 있다. 금이라는 금속은 이(理)의 미분화된 체(體)로 상징하고, 사자라는 가공품은 분화된 사(事) 혹은 현상사물로 상징하고 있다. 그러므로 금과 사자관계는 이와 사의 불가불리 속의 상호의존, 즉 상즉관계를 이룬다. 이 금과 사자관계를 철학적 관점에서 다음과 같이 말한다.

> "하나 가운데 하나(一中一)이며, 이것은 일체가 하나를 포섭하고 하나가, 즉 일체 속으로 들어가는 것이다."(『불교 대장경』, 「제68책」)

우리는 화엄철학의 핵심이 되는 이(理)와 사(事)의 통합에서 이와 사는 서로 거리낌이 없다는 이사무애법계(理事無礙法界)이다. 여기에서 이(理)의 세계는 더 분명해질 것이다.

(3) 원리와 사물이 두루 원융한 이사무애법계(理事無礙法界)

이사무애법계란 이(理)와 사(事)는 걸림이 없는 불가분(不可分)의 단일체라는 진리이다. 먼저 사법계와 이법계를 구분해보면, 사법계는 현상에 있어서 차별의 세계이지만, 이법계는 현상을 초월해 있는 무차별의 세계이다. 이법계는 사법계에 공통으로 있으면서 사(事)가 갖는 동일성이기도 하다. 왜냐하면, 사법계는 이법계를 떠나 존재할 수 없고, 이법계는 사법계를 떠나 존재할 수 없기 때문이다. 이 양자는 서로 구별되고 대립되어 있는 것처럼 보이지만 이(理)는 사(事)의 본체이고, 사(事)는 이(理)의 작용이 된다. 그래서 『반야심경』에서 공은 본체이고 색은 작용으로 분리할 수 없듯이 "색즉시공 공즉시색"이다. 결론적으로, 이(理)와 사(事)는 걸림이 없는 관계에서 서로 포섭하기 때문에 현상은 무애한 세계를 이룬다. 즉 이사무애법계는 이의 전체가 사에 있고 동시에 개개의 사에는 이 전체가 내재해 있다. 그래서 전체 속에 부분이 있고, 부분 속에 전체가 있다. 다시 말해서, 이(理)의 보편성은 사(事)의 개별성 속에 필연적으로 존재하며, 사(事)의 개별성은 이(理)의 보편성으로 말미암아 개체 역할을 하게 된다. 따라서 보편성 속에 개별성이 있고, 개별성 속에 보편성이 있게 될 때, 만물의 실상은 자재(自在)하게 융합되고 원융(圓融)하게 된다.

(4) 사물과 사물이 막힘없이 현상계를 이루는 사사무애법계 (事事無礙法界)

일체 사물이 모두 이(理)의 완전한 체현이고, 이(理)에서 통일된다. 이(理)는 오직 하나일 뿐이다. 일체의 사(事)는 이 하나의 이(理)에서 통일되고 이루어진다. 그러므로 사와 사는 이(理)에 의하여 서로 융통되고 포섭된다. 이 융섭(融攝)된 제상들은 자적하면서 창조와 화육은 쉬지 않으며, 어느 곳이든 유행되고 관통되지 않는 데가 없다. 이러한 모습을 우리는 존재들이 무애자적(無礙自適)하다 하고 사사무애(事事無礙)하다고 한다. 그리고 『불교대장경』은 이러한 존재의 실상은 사사무애하다고 하며, 다음과 같이 천명하고 있다.

> "하나 가운데 전체 사물이 있고, 전체 사물 가운데 하나가 있다."(一中一切 多中一) 따라서 "하나가 즉 전체요, 전체가 즉 하나이다."(一卽一切 多卽一)(『불교 대장경』, 「제68책」)

예를 들면, 10개의 거울에 비친 하나의 불상이 있다. 이 열 개의 거울은 열 개의 상을 나타내고, 다시 열 개의 상은 반사되어 무수히 많은 상을 나타낸다. 그러하지만 상과 상은 서로 겹쳐서 나타나는 법은 없다. 각자의 자유로운 실상을 드러내는 현상계라는 것은 바로 무차별의 이(理)와 끊임없이 연계 속에 있기 때문이다. 이러한 연계 속에 있는 사(事)의 존재는 각자 다른 형상을 이루고 무애하며, 이(理)와 함께 자·타, 주·반으로 단절이 없다. 그래서 사와 사는 각각 개체로서 실유로 드러나며, 서로 훼방하지 않고 자유자재하다. 이것이 사사무애법계이다.

5. 유식사상(唯識思想)

유식의 역사는 4·5세기경 인도의 마이트레야(彌勒, 270-350)에서 아상가(無着, 300-380)와 그의 동생 반수반두(世親, 320-400)에 의해 유식철학의 기반이 형성되었다. 세친은 『법화경』, 『무량수경』, 『십지경』을 주석했으며, 특히 그는 『불성론』, 『대승성업론』, 『유식20론』, 『유식30송』을 저술하였다. 그중 『유식20론』과 『유식30송』은 유식철학을 연구하는 데 중요한 자료가 되어 왔다. 필자는 이 두 저서를 중심으로 하여 유식철학의 근본적 문제를 논의하고자 한다.

우선 세친의 유식학설을 논하기 전에 유식(唯識)이라는 개념부터 명확히 이해해야 할 필요가 있겠다. 유식의 유(唯)란 인식의 대상을 부정하는 것이고, 식(識, vijnana)이란 인식 자체인 마음을 의미한다. 그러므로 유식은 오직 식뿐, 오직 식에 의존함을 뜻하며 삼계유식(三界唯識)이라 할 때, 삼계란 오직 식에 의존한다는 뜻이다. 그러므로 마음만이 실재이며 인식 대상이 없으면 인식주관도 있을 수 없다는 의미이다. 다시 말해서, 외계의 대상이라고 생각하는 것은 오직 마음에 지나지 않는다고 깨닫는 것이 우리의 주관 관념으로서의 유식이다.

유식은 언제나 대상을 갖기 때문에 변화하는 과정 속에 있고, 항상 출렁이는 파도와 같이 전변(轉變)을 일으킨다. 유식학의 구조는 종자생현행(種子生現行), 현행훈종자(現行熏種子), 종자생종자(種子生種子)로써 윤회과정이 되풀이된다고 말하고 있다. 여기에서 종자와 생 현행, 현행훈종자란 무엇을 의미하며, 그것이 어떻게 윤회과정을 이루는가를 이해해야 한다. 종자는 일체제법이 생기하는 잠재능력이며, 생 현행이란 종자에 의해 현행이 생한다는 것이다. 즉 종자에서 현행이 탄생하는 과정이다. 그리고 현행훈종자는 현행이 종자를 심는 과정에 속한다. 이것을 종합하여 보면, 현상의 보이지 않는 잠재력의 종자에 의하여 현행을 생한다는 것은, 종자를 원인으로 하여 현행의 결과를 낳는다는 것이다. 이 결과가 낳은 새로운 현행은 다시 우리들의 업에 의해서 훈습(熏習: 외적 존재가 없어도 이전 관념에 의해 남겨진 인상)된 습기(習氣)로 다른 종자를 심는다. 그리고 Alaya식은 모든 종자를 저장한다. 저장된 종자 중 일부는 전식(轉識)하기도 하고, 그대로 남아 상속되기도 한다. 이와 같이 식 내에 잠재해 있던 종자들이 현세화하는 것이 다름 아닌 현상세계이다. 이렇게 현상세계에 근거하여 우리는 업을 짓고 이 업은 또 다시 종자를 훈습하여 Alaya식에 끊임없이 저장하는 순환과정을 이룬다. 이러한 작용으로 말미암아 표면 의식으로 안식, 이식, 비식, 설식, 신식들은 요별 전변(了別轉變: 확실히 구별하고 바뀜)을 이루고, 잠재적인 의식인 7식의 Manas식은 사량전변(思量轉變: 헤아림과 전변)과 6식과 7식을 Control하는 Alaya식은 이숙전변(異熟轉變: 함장과 전변)을 이룬다. 이것들은 상호 연기관계에 있기 때문에 동일 찰나에 이루어진다. 그러므로 아뢰아식은 함장식으로 영원히 윤회의 주체로서 중심이 되는 것이다.

1) 유식의 전변설(轉變說)

바수반두(世親)는 식의 전변을 세 가지로 나눌 수 있다고 다음과 같이 말한다.

> "주관과 객관의 존재를 나타내는 가설은 다양하다. 그것은 모두 식의 전변에 의하니, 이 식의 전변은 세 가지가 있다."(『유식 30송』)

여기에서 세친은 주관(我, atman)과 객관(法, dharma)의 세계를 나누고, 이 주관과 객관을 모두 가설이라고 하였다. 이 가설은, 사물과 인간에도 모두 이름이 붙여진다. 인간, 나무, 돌, 책상, 컴퓨터, (……) 등에 붙여진 이름은 우리의 심리활동을 떠난 것이 아니다. 그것은 모두 인간의식의 활동에 의해 설정된 개념들이다. 세친은 이러한 가설의 허구적 존재는 식의 전변에 의존해 있다고 주장한다. 그는 이 전변을 다음 세 단계로 전개한다.

(1) 첫 번째 전변의 Alaya식

식의 첫 번째 전변은 Alaya식, 이숙식을 근거로 한다. Alaya식의 전변이란 Alaya식 안에 저장되어 있는 종자들이 발아(감각, 느낌, 접촉, 심리적, 의지적 활동)하고 성숙하여 제 식들이 분별작용을 하며 잠재해 있던 종자들은 현실화하여 나타나는 식들을 제1전변이라 부른다. 이 제1전변의 역할은 아(我: 주체)와 법(法: 객체), 능자(能者: 인식하는 자)와 소자(所者: 인식되는 것), 본체와 대상이 전변함에서 현행의 의식 흐름을 이룬다. 이 현행에서 우리는 업(業: 행위)을 짓는다. 이것이 표면의식이고, 이 표면의식은 다시 종자들의 훈습(작용)으로 잠재의식을 형성하여 다시 Alaya식에 끊임없이 저장된다.

Alaya식 자체는 인식하는 것도 없고, 번뇌에 쌓여 있는 것도 아니고 중성적 존재로 있으면서 다른 식들의 습기로 훈습된 잠재적 형성력(종자=행=업=종자=행=업)을 저장하는 일을 담당한다. 그리고 Alaya식은 그 외에도 자신과 함께 7식인 manas식과 전 6식을 작동하게 하는 역할을 한다.

(2) 둘째 전변의 Manas식

Alaya식의 전변은 반드시 7식인 Manas식을 작동시킨다. 이것이 식의 제2전변이다. Manas식은 사량(思量)을 위주로 하는 사량식이라고도 하며, Alaya식과 함께 아집을 일으킨다. 이것이 자아의식이다. 아집은 다음 네 가지로 나눈다.

① 자아지각(我見, atma-drsti), ② 자아에 대한 혼동(我癡, atma-moha), ③ 자만심(我慢, atma-mana), ④ 자기만의 사랑(我愛, atma-sneha)의 네 가지는 자아에 대한 번뇌를 수반한다.

이 Manas식의 다른 식과의 관계는 Alaya식과 끊임없이 활동을 전개하지만, 나머지 여러 가지 식에 통일성을 부여하고 그들 활동의 전제가 된다. 다른 식들은 자기 개성에 따라 움직이다가 중지하는 성질이 있지만, Manas식은 끊임없이 활동하면서 정신활동에 있어서 필수적인 심층의식 역할을 하는 식인 것이다.

(3) 세 번째 전변의 요별 경식(了別境識)

잠재의식으로서의 Alaya식과 그 Alaya식을 대상으로 하여 아집을 일으키는 Manas식의 배후에 있는 6식이 작용하게 된다. 이것이 바로 제3전변이다. 6식은 안·이·비·설·신·의의 6근에 의존하고 대상을 요별(了別)하기 때문에 요별 경식(了別境識)이라 부른다. 이 육식은 6근과 6경으로부터 감각과 지각의 인식이 이루어진다.

제6식인 의식(意識)은 정신현상(心所法)과 5식으로 들어오는 대상들을 요별하고 집착하기도 한다. 그리고 과거의 경험을 기억하고 회상하며 여러 대상들을 상상하는 역할을 한다. 대상은 인식기관에 즉하여 인식되기 때문에 그 존재성은 주관이 구상한 것이다. 둘 이상의 감각으로 인식되는 것은 주관이 구상한 것이다. 그러나 범부들은 그것이 그대로 외계에 있다고 간주하는 것이다. 유식 철학은 인식을 여섯 가지 영역으로 나누고 두 감각 영역 이상에 의하여 인식하도록 하는 합리성을 갖고 있다. 왜냐하면, 6근(根)이나 6경(境)의 체계는 6식(識)의 성립에서 연기법의 이론을 적용했기 때문이다.

이 유식의 전변과정을 종합하여 이해해보자. 먼저 표면의식의 제3전변에서 마음이 대상의 허망함을 반드시 료별해야 하고, 잠재의식의 제2전변에서 Manas의 본성을 이해하면서 아집과 법집을 모두 끊어버려야 하며, 제1전변의 Alaya식인 창고식에서 업의 윤회과정은 Alaya식에 저장되는 과거의 습관 하나하나가 종자로 발아함으로써 열반의 깨우침을 방해하는 불선의 종자를 제거하고, 열반의 깨우침을 향하게 하는 선이나 무루(無漏: 번뇌가 떠남)의 종자를 증대시켜 오직 마음만이 삼계라는 관념으로 청정하게 하는 수행방식이라 할 수 있다. 1~3전변의 전체적 이해를 돕기 위해서 다시 다음 표를 제시한다.

차 례	식의 종류	식의 하는 일	식과 관계	의식적 측면
1~5식	안식, 이식, 비식, 설식, 신식	대상을 인식하는 감각기관	감각 기관	표면적 의식
6식	의식	5식에 의해 인식되는 것을 개념화시킴.	5식의 통일성. 지시사고과정 (과거 기억, 회상)	
7식	Manas식	에고의 원인, 자아 집착심	자아, 집착의식	잠재적 의식
8식	Alaya식	manas식과 전체 식을 발동시킴	훈습된 습기 종자 저장, 발아	

2) 삼성설(三性說)과 삼무자성(三無自性)

존재의 삼성설은 요가행파의 실천에 근거하여 인식주관을 존재방식으로 하는 이론체계를 이루고 있다. 우리가 일상에서 경험하는 다양한 모습들은 모두 마음이 만들어낸 표상에 지나지 않는다. 이것은 일체가 표상으로만 존재한다는 유식의 한 방식이다. 세친은 이 3성설을 다음과 같이 세 가지 방법으로 나누고 있다. 그는 다음과 같이 말한다.

"변계소집성(遍計所執性), 의타기성(依他起性), 원성실성(圓成實性)의 삼성이다."(『유식, 30송』)

유가행파들은 "일체는 오직 식뿐이다"라는 명제에서 유식사상을 확립했다. 따라서 그들이 주장하는 것은 대상이란 주관을 떠나서는 존재할 수 없다는 것이다. 그러나 우리는 인식의 대상과 인식의 주관은 일치하지 못하고 항상 주·객이 분열되어 있다. 이러한 주·객이 분열되어 실재시되는 실상은 허망 분별이며, 가구(假構: 거짓으로 구성)의 분별된 존재방식이라 불린다. 이것이 변계소집성(遍計所執性)이다. 따라서 유식철학에서는 이 대상의 허망 분별을 이해하는 것이 제일의 요건이 된다고 하겠다. 우리 범부들은 있는 것은 있다 하고 없는 것은 없다고들 한다. 이것은 인식 대상이 존재하면 인식주관도 별도로 있다고 본다. 그러므로 범부들이 객관사물의 실재를 부정하기란 정말 힘든 일이다. 유식철학은 주객이 서로 의존하며 전환하기를 바란다. 일차적으로는, 마음이 대상을 분별함에 있고, 이차적으로는 마음의 아집(我執: 자아의 집착)과 법집(法執: 대상의 집착)을 끊어버리며, 객관 대상의 성질이 본래 공이며 거짓된 이름을 갖고 있으므로 허망분별을 초월할 때 번뇌는 소멸되고 무구식(無垢識: 일체번뇌가 떠난 마음)으로 전환하게 한다.

두 번째로 우리의 마음(識)은 다른 것에 의존하는 존재방식을 갖고 있다. 이것이 의타기성(依他起性)이다. 그러나 의타라는 속성은 연기의 다름 아니다. 과거의 훈습된 무한한 습관과 경험, 주관과 객관에서 얻은 허망분별, 대상을 항상 실유로 보았던 표상들을 모두 의타로 지향하고 전의해야 하는 것이다. 그 다음의 단계는, 주객이 일체가 된 양상, 즉 무분별지에서 나타나는 존재의 본래의 모습(진여·여여)으로 완성되어 가는 존재방식이다. 이것이 바로 원성실성(圓成實性)이다. 공성은 진여로서 본래 실성을 갖기 때문에 공성진여라고도 한다. 그러므로 주·객은 공성일 때만 본성이 되며 진여로써 실재 역할을 다하고 의타기성과 원성실성은 서로 접하여 서로 떨어질 수 없는 관계에 있기 때문에 마음은 원성실성의 공성진여를 실천하게 된다.

6. 우주질서와 마음이 회통하는 선(禪)사상

선(禪)이란 인도어로 'Jhana'의 최후의 모음이 떨어져나가 'Jhan'으로 발음되었다. 그 음의는 사유수(思惟修)·정(定)·공덕취림(功德聚林)·정려(靜慮) 등으로 번역되고 있다. 선사상은 Buddha의 보리수 밑 대각에서 비롯되었다. 어느 날 Buddha는 영취산에 모인 대중 앞에서 설교한 뒤 조용히 꽃 한 송이를 들고 대중 앞으로 걸어 나온다. 제자들은 이러한 예기치 못했던 스승의 행동을 어리둥절하게 바라보았다. 그 제자 중 가섭존자만은 그것이 무슨 의미를 주는지 알았으며 은근히 마음속으로 미소를 지었다. 붓다는 이렇게 군중 앞에 외친다.

> "나는 정법안장과 열반묘심을 가진 사람이다. 이는 형상 없는 형상이며 묘한 법이어서 언어나 문자에 의존할 수 없고 경전을 떠나서 따로 전할 수밖에 없다. 이제 이 비법을 가섭에게 전하노라"

이와 같이 선은 영산회상에서 한 송이 꽃과 가섭의 미소와 더불어 발생한 것이었다. 그래서 가섭을 인도 선종의 초조(初祖)로 삼는다. 그로부터 27조가 전승되었는데 보리달마는 28대로 인도 선의 최후 조사(祖師)가 되었다.

다시 그가 중국에 건너오자 중국 선의 초조가 된다. 달마선사는 남천축 향지국의 셋째 왕자로 태어났다. 본명은 보리달마이고, 이름은 보리다라이다. 그는 동인도 승려 반야다라에게 법을 이어받은 후에 보디달마라는 이름이 지어졌다. 달마선사는 40년 동안 반야다라를 스승으로 섬겨 왔다. 스승이 달마에게 다음과 같이 말한다.

> "너는 나의 법을 이어받았으니 내가 열반에 들고 나서 6-7년 후에 중국에 가서 법음(法音)을 베풀도록 하라"라고 말했다.

이후 그의 스승의 언약대로 보리달마는 520년, 10월 중국으로 건너와 양나라 무제의 영접을 받아 남경에 이르렀다. 황제 보살이라 불리는 무제와의 대화에서 그는 무제에게 선의 의의를 깨우쳐 주었다. 그것은 아래 두 사람의 대화에서 잘 나타나고 있는 것이다.

무　제: "짐이 즉위한 후로 많은 사찰을 세우고 경전도 출간하도록 했으며, 스님 네 분들에게 여러 차례 공양도 하였는데 이는 모두가 커다란 공덕이라 할 수 있겠지요?"

보리달마: "안됩니다." 무제는 뜻밖에 대답을 듣고 놀랐다. 이상하다고 생각하고 다시 물었다.

무　제: "무슨 뜻이지요?"

보리달마: "그러한 일들은 자질구레한 세속의 인과응보에 지나지 않을 뿐 진정한 공덕이라고는 할 수 없습니다."

무　제: "진정한 공덕이란 가장 원융하고 청정한 지혜를 말합니다. 본체는 텅 비고 고요합니다. 이런 지혜는 세속적인 일을 많이 한다고 해서 얻어지는 것이 아닙니다."

무　제: "불교 교리 중에서 가장 성스러운 진리가 무엇이죠?"

보리달마: "교리에는 성스러운 진리가 없습니다. 공이지요" 무제는 더 이상 참을 수 없다는 표정으로 다그쳐 물었다.

무　제: "공이라고요. 그렇다면 짐을 대하고 있는 그대는 누구요?"

보리달마: "모르겠습니다."(조오현, 『선문선답』, 「중국 선사」)

　양나라 무제는 처음부터 끝까지 달마선사의 말뜻을 알아차리지 못하고 얼굴을 붉힌 채 말이 없었다. 달마선사는 그와 인연이 닿지 않았음을 알고 그 해 10월 19일 양나라를 떠났다. 그는 양자강을 건너 위나라 하남의 숭산으로 가서 소림사에 정주하였다. 그리고 9년 동안 소림사에 머물면서 참선만을 고집하였다. 그래서 그에게 면벽달마라는 별명이 붙게 되었고, 그는 『이입사행론』을 저술하여 그의 선리를 전하고 있다. 따라서 그의 전등은 혜가(慧可)에게 전해진다. 혜가는 원래 도가철학에 심혈을 받혔으나 40세가 넘어 달마선사를 만나 진실한 스승으로 삼게 되었다. 혜가는 소림사에 와서 매일 달마선사에게 선법을 물었으나 달마선사는 전혀 말을 하지 않았고 침묵만 지켰다. 어느 날, 혜가는 옛 선사도 선리를 구하기 위해서 목숨까지도 바쳤다는데 나 또한 무엇을 아끼랴! 이렇게 생각한 끝에 달마선사가 선에 열중하고 있는 방문 앞에서 밤새 눈을 펑펑 맞으면서도 요지부동으로 날을 세웠다. 날이 새자 그때서야, 달마 대사는 혜가의 굳은 마음을 헤아리고 말했다. "너는 눈 속에서 무엇을 추구했느냐?" 혜가는 온몸이 꽁꽁 얼어붙은 채 눈물을 글썽이며 입을 열었다.

"바라옵건대, 감로(甘露)의 문을 활짝 열어 뭇 중생을 구제하려 합니다." (『상계서』)

이에 달마선사가 말했다.

"부처의 지혜는 무량함으로 여러 겁을 수행해야만 얻는 것이다. 너같이 보잘 것없는 의지로서는 무량한 불법을 얻으려 해도 얻을 수가 없느니라."(『상계서』) 이 말을 들은 혜가는 기다렸다는 듯이 날카로운 칼을 뽑아 자신의 왼팔을 얼른 잘라 달마선사 앞에 놓았다. 그러자 달마선사는 드디어 입을 열기 시작하였다.

"여러 부처와 보살들이 법을 구할 때 육신을 육신으로 보지 않았고 목숨을 목숨으로 보지 않았던 분이 많았다. 네가 이제 팔을 끊었으니 법을 구할 만하구나"(『상계서』)

그는 혜가를 자신의 제자로 삼을 것을 은근히 허락하였다. 조용한 어느 날 혜가가 달마선사를 찾아가서 부담 없이 안심문답을 청하였다.

혜　가: "저의 마음이 불안하니 저의 마음을 편안하게 해주십시오."
달　마: "그래 그 불안한 마음을 내게 가져오너라 편안히 해 줄 테니"
혜　가: "마음을 찾아 나선 지도 꽤 오래되었지만, 마음을 찾을 수가 없습니다."
달　마: "그렇지, 찾아진다면 그것이 어찌 네 마음이겠는가? 벌써 내가 너의 마음을 편안하게 해 주었다." 달마선사는 이렇게 말하고 한참 후에 다시 물었다.
달　마: "너의 마음을 내가 이미 편안하게 해 주었다. 너는 느낌이 있느냐?"
혜　가: (……)

이 말에 혜가는 기쁘게 마음에 와 닿는 것이 있었다. 질을 하면서 이렇게 말한다.

> 혜 가: "오늘에야 모든 법이 본래부터 공적하고 지혜가 멀리 있지 않다는 것을 선사로부터 알았습니다. 보살은 생각을 움직이지 않고 바다에 이르고, 생각을 움직이지 않고 열반의 언덕에 오르나이다."
> 달 마: "나의 법은 마음에서 마음으로 전하니 문자를 세우지 않느니라." (『상계서』)

달마선사의 이 말이 중국 선종의 종지(宗旨)가 되어 내려오고 있다.

> 즉 경전 밖에 따로 전하여(敎外別傳)
> 문자에 의존하지 않을 것이며(不立文字)
> 사람의 마음을 곧바로 가리켜(直指人心)
> 자성을 알아 부처가 되느니라.(見性成佛)

이 네 구절의 게송은, 우리의 낡은 인습과 무지를 타파하고 항상 욕심에 사로잡혀 가식과 허울에 얽매여 과대하고 왜소해진 우리들에게 마음에 와 닿는 삶이 무엇인가를 깨닫게 해주며 무언의 칼날이 비수같이 번쩍이며 무명의 지혜를 잘라주기도 한다. 이러한 인간의 황폐해진 정신세계를 선으로 극복하자는 수행이 바로 선종이다. 법이나 도를 오직 마음에서 마음으로 전함을 목표로 삼으며 경전은 깨달음을 얻는 방편에 불과한 것이었다. 경전을 읽지 않고도 깨달음을 얻는 다른 길이 있으니 이를 일컬어 교외별전(敎外別傳)이라 한다. 그리고 문자나 언어에 얽매이지 않음을 불립문자(不立文字)라 하고, 선을 지향하는 목표는 견성성불(見性成佛)에 두지만, 반드시 마음으로 견성함으로 우리는 마음을 먼저 가리켜 보지 않으면 안 되는데 이를 직지인심(直指人心)이라고 한다. 본래 마음이 청정하고 공적하기 때문에 제 마음을 꿰뚫어 본래의 성품을 보는 자는 누구나 불도를 이루게 되는데 이것을 일컬어 견성성불(見性成佛)이라고 한다. 이는 탐냄과 성냄과 어리석음을 떠나 오직 청정하고 공적한 마음으로 반야의 지혜, 즉 선은 마음에서 마음으로 사물을 직관하라는 것이다. 달마선사는 어묵동정(語默動靜)으로 몸소 행주좌와(行住坐臥)한 실천적 수도자로서, 중국 선종의 초조로 그 위치를 굳혔던 것이다.

제2조 혜가의 설중단비(雪中斷臂)

선종의 2조라고 불리는 혜가 선사는 달마의 불립문자인 침묵을 이어받아 설중단비, 즉 눈 속에서 팔을 잘라 선법을 구하려 했었다. 그는 투철한 신념으로 선법을 간구했다고 전하고 있다. 우리는 혜가가 진실한 자신의 참모습을 찾아 구도를 본래 모습으로 바꾸려는 그의 정신을 엿볼 수 있다. 혜가 선사는 제나라의 고재 연간 사람으로 고향은 무영이고 속성은 희이다. 15세 때 이미 경전에 통달할 정도로 영리하였고, 30세에 향산사로 입산해서 보정선사에게 출가하였다. 그 후 남쪽으로 옮겨 달마선사를 만나 심법을 깨닫게 되었다. 그의 대화는 다음과 같다.

> 달　마: "그대는 하나의 진실한 법을 모두 터득했다. 잘 지켜서 끊어지지 않게 하라. 그대에게 의발(衣鉢)을 전하니 이것이 그 신표(信標)이니라"
>
> 혜　가: "신표가 무엇입니까?"
>
> 달　마: "안으로 마음의 법을 증득하고 밖으로는 가사를 받아서 종지를 확정하여 거짓이 없도록 하는 것이 신표이다. 내가 입적한 지 이백 년이 지나면 이 가사는 전하지 않아도 심법이 온 세상에 펴져 나갈 것이다. 그러나 도를 밝히는 이는 많아도 도를 행하는 이는 드물 것이며, 진리를 말하는 이는 많아도 진리를 깨닫는 이는 드물 것이다. 그 뒤로는 도를 얻는 이가 천만 명에 가까울 것이다. 그대는 도를 펼 때, 늦게 배우는 이를 가볍게 여기지 말라, 이런 사람이 마음을 돌리면 반드시 보리를 얻는다."(『상계서』)

이로부터 혜가는 널리 중생구제에 박차를 가하게 된다. 후주(後周) 효민왕 때, 한 거사가 혜가 선사를 찾아왔다. 따라서 혜가 선사와 거사의 선문답은 다음과 같이 이어진다.

> 거 사: "제가 풍 병을 앓고 있으니 죄를 사하여 쾌유하게 해주십시오."
> 혜 가: "그대는 그대의 죄를 내게 가져오도록 하라. 그러면 내가 낫게 해 주리라." 거사는 한참 머뭇거리며 말을 이었다.
> 거 사: "죄를 찾아도 찾을 수가 없습니다."
> 혜 가: "그대의 죄는 이미 참회가 끝났다. 그대는 불·법·승 삼보를 믿기만 하면 된다." 이 말에 거사가 다시 혜가 선사에게 물었다.
> 거 사: "선사를 볼 때 승보는 알겠으나, 불보와 법보를 어떻게 알겠습니까?"
> 혜 가: "마음이 부처요, 마음이 법이니 법과 부처는 둘이 아니니라. 그대는 알겠는가?"

이 말에 거사는 문득 깨달음을 느끼는 듯하였다. 그러자 말하기를,

> 거 사: "오늘에야 죄의 성품이 안과 밖 그리고 중간에 있는 것이 아님을 알았습니다."

혜가 선사는 그가 바로 자기가 찾던 법기(法紀)임을 알고 얼른 머리를 깎아 주며 말했다.

> 혜 가; "그대는 승보이니 승찬(僧璨)이라 이름 하여라. 여래께서 최초에 가섭에게 전등하였고, 그렇게 차츰 전해진 법이 나에게 이르렀는데, 내가 이제 의발을 너에게 전해 주어 신표로 삼느니라. 나는 업도로 가서 업보의 묵은 빚을 갚아야 할 때이니라."(『상게서』)

이로부터 그는 34년 동안 위나라 업도에서 중생교화에 진력하였다. 때로는 머슴살이를 하면서 승속에 구애받지 않고 세상을 초탈하여 구분하지

않는 삶을 살았다. 그러할 때 여러 곳에서 선문답은 인산인해를 이루게 되었다.

그러자 한 제자가 혜가 선사에게 다음과 같이 물었다.

제 자: "저에게 번뇌를 끊는 법을 가르쳐 주십시오."

혜 가: "번뇌가 어디에 있기에 끊으려 하느냐?"

제 자: "어디에 있는지 모르겠습니다."

혜 가: "어디에 있는지도 모른다면 허공과 같은 것인데 어떻게 끊는단 말인가?"

제 자: "경전에 보면 모든 악은 끊고 모든 선을 행해야 부처가 된다고 말씀하셨습니다."

혜 가: (웃으면서) "악이니 선이니 하는 것은 다 망상일 뿐이다. 오직 마음에서 생기는 것이다."

제 자: "그것이 모두 망상이라뇨? 어째서 망상이라 합니까?"

혜가는 제자의 마음을 알고 더 깊이 헤아려 이야기를 진행했다.

혜 가: "비유컨대, 너의 집 앞마당에 큰 바위가 있는데, 평소 거기에 앉아 있거나 누울 때에 전에는 두려움이나 놀라움이 없었을 것이다. 그러나 그 바위를 쪼아 불상을 만들거나 그 바위에 부처님을 그려 놓았다면 어떻게 될까? 감히 걸터앉을 생각도 못 하지? 본래는 돌일 뿐인데 다 네 마음이 그렇게 만든 것이다. 만일 바위에다 귀신이나 용, 호랑이 따위를 그려 놓았다면 스스로 자신이 그려 놓고도 무서워하겠지? 색깔 자체는 무서울 것이 없겠지만 그 그림이 무서운 것은 모두 네 마음 때문이야? 그러니 무엇인들 실체가 있겠는가? 모두 너의 망상이 만든 것이야!"(『상게서』)

당시 변화법사라는 당대의 대강사가 광구사에서 『열반경』을 강의하고 있었다. 그런데 혜가 선사가 그 절에서 법문을 강의하자 모든 사람이 구름처럼 모여들었다.

이에 앙심을 품고 변화법사는 고을 재상 적중간에게 "저놈은 수상한 놈이다."라고 무고하였다. 적중간은 그의 말만 듣고 혜가 선사를 잡아다 처형해 버렸다. 이렇게 해서 혜가는 107세의 한 노승으로 입적했다. 그는 시종일관 민중들과 함께 승가의 구도정신에 입각하여 자신만의 독자적 깨우침이 아니라 중생들에게 삶의 본래 모습과 자유로운 삶이 어떤 것인가를 극명하게 보여주었다.

제3조 승찬 선사

중국 선종의 제3조인 승찬 선사는 가계가 분명하지 않다. 혜가 선사의 의발을 이어받은 후 서주의 환공 산에 은거하여 일정한 거처 없이 태호현의 사공 산을 왕래하며 10년 동안을 보냈다. 승찬 선사가 많은 대중 앞에 설법할 적에 한 사미를 발견했다. 그의 나이는 겨우 14세이고 이름은 도신(道信)이라고 했다. 도신이 승찬 선사 앞에 절을 하고는 다음과 같이 선문답을 하였다.

> 도신: "무엇을 부처의 마음이라 합니까?"
> 승찬: "그대의 지금 마음상태는 어떠한가?"
> 도신: "저의 마음은 지금 무심(無心)입니다."
> 승찬: "그대가 무심이라면 부처도 무슨 마음이 있겠는가?"

승찬 선사의 말이 끝나자 도신은 다시 이렇게 물었다.

> 도신: "저에게 해탈의 법을 알려 주십시오."
> 승찬: "누가 그대를 속박했는가?"
> 도신: "아무도 속박하는 이는 없습니다."
> 승찬: "아무도 너를 속박하는 사람이 없다면 그대는 해탈한 사람인데 어째

서 해탈하는 법을 배우려 하는가?"(『상게서』) 도신은 이 말에 크게
깨달음을 얻고 스승 곁에 8, 9년 동안 머물다가 길주로 가서 구족계
를 받고 돌아와 승찬 선사로부터 자신이 전등을 전해 받을 것을 선언
받았다. 그리고 승찬 선사는 도신에게 다음과 같은 게송을 읊어준다.

꽃은 땅을 인연으로 하여 피어난다.
땅에서 꽃이 피기는 하지만
씨를 뿌리는 이가 없으면
꽃이 피어날 수는 없다.

승찬 선사는 수양제 5년(606)에 입적하여 당나라 현종으로부터 감지 선
사라는 시호를 받았으며, 탑호를 각적이라 했다. 그의 저술은 『신심명』이
라는 선사상의 명저를 남겼다.

제4조 도신 선사

중국 선종의 제4조로 도신(道信: 580－651) 선사를 꼽고 있다. 그의 속성
은 사마 씨이고, 본래 하내에 살다가 기주의 광제로 옮겨가 자랐는데, 『전등
록』에서 다음과 같이 말한다.

도신 선사: "너의 성이 무엇인가?"
홍　　인: "성은 있으나 보통 성이 아닙니다."
도신 선사: "그게 무슨 성인데?"
홍　　인: "불성(佛性)이 나의 성(姓)입니다."
도신 선사: "너는 성이 없다는 말인가?"
홍　　인: "예, 불성(佛性)이 공(空)하기 때문입니다"
도신 선사: "이 아이는 예사롭지 않구나! 내가 입적한 후 20년 뒤에는
　　　　　크게 일할 아이로구나!"
홍　　인: "여러 성인들은 무엇으로 인하여 불법을 증득합니까?"
도신 선사: "넓고 텅 비었느니라"

> 홍　인: "그렇다면 세상에 성인은 없겠습니다."
> 도신 선사: "아직도 어린 티가 많이 남았구나."(『상게서』)

도신 선사는 나중에 그에게 전등을 물려주었는데, 이 애가 후일 제5조인 홍인 선사이다.

제5조 홍인 선사

중국 선종의 제5조인 홍인 선사는 속성이 주씨였다. 본래 여남에 살다가 기주의 황매로 옮겨와 살았다. 홍인 선사의 저작 『역대법보기』에는 신장이 8척이나 되는 거구에 용모는 단정하고 성품이 질박하여 말이 없었다고 한다. 도신 선사에게 법을 이어받은 홍인은 명성이 날로 높아져 당대의 호족들이 사방에서 운집하였고, 10여 년 동안에 출가자, 재가자를 막론하고 홍인 선사의 설법을 듣고 교화되지 않는 사람이 거의 없다고 한다.

어느 날 32세쯤 되는 노행자가 영남에서 홍인 선사를 뵙고자 찾아왔다고 하자 홍인 선사는 다음과 같이 묻는다.

> 홍인 선사: "그대 어디 사람이며, 무엇을 구하려 왔는가?"
> 혜　능: "저는 영남 신주에서 왔으며 부처가 되기를 원합니다."
> 홍인 선사: "영남사람은 남만인(南蠻人)이 아닌가. 남만인은 불성이 없느
> 　　　　　　니라."
> 혜　능: "사람은 남만인, 북만인이 있지만 어찌 불성에서야 남쪽과 북쪽
> 　　　　의 차별이 있겠습니까?"(『상게서』)

그때 홍인 선사는 혜능이 큰 그릇이 될 것을 믿고, 그를 뒤뜰 구석에 있는 방앗간에서 일을 하게 하였다. 그리고 선문답은 다시 이어진다.

> 홍인 선사: "그대는 앞으로 무슨 공덕을 이루려고 하는가?"
> 혜　능: "힘껏 방아를 찧어 스님께 공양할까 합니다."

매일 방아를 찧어 공양한 지 8개월이 되던 어느 날 혜능은 다시 물었다.

혜 능: "어떤 것이 대도(大道)의 근원입니까?"
홍인 선사: "그대는 세속인인데 그걸 물어서 무엇 하겠는가?"
혜 능: "세상에는 승(僧)·속(俗)이 있지만 도에는 승·속이 없습니다."
홍인 선사: "그렇게 말하는 걸 볼 때 왜 남에게 찾으려 하는가?"
혜 능: "그렇다면 밖에서 찾아서는 안 되겠군요."
홍인 선사: "안에서 찾아도 옳지 않느니라."(『상계서』)

어느 날 제5조 홍인은 법통을 전해 줄 시기가 임박해졌다. 대중들을 모아 놓고 자신의 내적 불심을 살펴서 스스로 게송을 지어 바치도록 지시했다. 그것은 이미 가장 훌륭한 게송을 지은 사람에게 법복과 바리때를 전하여 6조로 삼겠다는 뜻이 담겨 있었다. 이 말을 들은 제자들은 그들의 강사인 신수(神秀)가 법통을 이어받을 것이라고 생각했다. 신수는 스승의 말에 복종하는 뜻으로 게송을 빨리 지어 모두가 잘 보이는 복도에 써 붙였다.

몸은 보리수요
마음은 밝은 거울이다.
밤낮으로 털고 닦아
세속에 물들지 말게 할지니라.

이 게송을 본 홍인은 강사인 신수가 아직도 견성(見性)하지 못했음에 크게 실망하였다. 이것은 범부들이 읽어보았을 땐 그럴듯하게 보일지는 몰라도 삶과 죽음을 초월한 자기 본성을 헤아리기에는 역부족이었다. 홍인 선사가 이 게송을 본 관점에 대해서 대중들에게 알렸다. "너희들이 만일 이 게송을 바탕으로 하여 널리 수행한다면 해탈을 얻게 되리라"하고 말하였다. 대중들은 이 글로 인해 신수가 홍인의 전등을 이어받을 것임을 공포한 것으로 받아 들여졌다. 그런데, 뒤 방앗간에서 8개월이나 넘도록 일해 온 혜능에게 이 말이 전해졌다. 혜능은 이 소식을 듣고 달려와 얼른 그 게송을 읽어보았다. 이때 마침 한 지방관리가 지나가고 있었다. 그 지방관리에게 저는 글을 읽을 줄도 쓸 줄도 모르니 제가 게송을 하나 지을 테니 옆에서 써달라고 부탁드렸다. 이에 지방관리는 그에게 힐문하였다. "뭐! 자네 따위가 게송을 짓는다고?" 혜능은 얼굴이 파랗게 변하며 말하기를, "보리의 도를 배우는 사람이라면 초학자라고 깔보는 법이 아니다. 지체 낮은 사람이라도 최상의 지혜를 가질 수 있고, 지위 높은 사람일지라도 무지하고 무식할 수 있다. 남을 무시하는 일은 죄를 짓는 것이나 다름이 없다."라고 하자, 그 관리는 허는 수없이 그 게송을 받아 쓸 수밖에 없었다.

> 깨달음에는 본래 나무가 없고
> 밝은 거울 또한 경대가 아니다.
> 본래 아무것도 없는데
> 어디서 티끌이 생겨날까?

이 게송은 홍인 선사에게 전해졌다. 그는 놀라움을 금치 못했다. 홍인 선사는 큰 그릇은 역시 신수가 아니라 뒤 방앗간에서 방아를 찧는 혜능이라는 것을 알았다.

홍인은 이 글을 읽고 내심으로 누군가 혜능을 해칠지 모른다고 생각하고, 깊은 밤 3경이 되어 혜능을 자기 방으로 불렀다. 혜능에게 가사를 건네주고 신표로 삼으라고 게송을 읊었다.

> 유정이 와서 씨를 뿌리니
> 원인의 땅에 결과가 저절로 생긴다.
> 무정은 이미 종자가 없거늘
> 성품도 없고 태어남도 없다.

홍인 선사는 깊은 밤 혜능에게 의발과 법통을 전해 주고 이제부터 네가 제6조 조사라고 일러주었다.

그리고 그를 남쪽으로 돌려보냈다. 이런 일이 일어난 것이 661년이며 그 때 혜능의 나이는 겨우 23살이었다. 이때부터 중국의 선종은 남선, 북선으로 갈라지게 되었다. 혜능 계통을 남종선, 신수 계통을 북종선이라 칭하게 되었다. 아무튼 중국의 선종은 이후로부터 혜능에 의해 황금기를 이루게 된다.

제6조 혜능 선사

중국 선종의 제6조 혜능 선사는 속성이 노씨이며 광동성 소주 곡강현 사람이다. 일찍 부친을 여의고 홀어머니 밑에서 땔나무를 팔아서 어렵게 생계를 꾸려갔다. 어느 날 땔나무를 팔러갔다가 그 집주인이 『금강경』을 읽는 소리를 듣고 마음의 변화가 일어났다. 그 집주인으로부터 황매 산의 제5조 홍인 선사가 계신다는 이야기를 듣고 어머니를 두고 황매 산으로 들어가 홍인 선사의 제자가 될 것을 결심한다. 어느 날 남해 현 제지 사에서 인종 스님이 『열반경』 강의를 하고 있었다. 거센 바람에 깃발이 펄럭이고 있는 것을 본 두 강사가 서로 다투기 시작했다. 한 스님이 말했다.

강　사: "바람이 움직이는 것이다"
강　사: "아니다, 깃발이 움직이는 것이다."

그들 둘은 입씨름이 끝나지 않고 계속되자, 혜능이 말했다.

혜　능: "바람이 움직이는 것도 아니고, 깃발이 움직이는 것도 아니다."

드디어 강사가 물었다.

강　사: "그럼 무엇이 움직인단 말입니까?"
혜　능: "두 사람의 마음이 움직이는 것이다."(『상게서』)

그 즉석에서 인종 스님은 혜능 선사의 제자가 되기를 청했다. 선의 세계는 우주 질서와 마음이 회통하는 자유자재한 해탈의 세계이다. 이 무애자재한 선의 몰입은 자신을 마구 빼앗아 갈 뿐만 아니라 허위가 아닌 진실한 삶의 여로이며, 항상 스스로 그렇게 하고 있는 평상심이다. 그것에 몰입하는 것은 인위적인 것이 아니라 체험적 지혜이며 직관일 수밖에 없다. 선은 마음에서 마음을 보고 내부의 심진여 자체가 대상의 집착을 깨뜨리고, 외부와 내부의 무차별적 평등관, 즉 고뇌와 무명이 말끔히 가신 해탈된 마음의 깨달음에서 자유자재한 삶을 얻는 것이다.

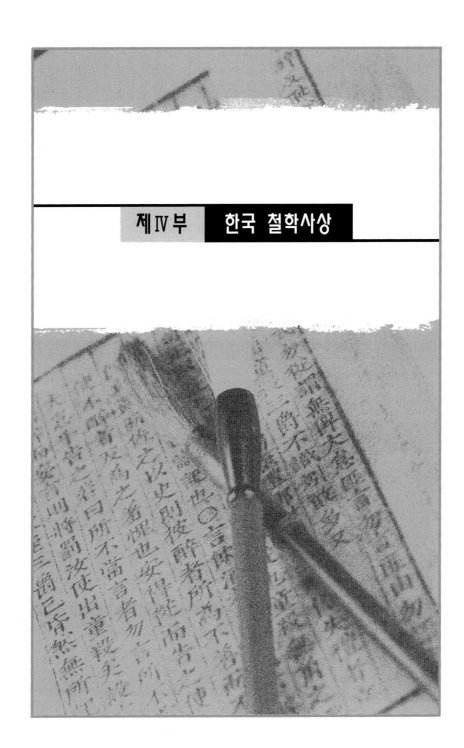

제Ⅳ부　한국 철학사상

제1장 한국 유학사상

1. 중국 유학의 한국적 전개

유학이 한국에 전래된 시기는 정확히 알 수 없다. 아마 삼국시대에 전래된 것으로 추정하고 있다. 그 시기에 중국의 한대 유학이 들어왔다는 근거는 정치체제와 교육제도에서 찾을 수 있다. 그것은 고구려, 백제, 신라에서는 원시유학의 정신을 그대로 받아들여 효·제·충·신의 정신을 이 땅에 뿌리내렸으며, 경학과 전장제도를 적용하여 국가의 정신적 물질적 안정을 꽤했던 것이다. 특히 신라는 원시 유학의 도덕 강령과 더불어 수당 불교를 접목시켜 국민의 정신적 이념에서 풍유도·풍월도·국선도의 수련으로 신라통일을 가져온 동기를 마련하였다. 특히 화랑도에서는 화랑의 세속오계를 들 수 있다. 이 세속오계는 신라 진평왕 때, 원광법사가 화랑인 귀산과 그의 친구인 추앙에게 전수한 다섯 가지 덕목으로 사군이충·사친이효·교우이신·임전무퇴·살생유택의 유불의 정신과 결합시킨 종합이념이기도 하였다.

원광법사가 내려준 화랑의 계율은 충·효·신·용·인으로 유교의 실천윤리와 상당히 깊은 관계를 갖고 있다. 그리하여 유학의 도덕이념을 국학으로 징려하였고, 신라왕실이 관장하는 독서삼품과를 실시하는 등, 유교의 실천윤리는 국가적 차원에서 깊이 뿌리내리게 되었다. 그 후 고려 태조에 의하여 이루어진 훈요십조는 유교와 불교 그리고 다양한 무속신앙을 모두 하나로 묶어, 유교를 핵심으로 한 유교적 정치이념을 철저히 반영하려 하였다.

따라서 고려는 광종에서 성종에 이르러, 유학은 최절정기를 맞았으며, 유교적 의례방식과 정신이념으로 국가체제를 단단히 결속시켰다. 고려 중기에는 최충을 비롯하여 사학이 건립되었고, 유교 경전을 위주로 하여 교육이념을 깊이 있게 천착하려 하였다. 그 후 사학은 쇠퇴기를 맞았으며, 관학이 정치와 더불어 흥성하면서 예종, 인종, 의종 때에는 유학에 실린 비중이 전 국가를 좌우할 정도에 이르렀다. 그러한 시기에 유학의 역사의식을 중심으로 하여 쓰인 김부식의 『삼국사기』도 이때에 간행되었다. 그 후 유학은 사장학(시가와 문장)으로 기울면서 고려 의종 때 무신의 난이 일어나 문신과의 혼란 속에서 침체하면서 겨우 명맥을 이어 왔다.

그러자 중국 원나라로부터 고려 충렬왕 15년 1289년 안향(명: 安裕, 호: 晦軒, 1243-1306)이 중국에서 주자학을 갖고 들어왔다. 그는 『회헌실기』에서 다음과 같이 말한다.

> "내 일찍이 중국에서 주회암의 저술을 보았는데, 주회암이 성인의 도를 밝히고 선불(禪佛)의 학을 배척한 공은 공자에 비견할 만한 것이다."(『회헌실기』, 「유국자제생문」)

일반적으로 "주자학의 전래는 고려 말 안향이 원나라로부터 주자서가 들어온 것을 그 단초로 잡고 있다."(『고려사』 권105, 「열전」) 그로부터 권부(1262-1346), 백이정(1260-1340), 우탁(1263-1342) 등의 열렬한 연구에 의해 이제현(1287-1367), 이곡(1298-1351), 이색 등으로 이어지면서 주자학의 의리정신을 발전시키고 확대해 갔다는 것이 통설이다. 사실 주자학은 점차 고려 말부터 사대부들의 유학이념으로 국가의 정신적 정초를 놓은 셈이며, 조선왕조의 개국 이래 500년의 역사에서 정치, 문화, 교육,

기타 전반에 걸쳐 원동력으로 성장해왔다. 태조와 성종에 이르는 동안, 유학사상은 정치적 안정과 더불어 민생을 정착시키는 데 정치적 역점을 두었던 것이다. 이때 사림파 유학자와 도학파 유학자 간에 파벌이 생기게 되었다. 사림파는 조선조 유학의 정맥이며 정통이 되었다는 구체적 예증으로, 사림파에 속하는 기대승(高峯, 1527 - 1572)의 말을 들어보도록 하자.

"우리나라의 학문은(……) 고려 말에 정몽주가 비로소 성리가 위기(爲己)의 학임을 알았다.(……) 동방 학문의 차례로 말하면, 정몽주가 동방이학지조로서, 길재가 몽주에게 배웠고, 김숙자가 길재에게 배웠고, 김종직이 숙자에게 배웠고, 김굉필이 종직에게 배웠고, 이어 조광조가 굉필에게 배웠다. 본원의 바름을 계승하고 명성의 실을 얻어, 학문의 무성함이 크게 번창하게 되었다."(기대승, 『논사록』, 「하권」)

이와 같이 사림파의 대표적인 인물을 보면 정몽주(1337 - 1392)에서 길재(1353 - 1419)로 이어지고 김숙자(江湖, 1389 - 1456)는 김종직(佔畢齋, 1431 - 1492)에 이어받았으며 김굉필(寒暄堂, 1454 - 1504)은 조광조(靜菴, 1482 - 1519)에로의 학맥을 이어 왔다. 도학파의 인물로서 삼봉 정도전의 맥은 권근에게 이어진다. 전자는 주자학에 나타나는 의리학의 성격을 정치·경제·학문 분야에 두드러지게 나타내는 반면, 후자는 비판적이며 혁명적 성격이 강하게 나타났다. 그것은, 즉 객관지의 추구보다는 가치 실현의 실천궁행을 더 중히 여겼기 때문이다. 이 결과로, 사림파는 정몽주가 주장해 온 의리학의 정당성을 확보하고 마침내, 사육신, 생육신의 결과를 낳게 되었다. 그리하여 정몽주는 그의 『사서집주』에서 경학의 해박함과 정통성을 인정받아 우리나라 이학(理學)의 할아버지(祖)라고 한 것도 바로 이러한 동기에 있었다. 특히 주자학은 경학에서 오는 지식 자체를 위한 지식추구에만 몰두하는 학문이 아니라 의리를 실천하는 경향이 강한 학문이다. 이 점과 관련하여 정몽주의 실천적 정신 특히, 목숨을 바쳐서라도 불사이

군의 의리정신을 지적하지 않을 수 없다. 이것에 이어 조광조는 도학정치를 표면적으로 드러내어 정치에 반영하기도 하였다. 도학정치로 말미암아 사림파와 기존 훈구세력 사이에 여러 차례 사화를 일으키기도 하였지만, 사화기를 거치는 동안 유학은 더욱 단단한 발판을 굳힌 셈이 된다.

그 후 두 갈래, 즉 이언적(晦齋, 1491 – 1553)의 주리적(主理的) 철학과 서경덕(花潭, 1489 – 1546)의 주기적(主氣的) 철학으로 말미암아 이퇴계와 이율곡에 이르게 된다. 이퇴계와 이율곡은 조선유학의 성리학적 거봉으로 후세에 지대한 영향을 미쳤다. 중국의 성리학이 우주론의 형이상학에 중점을 두었는가 하면, 조선의 성리학은 자연이나 우주론의 문제보다는 인간내면의 도덕적 가치로 있는 인·의·예·지의 성(性)과 희·노·애·구·애·오·욕의 정(情)의 문제에 더 많은 관심을 기울여 왔다. 따라서 퇴계는 인간의 심성문제에 있어서 인간의 존엄성은 어디까지나 천리에 있음을 주장하고, 이철학(理哲學)을 중심으로 한 사단칠정론을 전개했었다. 그리고 율곡은 심의 허령한 특성이 기(氣)이기 때문에 이(理)를 기(氣) 속에 수용하면서 이기지묘를 제창하고, 이것에서 발전하여 이통기국(理通氣局)의 논리를 세우고 이것을 성리학으로 해명하려 하였다. 이에 대안으로 이퇴계와 기고봉의 사단 칠정론의 논변과 그리고 이율곡과 성우계의 인심도심론의 논변은 장구한 시간을 두고 오래 동안 논변이 계속되어 왔다. 이러한 동기로 말미암아 이기성정론(理氣性情論)은 더욱 심화되어 한국특유의 심성론으로 탈바꿈하게 되었다. 그 이후 조선조의 학계는 이퇴계를 중심으로 하는 퇴계학파와 율곡을 중심으로 하는 율곡학파라는 양 학파로 발전해 갔다. 그중에서도 중국 명대 양명학을 받아들인 정재두는 이단으로 몰려 배척당하고 공적 연구가 배제되는 상황도 있었다. 이 시기에 주자학계에서는 인간의 본성이 사물의 본성과 같은가? 다른가? 하는 이른바 인물성동이(人物性同異) 논쟁이 일어나기도 하였다. 그 결과, 주자학의 인성론을 더 세밀히 확인하는 과정에서 한국의 인성론이 더욱 획기적인 발전을 거듭하였다. 그리고 거의 같은 시기에 주자학이 독보적 지위를 차지한 데 불평을 품고 자주적으로 경전해석에 임하려는 학풍이 일어났다. 그것이 바로 박세당과 윤휴의 학풍이었다. 이들이 일으킨 학풍의 관심은 주자학이 공허한 사변에 있음을 비판하고 이것에 맞서 실천적 경향을 중시하려는 의도가 강했다. 그 이후, 당시 조선조 실학자들의 학문적 경향은 곧 실학자들의 경세론으로 기울어져 갔다. 그러므로 그들은 주자학의 교조적 철학보다는 근본유학이 지니는 실천성, 즉 도덕실천과 민본을 위주로 한 현실의 경제적 측면에 관심이 집중되었다. 주자학의 국가적 권위의식을 벗어나서 자유로이 양명학, 서학, 고증학 등의 학문을 받아들이는가 하면 개방적 태도를 취하는 유학으로 바뀌어 갔다. 그 후 유학은 17세 중기에서 19세 초기까지 조선의 학풍은 외국문물과 혼합되어 실학이라는 시대적 사명으로 그 명맥은 지금까지 이어지고 있다.

2. 주리철학(主理哲學)을 정착한 이언적

1) 무극이태극론(無極而太極論)에 의한 본체론 정립

이언적(晦齋, 1491-1553)은 성종 22년(1491)에 태어나 10세 때 부친을 여의고, 12세 때 외숙인 손중돈에게 수학하였다. 그는 불우한 처지에서도 학문에 힘써 왔으며, 그는 23세 때 생원시험에 합격하였다. 그리고 난 후 1530년 사간(司諫)으로 지낼 때 김안로와의 불화로 숙청당한 이후, 고향 경주 자옥산에 숨어서 약 7년간 성리학 연구에 몰두하였다. 그러자 1537년 다시 관직에 등용되어 부제학·이조·예조·형조판서와 좌찬성을 역임하였다. 다시 선조 때 영의정에 발탁되어 선조로부터 문원(文元)이라는 시호를 받기도 하였다. 그리고 그는 한훤당 김굉필, 일두 정여창, 정암 조광조, 퇴계 이황과 함께 한국의 오현(五賢)으로 일컬어진 사람이었다.

그가 쓴 『회재집』은 14권 5책으로 구성되어 있고, 그 외에 『대학장구보유』와 『속혹문』, 『중용구경연의』와 『구인록』, 『회재집』 등의 많은 저작을 남겼다. 그 중 그의 논저에서 핵심을 이루고 있는 『서조망기한보론 무극이태극론』 4, 5편은 그가 주장하는 우주론의 이철학을 싣고 있다. 조선조 건국 이래 왕의 공신과 척신들, 이른바 훈구파들은 토지를 함께 합쳐 관료의 영욕을 노려온 것 또한 사실이다. 이언적은 이에 도전하여 지방지주 계층을 대변해왔으며, 이에 대한 궁중의 반발로 네 차례의 사화를 겪는, 즉 무오사화, 갑자사화, 기묘사화, 을사사화 등으로 뼈를 깎는 듯한 아픔을 겪었다. 그러나 회재를 비롯한 여러 학자들은 을사사화를 마지막으로 사림파는 왕권과 맞서 민중의 의지를 관철시켰다. 이러한 정치적 승리를 이끈 배후의 정신적 이념은 곧 이언적을 비롯한 사림파의 역할이라 할 수 있으며 아울러 투철한 선비정신의 발로이며 민중의 활약이라고 할 수 있겠다. 회재 이언적은 외숙 망재 손숙돈(忘齋, 孫叔暾)과 망기당 조한보(忘機堂, 曺漢輔)의 무극이태극론에 관심을 갖고, 그것에 대한 학문적 비판을 가함으로써 『답망기당서』 4편을 저술하였다. 그것은 주자학의 이기이원론에 근거하여 확실하게 한국에서의 주리철학을 최초로 뿌리내렸던 것이다. 이언적은 주자 학문을 그대로 계승한 그는 인륜 도덕적 사유에서 이기는 서로 섞일 수 없다(理氣不相雜)는 것으로 이(理)를 우선하고 이의 초월성을 드러내었다. 따라서 질료적 사유에서도 "이와 기는 서로 떠날 수 없다(理氣不相離)"라고 함에서 이(理)를 기의 개별성 속에 내재시키는 논리를 탁월하게 구별해내었다. 이 점에서 퇴계는 그를 극찬하였다. 이것을 다음과 같이 말한다.

"서 조망기한보론 무극이태극설은 최초 우리나라 성리학에서 획기적인 논저이며, 주자학을 한국에 토착화하는 데 지대한 공헌이며 고귀한 작품이다."(『한국철학연구』, 「이언적의 철학사상」)

우리는 아래에서 이언적의 『답망기당서』에 나타난 그의 형이상학적 "무극이태극론"의 논변을 논의해보고자 한다. 이언적은 태극을 무극이라 함에서 결국 태극을 유의 범주로도 보지 않고, 무의 범주로도 보지 않았고 유일한 절대자로 보았다. 무극이란 현상계를 초월해 있는 그 무엇의 실체이며, 태극이란 무한의 실유라는 것이다. 주자는 태극을 무형으로 말하면서 도의 본체이며 세계본질의 완전성으로 보았다. 다른 한편으로는, 태극을 현상에서 말하여 사람과 사물에 모두 이가 내재한다고 보았다. 그는 이것을 아래에서 잘 말해 주고 있다.

> "대저 태극이라 함은 곧 도의 본체이다. 만화의 영요이다. 자사가 말한 천명의 성이다. 대개 그 충막무짐(沖漠無朕)한 가운데 만상이 삼연히 갖추어져 있어 하늘이 덮은 까닭이며, 땅이 싣는 까닭이다. 이것은 일월이 비추는 이유이며, 귀신이 그윽하게 보이는 까닭이다. 풍뇌가 변하는 까닭이며, 냇물이 유동하는 이유이다. 성명이 바르게 있는 까닭이며, 윤리가 드러나는 까닭이다. 본·말, 상·하가 하나의 이(理)로 꿰뚫어 진실로 변함이 없다.
> 이(理)라는 것은 지무(至無)한 가운데 지유(至有)한 것이 있으므로 무극이 태극이다. 이가 있고 난 연후에 기가 반드시 있으므로 태극이 양의를 생한다. 그러한, 즉 이는 기를 떠나지 않고 이는 기와 섞이지 않는 관계에 있다."(『상게서』, 「답망기당 제1서」)

이언적의 이(理)철학의 입장에서 그가 주장하는 태극의 실질적 의미는 크게 세 가지로 정리될 수 있겠다.

태극을 우주본체로 본 입장

① 주자의 주리철학을 계승하여, 태극은 도의 본체이다. ② 태극은 일체변화의 근본(領要)이며, 하늘이 명한 본성이다. ③ 태극의 본성은 텅 비고 조짐이 없다. 그러나 모든 존재를 생성함에서 정밀·조잡, 근본·말단, 내·

외, 주·객, 선·후, 동·정, 체·용을 통관한다. ④ 본래의 위치와 그리고 형상도 없다. ⑤ 사물이 존재하기 이전에 존재했고, 사물이 존재한 후에도 존재했다. ⑥ 본래 음양에 독립해 있으나 작용함에는 음양에 내재한다.

태극을 우주만물의 주재(主宰)로 본 입장

① 현상에서 보면 하늘은 덮고 땅은 싣는다. 그것은 덮고 싣게 해 주는 까닭이 된다. ② 일월이 비추어지게 하는 이유가 된다. ③ 귀신의 그윽한 까닭이 된다. ④ 풍뇌를 변하게 하는 까닭이 된다. ⑤ 냇물을 유동하게 하는 이유가 된다. ⑥ 성명이 바르게 있도록 하는 까닭이 된다. ⑦ 윤리가 드러나는 까닭으로 모든 생성의 소이로써, 즉 현상의 주재자가 된다.

태극을 도덕규범의 가치로 본 입장

① 이를 우선함으로 본체에는 어디까지나 이(理)는 이(理)로, 기(氣)는 기(氣)로 규정한다. 그러므로 이와 기는 서로 섞일 수 없다. ② 현상에 조리로서 이와 기는 서로 섞일 수 없으므로 이(理)를 우선한다.

이언적이 주장하는 무극이면서 태극이라는 것은 도가가 주장하는 무위나 유위와 같은 의미가 아니고, 더더욱 불가에서의 실체를 부정한 공이나 무가 아니다. 회재가 주장하는 태극은 실제 만화(萬化)의 영요(領要)이며, 하늘이 명한 본성이고, 천지 존재를 생성하게 하는 소이이며 그 자체는 소이연으로서의 주재자이다. 아울러 태극 위에 또 다른 무극이 있을 수 없음으로 무극이 태극이라 주장하였다.

2) 조 망기당(曺 忘機堂)의 적멸론 비판

이언적은 태극설의 입장을 고수하면서 도체는 허무 공적한 것이 아니라 영원보편자임을 거듭 천명하고, 망기당 조한보의 일초무극태극(一超無極

太極)(『회재전서』), 즉 태허의 본체는 본래 적멸하다고 주장하는 적(寂)
자와 멸(滅) 자에 대해 냉혹하게 비판을 가했다. 그것을 그는 다음과 같
이 말한다.

"대저 망기당 조한보가 평생 동안 닦아 온 학문에서 모순을 발견하였다.
그 모순의 근거를 그의 논저에서 내가 찾아내었다. 그가 말하기를, 태허의
본체는 본래 적멸하다고 주장하였다. 멸자를 태허의 체로 본 것은 단연 나
만이 모순이 된다고 주장함이 아닐 것이다. 고요함이란 지허(至虛)하고 지
적(至寂)한 가운데 이(理)는 혼연하게 갖추어 있다. 그러므로 천하의 모든
일에 통달한다. 만일, 망기당의 말대로 적(寂)하고 또 멸(滅)한다면 이러한
본성은 적연한 목석(木石)일 뿐이다. 그것이 천하의 위대한 근본이 되는 까
닭이 어디에 있겠는가?"(『상계서』,「제1서」)

그는 망기당 조한보가 태허의 본체는 본래 적멸하다고 함에 혹평을 가
한다. 그는 망기당이 주장하는 본체의 의미는 본체와 현상 간의 관계에서
논의되지 않고, 다만 무극이라는 개념의 의미를 초시공과 초현상의 관점
에서 논의하였음은 유감스럽다고 평가하였다. 그러므로 세계와 인간, 인간
과 세계를 종합적으로 사유함에서, 먼저 지극히 가까운 곳, 즉 내외·선후
·주객·본말에서 그 성실성을 찾지 못했으며 그 이론은 불가의 이단(寂
滅)에 떨어지는 것은 규정사실이다. 이 언적은 만일, 그가 오묘하고 허원
한 곳에서 이(理)를 찾았다고 하면 도가의 무(無)와 불가의 고요함(寂)으
로 흐른다고 지적하였다. 그리고 그는 조한보가 또한 쉽사리 그 왕복 서
를 시정하지 않고 있는 것을 볼 때, 조한보는 불가에서의 적멸의 이단성
을 끝까지 고집한다고 거듭 혹평하였다.

이언적은 망기당 조한보가 주장한 태극의 적멸론을 다시 『중용』의 중화
논리에 빗대어, 그것은 자연과 인간본성에 위배된다고 철저히 반격을 가
했다. 이것은 다음과 같다.

　　"천상의 일은 소리도 냄새도 없다. 이것을 고요함이라고 표현한 것은 옳다. 그러나 지적한 가운데 그것은 그윽하고 깊어서 언제나 화육하고, 유행하고, 상하에 밝게 드러나니 어찌 다시 멸(滅) 자를 적(寂) 자 밑에 놓는가? 마음으로 말하면, 희·노·애·락이 미발상태에서 그 가운데 있는 것은 마음 본연의 체이니, 이것을 적이라고 할 수 있으나, 그것이 감하여 통한다면 희·노·애·락이 발하여 중절하고, 본연의 묘가 이에 유행한다. 선유들이 이것을 이른바 적(寂)이라고 한 것이다. 적하여 감한 것이 이것이다. 만일 적적하고 또 멸한다면, 고목이 사멸한 것과 같고, 천성을 멸함과 같음이 아니고 무엇이겠는가?"(『상게서』,

　　그는, 조한보가 주장한 적(寂)의 의미를 중용에 의거하여 인간 마음의 이발과 미발에서 비평하였다. 회재는 우리의 감정이 희·노·애·락의 미발상태에서는 혼연한 본체이므로 적(寂)이라고 말한 것은 타당하다. 그러나 그는 이미 희·노·애·락의 감정이 발하여 중절에 적중할 때는 천지가 정위에 서고 만물이 그의 생의를 완수하게 된다. 이것은 단순한 정지된 적멸이 아니고, 중화의 중절에 맞는 사물의 본성이며, 천하에 통용되는 도리라고 강변하였다. 이것을 이언적은 조한보의 적멸설의 주장이 불가의 돈오적 병통에 있다고 다시 지적하였다. 이언적은 망기당이 이(理)를 적멸이라 말한 것을 『중용』의 중화의 중절의 논리에서 논의한다면, 그것은 천하의 대본이 될 수 없으며 만사만물에 유행하고 소저(昭著)할 이(理)의 근거가 상실된다고 배격하였다. 그리고 이언적이 주장하는 망기당의 답서는, 애초 주렴계의 태극 본지와 주자의 이(理)의 근원에서 적(寂)의 의미를 말하려 하였으나 오히려 그것과는 거리가 더 멀게 되었고, 그것은 오히려 노장과 불가가 주장하는 무위자연의 입장에 더 가깝게 되어 버렸다고 지적하였다. 이언적이 주장하는 본체는, 즉 주자의 태극과 이기이원론의 입장과 그 맥락을 같이하고 있는 것이다.

3. 기이일원론(氣理一元論)을 완성한 서경덕

1) 선천과 후천에 의한 체용일원(體用一源)

한국철학에서, 16세기 중반 주자학 사상의 본체(우주론)의 논지에서 가장 정합적 체계를 제시한 사람이 이언적이라고 말한다면, 그와는 반대로 서경덕(호: 花潭, 1489-1546)은 중국 북송의 주돈이·장재·소옹·정호·정이의 학설을 두루 해득하고, 성리학의 이와 기는 서로 떠날 수 없다는 기의 실재성을 밝히는 데 전력해 왔다. 그 당시 상황을 고려해 볼 때, 주자학이 이(理)를 중심으로 역사와 사회를 해석하려는 시기에서 서경덕은, 이의 세계를 인정하면서 기로써 세계본질을 해명하려 하였다.

사실, 서경덕의 기론은 자신의 독창성은 아니지만 주로 장재의 태극론을 계승하고, 소옹의 선천학을 답습한 것이다. 그는 무엇보다도 한국 성리학의 흐름에서 주리·주기철학 중 주기론을 주창한 것은 독특한 발상이라 하지 않을 수 없다.

서경덕의 선천(先天)은 기로써 형이상이며, 기를 본체로 규정하고, 후천(後天)은 역시 기로써 형이하이며, 기의 운동으로 끊임없이 동정하면서 전화하고 화생한다고 규정하였다. 그러므로 서경덕은 선천과 후천의 의의를 명확히 설정하고 그 논지를 전개하고 있는 셈이었다. 그러한 그의 언지를 직접 보도록 한다.

"그 담연한 체를 일컬어 일기(一氣)라 하고, 그 혼연한 전체를 태일(太一)이라고 한다. 주렴계는 여기에서 어찌할 수 없어 다만 무극이면서 태극이라고 말했다. 이것이 곧 선천이다."(『화담집, 권2』, 「원이기」)

"태허는 담연무형이다. 이것을 선천이라 부른다. 그 크기는 밖이 없고, 그 선후를 말하면 처음이 없으며, 그것이 오는 것을 말하면 인간이 궁구할 길이 없다. 그것이 담연하여 허하고 정함을 기의 본체라고 한다."(『상게서』, 「원이기」)

서경덕은 기의 본체를 담연 무형한 것에서 태허, 선천이라 칭하고, 혼연한 전체를 태일이라 하였다. 기가 우주에 편만해 있을 때 크기는 무외이며, 선후는 무시이고, 그것이 오는 곳을 궁구할 수 없다고 하였다. 따라서 그는, 기의 선천은 시간적으로 영원하며, 공간적으로 광대하여 감각으로는 인식될 수 없다고 보았다. 이것을 『주역』에서는 적연부동이라 하였고, 주렴계의 『태극도설』에서는 무극이 태극을 선천과 같은 의미라고 정의하였다.

그는 자신의 기를 실유로 보는 입장에서, 천지에 굴신 왕래하는 기를 천지의 생의 근원자로 규정하면서 불가에서의 실체를 부정하는 적멸설과 노자의 허론을 비판하였다. 그리고 자신이 주장하는 선천의 본체, 즉 태허는 허무나 적멸이 아니고 모든 만상을 화생하는 근원이며 담연한 기의 본체라고 단적으로 주장하였다. 그리고 다시 그는, 후천은 적연하여 있던 본체가 이의 때(理之時)를 따라 작용하는 일(用事)로 정의하고 있다. 이 용사는 태허의 본체가 저절로(機自爾), 갑자기 뛰고(倏爾躍), 문득 열리는(忽爾闢) 그러한 기의 작용을 의미한다. 그는 후천과 선천의 대대관계에서 기의 실유의 논지를 펴고 있다. 그는 다음과 같이 그 논거를 제시한다.

> "갑자기 뛰고 문득 열리니, 누가 그렇게 시킨 것일까? 그것은 스스로 능히 그러한 것이다. 또한 스스로 부득이 그러한 것이니, 이것을 이(理)의 시(時)라고 한다. 『주역』에서 감이수통, 『중용』에서 도자도, 『태극도설』에서 태극 동이 생양이 그것이다. 이것이 후천이며, 작용하는 것이다."(『화담집 권2』, 「태극설」)

서경덕이 주장하는 태허의 본체는 『주역』의 감하여 비로소 통함(感而遂通)과 『중용』의 도는 스스로의 도(道自道)와 『태극도설』의 태극이 동하여 양을 생함(太極動而生陽)과 같은 의미를 갖고 있다. 따라서 그가 주장하는 선천과 후천은 선후개념이 아니고 본체와 현상, 즉 체와 용에 해당하는 것으로 보아야 한다. 다시 말해서, 그는 태허의 본체에서 그대로 자기

속성에 의해 나타나는 기의 운동을 기틀이 스스로 그러한 것으로 표현하였고, 그 자율성에 의해 갑자기 뛰고, 문득 열리고 하는 이(理)의 때를 후천 혹은 기의 작용이라고 하였다. 이러한 본체 속에 이의 시를 속성으로 드러낼 때 후천이라는 것이다.

2) 기이일원론(氣理一元論)의 완성

서경덕은 "기 밖에 따로 이는 없다."라고 단언한 데서 일반적으로 그의 기이관계를 일원론으로 보는 경향이 상당히 많다. 그것을 염두에 두고 그의 주장을 살펴보도록 한다.

> "기의 근원은 최초에 일(一)이다. 이미 기를 일이라고 말함은 일은 곧 이(二)를 내재한다. 태허를 일(一)이라고 하면 그 가운데 이(二)를 내재하고 있다. 이미 그것이 이(二)이므로 이것은 개폐가 없을 수 없고, 동정이 없을 수 없으며, 생극이 없을 수 없다. 그 개폐 · 동정 · 생극할 수 있는 소이(所以)가 바로 태극이라는 것이다. '기 밖에 따로 이(理)는 존재하지 않는다.' 이(理)라고 하는 것은 기의 주재이다. 이른바 주재는 밖으로부터 와서 주재하는 것이 아니다. 그 기의 작용이 마땅히 그렇게 해야 할 바름을 잃지 않을 때, 이것이 주재한다고 말한다."(『화담집, 권2』, 「이기설」)

서경덕에 의하면, 기의 근원은 본래 일(一)이다. 그 이(二)가 되는 것은 동정을 이미 그 본체 속에 내재하고 있다는 것이다. 이 음양의 개폐 · 동정 · 생극(生克)은 본체의 필연성이다. 그는 이 음양활동의 필연성, 즉 소이연(그렇게 되는 까닭)을 태극이라 하였다.

그러므로 그는 기 밖에 이가 없다는 것이며, 이(理)는 기(氣)의 주재가 되며, 이 이(理)는 기의 속성으로 간주하고, 이(理) 자체의 독립성을 허용하지 않았다. 왜냐하면, 기작용의 바름을 잃지 않고 기에 대한 이(理)의

소이연으로서 주재라는 것이다. 따라서 그는 이기무선후를 주장하기 위해
"기는 시작도 없고, 이(理) 또한 시작이 없다."라고 하였다.

이것을 요약하자면, 태극의 이(理)는 기(氣)의 동정·합벽·생극의 주
재로서 기의 용사(후천, 현상, 작용)에 내재하면서 갖는 필연의 법칙이다.
그리고 이는 기의 작용을 주재하고 기를 작용하게 하는 소이연으로 존재
한다. 그래서 서경덕이 주장하는 이(理)는 기 밖에 이는 없으며, 이라는
것은 기를 주재하며, 그러하게 되는 정당함으로 간주하고, 이는 기의 주재
로만 강조할 뿐, 주리론에서 보는 것처럼 이(理)의 독자성을 드러낸 부분
은 거의 찾아볼 수가 없다. 그래서 그는 기의 자율성 속에 이의 주재를
필연적으로 내재시키는 논리를 전개하였다. 그러므로 "기 밖에 따로 이를
내세울 필요가 없다(氣外無理)는 논지에서 그의 사상을 기일원론(氣一元
論)"(현상윤, 『조선철학사』 p.67)으로 규정할 수 있겠다.

3) 기(氣)의 생멸을 주장한 일기장존설(一氣長存說)

서경덕은 세계 내의 존재에 있는 생멸은 태허 가운데 담일하고 청허한
기가 모이고 흩어짐에 기인한다고 보았다. 그의 주장은, 생멸에서 생이란
기가 모인 것이고 멸이란 기가 흩어진 것으로 보았다. 기 본체에서 본다
면 삶과 죽음이란 변함이 없다. 기의 본질상에서는 취산만 있고 있던 것
이 없거나 없던 것이 있게 될 수는 없다는 것이다. 그는 이것을 다음과
같이 말한다.

"정자는 죽음과 삶(死生)과 사람과 귀신(人鬼)은 하나이면서 둘이고, 둘
이면서 하나라고 말했다. 이것은 그가 할 말을 다한 셈이다. 나는 사생과
인귀는 오직 기의 취산일 뿐이라고 말한다. 취산이 있고 유무가 없는 것은
기의 본체상에서 한 말이다."(『상계서, 권2』, 「귀신사생」)

"한 포기의 풀이나 한 그루의 나무와 같이 작은 것도 그 기가 끝내 흩어
짐이 없다. 하물며 사람의 정신과 지각 같은 것은, 기의 모임이 크고 오래
된 것에는 더 말할 것도 없다!"(『상계서』, 「귀신사생」)

정신이 육체와 함께할 때 지각이 나오는 것이 일반적인데 그는 전혀 다
른 영묘한 기로 보는 것 같다. 이것은 마음의 작용 면에서는 기와 동일하다
고 보면서 그는 사람이 죽으면 육체나 영혼은 흩어져도 마음은 끝내 흩어
지지 않는 기로 보았던 것이다. 서경덕은 정신과 지각을 따로 말하고 있다.

"사람이 흩어짐에 있어서 육체와 영혼이 흩어질 뿐이다. 모인 것의 담일
하고 청허한 것은 역시 흩어지지 않는다."(『상계서』, 「귀신사생」)

그러므로 화담이 주장하는 기의 모인 것의 맑고 순수한 것, 크고 오래
된 것의 논지는 무엇을 의미하는가? 아마도 그가 말하는 사멸이란 현상계
의 일시적 사멸이 아닌 것 같다. 개별적 사물은 생멸의 모습을 볼 수 있
지만 기의 관점에서 볼 때, 끝내 소진하는 것이 아니고 태허로 복귀하는
기의 순환과정으로 주장하였다. 그러므로 위에서 취산은 있어도 유무는
없다는 말이 이것을 대변한다. 다시 말해서, 서경덕은 개별존재들은 모두
생멸을 겪고 있지만 그가 주장하는 우주본체로서의 기는 생멸이 없고 영
구히 존재한다는 것이다. 공간적으로는 무진하며, 시간적으로는 영원하다
는 것에서 일기장존설(一氣長存說)을 창설하였다. 이 일기장존설은 한편
으로는 훗날 성리학자들에게 많은 비판을 받았으며 아울러 다른 한편으로
는, 기를 수용하는 측면에서 커다란 영향을 미쳤다. 그리하여 율곡은 자신
의 기철학적 입장에서, 화담의 일기 장존설로 말미암아 나는 이와 기는
서로 떠날 수 없음의 묘함을 분명히 자각했다(『율곡전서, 권10』)고 높이
평가했는가 하면, 반대로, 이철학의 입장에 있는 퇴계는, "화담이 일기장
존설을 세우는 데 있어 아마 기를 이로 오인한 것 같다."(『퇴계집, 권41』)

라고 배격하였다. 여기에서, 오인이라고 함은 바로 시공간의 제약을 받지 않는 것은 형이상인 이(理)요, 기는 형이하이기 때문에 시공간적 제약을 받지 않을 수 없다고 한 것이다. 그러나 서경덕은 훗날 한국 성리학에서 특히 주기론을 연구하는 성리학자들에게 지대한 관심을 끌게 되었다. 그것을 다음과 같이 나타나고 있다.

> "율곡은 이통기국을 설립하는 과정에서 일기장존설은 수용ㆍ비판대상이 되었고, 녹문 임성주(1711–1788)에게는 화담의 일기장존설이 자신의 편만장존설(遍滿長存說)을 주장하는 데 커다란 도움이 되었다."(『한국철학사상사』, 제6장, 「성리학의 전개와 발전」.)

4. 이기이원론(理氣二元論)을 정립한 퇴계

1) 사단칠정논변(四端七情論辯)

퇴계(李滉, 1501–1570)는 중국 송대 정ㆍ주학을 성실히 계승하고 한국의 이(理)철학을 정립하는 데 획기적 계기를 마련하였다. 퇴계 철학은 깊고 광범위하다. 왜냐하면 그의 철학범주는 우주론, 심성론, 인식론, 수양론 등 전 철학체계를 포괄하고 있기 때문이다. 이러한 다양한 철학범주 중 특히, 그는 심성론 중심의 한국성리학을 전개하였던 것이다. 그의 성리학적 근본입장은, 인간 주체를 중심으로 하는 이기론(理氣論)의 전개에 있었다. 중국 송대 성리학이 본체와 현상의 이기론 중심으로 전개해왔던 반면에, 퇴계는 세계 내의 원리를 인간의 심성 안에서 해명하고자 하였던 것이다. 이러한 점에서, 심성의 파악은 특히 인간관 정립을 위해서는 선결문제가 되었고, 철학의 일차적 과제로 간주되었다. 이러한 심성론 과제를 해결하기 위한 대안으로 먼저 그가 세운 개념규정이 바로, 퇴고사칠 논변,

즉 사단칠정논변이다.

퇴계의 사단칠정논변의 근원은 『맹자』, 「공손축」에 나오는 인간심성이 본래 선하다고 보는 사단(측은·수오·사양·시비)과 『예기』, 「예운」에 나타나는 칠정(희·노·애·구·애·오·욕)을 이기의 개념으로 구성하고 인간감정 영역에서 재해석한 것이었다. 퇴계는 인간감정으로 있는 사단칠정의 심성문제를 이기에 의한 일종의 존재론으로 환원하고 해명하려 하였다. 퇴계는 우주와 인간의 일체 존재는 이(理)가 기(氣)를 떠나 있는 것은 아니지만 특히, 당위적 인간 가치에서 이와 기는 서로 혼동되어서는 안 된다고 확실히 구분하였다. 이러한 구분이 퇴계와 고봉 사이에 조선 명종 14년부터 21년까지 무려 8년간이나 전개되었다. 퇴계의 사칠 논변은 곧 그의 철학의 특색이 되거니와 크게는 이것이 한국철학만이 갖는 인성론의 유일한 특색이기도 하다. 그러하다면, 그의 이기 관에 나타나는 철학적 해석과 고봉의 반론에서 우리는 철학적 문제점을 발견하고, 오늘이라는 시공간을 공유하는 우리에게 재해석을 요한다는 것은 시대는 다를지라도 동질감을 느끼는 데는 무척 만족할 것이다. 퇴계는 고봉과의 논변에서 서로들 상반된 반론과 반격에도 학구적 입장에 서서 오히려 그것을 넓게 포용하고 세밀히 수정한 후 발전적 성취를 이끌어 내었던 것이다.

(1) 발원처의 부동(所從來不同)을 주장하는 논리

퇴계의 입장 ✍........

퇴계에서의 사단은 그 발원처가 선천적 본연지성에서 왔으며, 칠정은 인간감정의 기질지성에서 왔다고 하여 그 발원처에 차이를 두고 있었다. 그리하여 그는 천리의 성을 천지지성과 기질지성을 두 가지로 나누고, 정도 사단과 칠정으로 나누는 것은 결코 논리상 하자(瑕疵)가 없다고 주장하였다.

그의 주장은 사단(四端)의 인(仁)·의(義)·예(禮)·지(智)는 인간본성에서 발한 것이고, 칠정은 외물에 감하여 발한 것이니 기질지성에서 나온 것이라고 보았다. 비록 사단과 칠정은 모두 이기가 겸한 것이지만 그 발원처가 다르다는 것이다. 고봉은 사단과 칠정이 모두 같은 정으로 보았다. 사단은 그 중 선(善) 일변만을 척출(剔出)해서 말했었다. 여기에서 퇴계는 고봉이 발원처를 따지지 않고 무조건 겸이기(兼理氣) 혹은 유선악(有善惡)이라고 해서, 이기(理氣)를 일물(一物)로 보는 것은 인욕을 천리로 간주함으로 모순이 된다고 반격하였다.

제1주장: 사단의 순수 발(發)

발원처를 달리하여 보는 퇴계 이론의 근거는 어디에 있는가? 퇴계는, 사단을 주자와 동일하게 해석하고 인의예지의 단에서 그 단서를 찾았다. 이 선천적 실마리를 최종적으로 탐색해 올라가면 인의예지라는 사단을 발견할 수 있다. 이 사단은 하늘이 인간에게 부여한 순수한 선천적 인간본성이다. 그것은 맹자가 "천지본성을 나에게 준 것이다(天地所予我)"라고 한 것에서 근거를 두고 있는 것 같다. 이것은 곧 천지에 근거를 두기에 천지지성이라 하였고, 인간본성에서 말하여 본연지성이라고 하였던 것이다. 따라서 이것은 인간의 의식 밖으로부터 온 것이 아니고 본래 인간이 하늘에서 품부한 원초적 본성인 것이다. 퇴계는 이 천지지성을 주자로부터 계승하여, 이 천지지성으로서의 사단은 그 발원처가 바로 본연지성에 있다는 것을 다시 한번 확인할 수 있었다. 반면에 칠정의 발원처는 사단처럼 안에서 온 것이 아니고, 외물이 본성과 대립하고 감응하여 생기는 정(情)이 바로 기질지성이라는 것이다. 이와 같이 외물에 의식이 감응하여 온 것이 희·노·애·구·애·오·욕의 칠정이기 때문에 칠정의 발원처는 기질지성에 있다고 주장하였다. 이러한 정황에서 퇴계는 내면적인 본연지성과 외면적인 기질지성을 서로 분개(分開)하여 자신의 인성론을 견지하였던 것이다.

퇴계는 사단칠정논변에서 고봉의 답서에 이렇게 말하였다. 맹자가 주장하는 사단은 순수 발이라고 말했지만 사단이 기에서 발한다고 말한 적은 아직까지 없다. 만일, 기를 겸해서 발한다면 사단이라고 말할 수 없다. 사단은 이(理)의 발이라고 함이 사실이다. 그는 "사단은 이가 발하여 기가 따르는 것이요 칠정은 기가 발하여 이가 타는 것이다."라고 하면서, 나는 사람이 말을 타고 출입하는 것을 이가 기를 타고 행하는 데 비유하여 말할까 한다. 사람은 말이 아니면 출입하지 못하고, 말은 사람이 아니면 제어할 길이 없다. 그리고 내가 주장하는 탄다(乘)의 의미는 이러하다. 사실, "사람이 간다."고 말할 때, 말과 함께 간다고 말하지 않아도 말의 감이 그 속에 포함되어 있으니 사단이 이런 것이다. 반대로, "말이 간다."고 말할 때, 사람의 감을 함께 말하지 않아도 사람의 감이 그 속에 포함되어 있으니 이것이 칠정이다. 내가 이발로서 사단을 말하면, 그대는 기발을 역설하니 이것은 사람이 간다고 할 때 반드시 말이 간다고 말하는 것과 같고, 기발로서 칠정을 말하면 이발을 역설하니 이것은 "말이 간다."고 할 때 반드시 "사람이 간다."고 말하는 것과 같은 것이다. 같은 것 가운데 이발과 기발의 구분이 있음을 알기 때문에 이름을 지어 말한 것이다. 만약 본래부터 다를 바 없다면 어찌 이름을 달리 하였겠는가? 비록 칠정이 사단과 따로 있지 않다 하더라도 사단과 칠정을 같다고 말할 수는 없고, 다르다고도 말할 수 없기 때문에 실체는 같더라도 이름은 다르다는 의미에서 동실이명(同實異名)이라 한다. 맹자가 이발을 척출하여 말함을 사단이라 하는 것은 사단의 발원처(所從來)가 분명히 이(理)에 있고 칠정의 발원처가 기(氣)에 있음이 아니고 무엇이겠는가라고 주장하였다.

제2주장: 분개(分開)에 의한 호발(互發)

그대는 사단과 칠정이 그 발원처가 다를 것이 없다고 주장하였는데 나는 어디까지나 발원처가 다르다고 주장한다. 그대는 겸이기(兼理氣)와 유선악(有善惡) 그리고 중절(中節)과 부중절(不中節)을 내세워 사단과 칠정이 다 같고, 발원처도 다르지 않다고 말한 것을 나는 보았다. 그러나 나는 그대의 겸이기 유선악의 혼륜함과 선악에 있어서 발의 중절·부중절의 선이 따로 있지 않다는 것을 모두 수용한다. 그러나 나는 말하는 것에 따라서 다르다는 것이 분개(分開)에 있다. 나는 발원처의 부동을 변함없이 고수한다. 다시 말해서, 그대의 혼륜성의 입장에서 "사람이 간다." 또는 "말이 간다."로 보지 않고, "사람과 말이 함께 간다."고 보았다. 나는 분개의 입장에서 이기호발(理氣互發)을 취한다. 따라서 "사람이 간다."고 말할 때, 실제는 "사람만이 가는 것이 아니고 말도 가는 것"이다. "말이 간다고 말하면 사람도 동시에 가는 것"이 된다. 그러한 의미에서 나는 이발과 기발의 호발을 주장한다. 그것은 발원처가 같지 않다(所從來不同)는 것을 의미하는 것이다.

(2) 사단과 칠정을 모두 정이라고 보는 논리적 근거

고봉의 입장✍............

고봉은, 퇴계의 논리에서 발하는 정이 선천적 사단의 정이냐 혹은 물질에 의한 칠정의 정이냐 하는 점에서 퇴계의 논리에 많은 문제점이 있음을 착안하였다. 우리는 고봉이 주장하는 정과 퇴계가 주장하는 정이 어떻게 다른가를 구별해야 하겠다. 고봉이 주장하는 정의 근거는 『중용』제1장에 나오는 희·노·애·구·애·오·욕의 칠정에 근거하였다. 이 칠정은 정확히 "성에서 발한 정(性發爲情)"이라고 정의하였다. 그리고 사단의 출처는 맹자에서 발단하였다. 측은한 마음은 인(仁)의 단이고, 부끄러워하는 마음은 의(義)의 단이고, 사양하는 마음은 예(禮)의 단이고, 옳고 그름을 가리는 마음은 지(智)의 단이다. 고봉은 사단도 모두 인간의 정이 발한 것으로 정 속에 포괄해야 한다고 보았다. 사실, 사단과 칠정은 다같이 하나의 정이다. 그러므로 고봉은 사단을 칠정 속에 포함시키고, 칠정 밖에 따로 정이 있는 것이 아니라고 주장하였다.

위에서 고봉이 퇴계에게 반론을 제기한 내용을 요약하면 다음과 같이 될 것이다.

① 사단만 인·의·예·지의 발이 아니라 칠정도 인·의·예·지의 발이다.

② 인간에게 따로따로 하나의 성(性)이 있어서 어떤 것은 이(理)에서 나오고 어떤 것은 기(氣)에서 나오는가?

③ 칠정만이 외물에 접촉하여 발하는 것이 아니고, 사단도 물에 감하므로 동(動)함이 칠정과 다를 바 없다.

④ 칠정 밖에 다시 사단이 있는 것이 아니다. 이것은 동실이명(同實異名)이다.

퇴계는, 사단은 안에서 발하고 칠정은 밖에서 발한 것이라고 단언하였다. 그러나 나는 이렇게 본다. 마음은 이기의 합이다. 정이란 모두 이기를 겸한 것이다. 나는 따로 어떤 정이 있어 이(理)에는 소속되고 기(氣)에는 제외되는 정(情)은 아직 보지 못했다. 발하기 이전에는 성(性)이라고 할 수 있어도 정(情)이라고는 할 수 없을 것이다.

일단 발하면 곧 정이 된다. 그때는 중절·부 중절, 즉 화·불화의 다른 것이 있기 마련이다. 물에 감하고 동하는 것이 오직 칠정만이 그렇겠는가? 사단도 마찬가지이다. 예컨대, 어린아이가 우물에 빠져드려 할 때 그 일에 감응하는 것은 사단에도 있다. 즉 인의의 이(理)가 안에 있기 때문에 측은한 마음이 일어난다. 그러므로 사단과 칠정도 물에 감하여 일어나는 고로 서로가 다를 바 없다. 퇴계는 사단의 발원처가 바로 인·의·예·지의 성에서 발한다고 하였다. 그렇다면 나는 사단뿐만 아니라 칠정도 인·의·예·지에서 발한다고 하겠다. 그렇지 않는다면 왜 정을 성(性)의 발이라 하였겠는가? 그리고 내가 보기에, 퇴계는 사단·칠정을 대립시키고, 발원처가 다르고 상태와 결과에서 다르다고 하였다. 나는 퇴계가 사단과 칠정에서 발원처를 다르게 보는 관점을 절대 허용할 수 없다. 고봉이 주장하는 발은 인간행위에서 일어나는 그러한 발이 아니다. 실제로 인간의 감정도 기(氣) 운동 이외는 아니라고 보았다. 그래서 그의 선악은 기작용의 과불급이 없는 경우가 선(善)이다. 기의 과불급(過不及)일 때는 이것이 바로 악(惡)이 된다. 이(理)의 본체가 선이라든가 선의 일부가 이(理)의 본체라고 하는 말은 정확히 따지고 보면 기작용(氣作用)에 불과한 것이다. 그러므로 그는 사단과 칠정을 모두 정이 되는 논리로 적용하였던 것이다. 그리고 고봉의 논리로서 본다면, 퇴계의 방식대로 사단과 칠정의 정을 나누어 말하면 서로 다른 두 개의 정이 되고 사단의 선과 칠정의 선악은 선이 또 다른 두 개의 선이 되지 않고 무엇이 되겠는가라고 하면서 반박하였다.

2) 퇴계 이기이원론의 구조

퇴계는 자신의 이기문제를 이해하려면 사사로운 일변의 관념을 배제하고 전체를 포괄하는 이중적 구조로 보아야 한다고 주장하였다. 그가 주장한 말은 다음과 같다.

> "일변 설만을 고집하고 다른 일변을 폐지한다면 조화의 묘에 통달하지 못한다."(『퇴계문집』, 「권14, 답 우경선, 문목」)

퇴계가 주장하고 있는 철학적 사유구조는 합·분, 분개·혼륜, 가로·세로 간에 서로 비교하고, 모두 두루 기울지 않을 때 편견과 집착에서 벗어나고 사고의 양면성에 머물 수 있다고 강조하였다. 이 점을 고려하여 우리는 퇴계의 이기관계의 여러 비교 중 분개간·이상간·혼륜간의 세 가지 방법으로 제한하고 요약하고자 한다.

분개간(分開看)의 논리 ✍

분개간에서 이기(理氣)의 구조는 이선기후(理先氣後)의 논리가 적용된다. 이것은 이에 초월성과 보편성이 부여되어 이를 우위에 두고, 기를 하위로 보는 견해이다. 따라서 이는 형이상으로 현상의 모든 형기를 초월해 있으며, 기는 천차만별이며 기품이 만 가지로 분수되는 형기이며 형질이다. 그래서 퇴계는 주자의 학설을 계승하여, "기(氣)가 있기 전에 이미 이(理)가 먼저 있었다."는 이선 기후를 강조한다. 그리고 그는 인성론에서도 천리와 인욕 중에 천리를 강조하여 이와 기는 서로 섞일 수 없다(理氣不相雜)고 주장하였으며 자신의 이기이원론(理氣二元論)을 이루는 철학적 구조에서 소이연과 소당연의 발원처가 각각 같지 않다는 주장(所從來不同說)에서도 극명하게 예증되는 것이다.

이상간(理上看)의 논리 ✍

퇴계의 이원론철학을 이루는 골격이 바로 이(理)이다. 이는 지극히 허하나 그것은 지극히 없어 보이지만 지극히 있게 하는 조리이고, 움직이는 것같이 보이지만 움직임을 볼 수 없고, 고요하지만 고정된 상태가 아니고, 순결하고 맑음으로 한 터럭도 보탤 수 없고, 감소하지 않으니 능히 본체로서 음양오행의 유일한 원리가 되며 만사만물을 운동하게 하는 근거가된다. 그것을 그는 아래와 같이 말한다.

> "이것은 지극히 허령해 보이지만 지극히 실하고, 지극히 형체가 없어 보이나 지극히 존재해 있고, 움직이나 그 움직임을 볼 수 없고, 고요하나 그 고요함을 볼 수 없어 순결하고 맑으며 여기에 한 터럭도 보태지 못하고, 한 터럭을 감소하지 못함으로 능히 음양·오행·만물·만사의 근본이 되며, 그 자체는 음양·오행·만물·만사에 얽매임이 없다."(『퇴계집』, 「답기명언, 제2서」)

그러므로 이(理)를 이상간에서 보면 시공을 초월해 있는 초월사이며 음양·오행, 만사·만물에 자유자재해 있음으로 얽매임이 없어 그를 규정하여 불유자(不囿者)라고 하였다.

혼륜간(渾淪看)의 논리 ✍

퇴계는 이기를 합하여 말하기를 혼륜간에서 본다고 하고, 주자는 물을 위주로 봄(物上看)이라고 명명했다. 이것은 대상을 근거로 해서 말하기 때문에, 퇴계는 이는 기에 내재해 있다고 하였다. 현상계의 삼라만상은 모두 형기를 이루고 있지만, 이 형기를 분수(分殊)하게 하는 내재적 요인이 바로 이(理)라는 것이다.

따라서 이(理)는 기(器)의 조리로서 기(器)마다 분수의 이(理)를 필연적으로 가진다. 그래서 이 이는 하나이면서 둘이고(一而二), 둘이면서 하나인(二而一) 이치를 갖게 되는 것이다. 이것은 현상의 기를 위주로 한 질료에서의 이(理)의 역할이다. 이 이의 역할로써 기에 내재한 혼륜간의 역할을 퇴계는 분명히 천명하고 있다.

> "이(理) 없는 기(氣)는 없고, 기 없는 이는 없다."(『퇴계집』, 「답기명언, 제1서」)
> "이는 기에 내재한다. 이 기가 없으면 이는 의존할 곳이 없다."(『주자어류』, 「이기상」)
> "이는 한번도 기를 떠난 적이 없다."(『상게서』, 「이기상」)
> "비록 이기가 이물이기는 하나 그 형체는 하나이다."(『퇴계선생문집』, 「권32, 판12」)

혼륜간에서 이(理)의 정체는 "기에 내재해 있다."(『도산전서』), 즉 이는 기 중에 있다. 그러므로 이는 기의 조리가 되며, 그 조리는 각 기(器)마다 운동하게 하는 소이연의 이(理)이다. 다시 말해서, 현상의 모든 사물에 각각 부여된 이를 각자 갖추어진 이라고 한다. 이러한 기 중에 내재된 이는 이기의 선후가 없다. 이것은 만물·만사에 내재하는 조리로서 존재를 존재케 하는 역할을 담당하며, 현상계의 질량·감각·유무·시간·공간을 초월해 있으면서 지극히 허하나 지극히 실하고, 지무(至無)하나 지유(至有)한 것이라고 하였다.

5. 기(氣) 속에 이(理)를 포섭시키는 율곡 철학

1) 이발(理發)을 부정하고 이기묘합(理氣妙合)을 주장

주자에 의해 집대성된 중국 송대의 이학은 13세기부터 조선조에 도입되었다. 이 이학을 계승한 퇴계는 자신을 중심으로 한 퇴계학파(영남학파)와 율곡(1536−1584)을 중심으로 한 율곡학파(기호학파)가 형성되어 한국 성리학의 쌍 맥을 이루는 대공적이라고 할 수 있겠다.

주자는 태극을 이(理)로 보고 음양을 기(氣)로 간주하였으며 이(理)는 물(物)을 생하게 하는 근본으로 형이상의 도(道)이다. 기(氣)는 형기로써 형이하의 기(器)이다. 천지와 만물은 이와 기의 혼합체이다. 이와 관련하여, 주자는 다음과 같이 이와 기의 연관성을 더욱 확실하게 언급해 준다.

> "물상간에서 보면, 이물(二物)은 혼륜하여 분개할 수 없고, 각 일처에 있어도 서로 해치지 않으며 이물은 각 일물이 된다."(『주자대전, 권46』,「답유숙문」)

주자는 이기의 연관성을 물상간에서는 나눌 수도 없고 혹은 서로 떠날 수도 없고, 이기는 선후가 없다고 설파한다. 그리고 그것이 이상간에서는 기보다는 이에 치중하여 이를 본체로 규정하고, 이기를 둘로 나누어 결코 두 가지 존재로 보았다. 그러나 율곡은 위와 같은 주자의 이기관을 바로 계승하여 이와 기의 관계를 이렇게 보고 있다.

> "이(理)는 무형이요 기는 유형이며, 이(理)는 무위요 기는 유위이다. 무형
> · 무위로써 유형 · 유위를 주재하는 것이 이(理)이다. 유형 · 유위로써 무형 ·
> 무위의 기재(器材)가 되는 것은 기(氣)이다."(『율곡전서』, 「답성호원」)

무형 · 무위는 도(道)로서의 이(理)이며 이 이는 유형 · 유위의 기를 제어한다. 이러한 승재를 내재 혹은 주재라는 뜻으로 기는 이의 주재로 말미암아 발하고 생할 수 있다. 즉 율곡이 주장하는 이와 기의 관계는, 이가 기안에서 내재 혹은 주재함으로 "기는 이를 포섭함(氣包理)" 혹은 "이는 기중에 있음(理在氣中)"(『상계서, 권31』), "이와 기는 원래 서로 떠나지 못함(理氣元不相離)"(『상계서, 권10』), "이와 기는 본래 합쳐 있음(理氣本合)"(『상계서』)의 논리로 자리잡아 왔다. 그리고 주자는 이와 기의 문제를 체용관계로 설파하였다. 이의 정체는 조화의 지도리이며 품휘의 근저로서 기를 조화하는 데 지도리가 되고 근저가 되는 까닭으로 말한 것이다. 반면에, 기용(氣用)은 이체(理體)의 주재를 받아 천지를 조화하고 현상의 물질을 나눔(品彙)은 기의 작용인 것이다.

이것을 다시 분리하면, 이의 본체는 전체의 일태극으로서 이일(理一)은 본체의 이(理)이고, 이의 작용에서는 각자 하나의 태극으로서 이(理)에서 분리된 개체를 작용하게 하는 이(理)이다. 따라서 이(理)라는 것은 본체와 작용에서 볼 때는 다 같은 이(理)이다. 그러나 하나로 볼 때는, 하나를 근본으로 하는 이(一本之理)이고, 이(理)를 분수로 볼 때는 만 가지 다른 이(萬殊之理)로 되는 것이다. 그러므로 율곡도 이(理)의 본체는 조작도 없고 그것을 조작적 유행으로는 보지 않았으며 이기를 원래 서로 떠날 수 없음으로 보았다. 이는 항상 기에 승재함으로 이기의 유행은 서로 떠날

수 없는 관계에 있어야 한다고 간주하였다. 그러므로 율곡은 다음과 같이 말한다.

> "이기의 묘함은 보기도 어렵고 또 말하기도 어렵다. 이(理)의 근원은 하나
> 이고, 기의 근원도 하나이다. 기는 유행하여 그 형태가 일률적이거나 가지런
> 하지 못하다. 그런데 기는 이를 떠날 수 없고, 이는 기를 떠날 수 없다. 대저
> 이와 같은, 즉 이기는 하나(一)이다."(『율곡전서, 권10』, 「답성호원」)

율곡은 이기(理氣)관계에서 "기는 이(理)를 포섭(氣包理)"하는 논리를 제창하였으며 둘이면서 하나이고 하나이면서 둘이라는 논리로 설파하였다. 그는, 기의 유행은 질료적이어서 조작할 수 있는 자격이 부여될 수 있지만, 이의 유행은 기에 승재할 때만 허용하기 때문에 단독으로 이가 발하고 이가 동하는 것을 극구 부정하는 입장에 있었다.

그래서 율곡은 이기의 연계를 어느 쪽이든 단독으로는 용납하지 않기 때문에 이와 기의 묘함(理氣之妙)으로 나타낼 수 있었다. 이것이 율곡만이 갖는 독창성이다. 그리고 그는 이(理)와 기(氣)의 유행함을 이렇게 말한다.

> "이(理)가 단독으로 만수(萬殊)가 될 수 있을까? 기(氣)가 부재(不齊)하
> 므로 기를 타고 유행함에서 만수할 수 있을 것이다. 이가 단독으로 유행할
> 수 있을까? 기가 유행함에서 이가 기를 타는 까닭이다."(『율곡전서, 권12』,
> 「답안응휴」)

율곡 철학에 있어서 이기(理氣)의 연관(聯關)은 어느 쪽이든 떠날 수 없음에 있으며, 기가 유행함에 국한해서만 이(理)의 활동을 승인하는 것이었다. 그는 이(理) 단독으로는 만수나 유행이 불가능하다고 보아, 이발(理發) 혹은 이동(理動)을 부정하고, "기가 이를 포섭(氣包理)"하는 상황에서만 "이와 기의 묘함(理氣之妙)"을 성립시켰던 것이다.

2) 이(理)는 통하고 기(氣)가 국한되는 논리

율곡은 이(理)는 일리(一理)에 있으나 혹은 분수(分殊)에 있으나 이(理)는 동일한 보편성으로 보아 주자와 동일한 맥락을 취한다. 그러나 기는 속성에 있어서 변화와 형상으로 말미암아 이처럼 시공간의 구애 없이 보편성을 갖지 못한다는 것이다. 그러므로 율곡은 이(理)는 통하고 기는 국한된다는 이통기국설(理通氣局說)의 독창적 논리를 창안하였다. 이것을 율곡은 다음과 같이 말한다.

> "이통이라는 것은 무엇을 말하는가? 이(理)는 본래 선후가 없어서 기를 타고 유행함에는 뒤섞여 가지런하지 못함으로 이의 본연의 묘는 있지 아니함이 없다. 기의 '치우침과 온전함', '맑음과 흐림', '순수함과 잡박함', '더럽힘'에 따라 이(理)도 편전·청탁·수박·오예로 나타난다. 따라서 이기(理氣)가 합하여 모든 물이 각각의 성(性)을 이룬다. 이것은 이(理) 자체의 본연의 묘함으로 스스로 그러할 뿐이다. 이것을 '이통(理通)'이라 한다."(『상게서, 권10』, 「답성호원」)

그리고 기국(氣局: 分殊)에서는,

> "기국(氣局)이란 무엇을 말하는가? 기는 형적에 간섭되어 본말과 선후가 있다. 기의 본체는 담일하고 청허할 뿐만 아니라 그 속성에 따라 승강비양(升降飛揚)하여 쉬지 않고 변화함으로 참차부제(參差不齊)하여 만 변이 생한다. 그러므로 기는 유행에 따라 잃은 것도 있고, 잃지 않는 것도 있다. 조박외신(糟粕煨燼)한 기는 담일 청허한 기가 아니어서 이(理)의 본연의 묘가 무호부재(無乎不在)한 것과는 다르다. 이것을 기의 국한(氣局)이라 한다. 이의 통함(理通)은 천지만물이 갖는 동일한 일리(一理)이다. 기국은 천지만물이 각각 갖는 하나의 기이다. 이른바 이일분수라는 것은 이는 하나의 근본인데, 기의 가지런하지 못함으로 말미암아 깃드는 바에 따라 일리(一理)를 이루는 것이다. 이것이 분수(分殊)가 되는 까닭이다. 이(理)는 본래 하나

이다."(『상게서, 권 20』,「성학집요, 2」)

　　"기의 하나 된 근본(一本)은 이(理)가 통한 까닭이며, 이의 만수라는 것
은 기가 국한하는 까닭이다."(『율곡전서, 권10』,「여성호원」)

　　율곡이 주장하는 이(理)는 무형이고 무위이지만 각양각색의 형태가 가
지런하지 못한 기를 주재한다. 그러므로 이(理)는 통(通)하고, 기는 유형
이고 유위로 형태가 가지런하지 못해 각 개별성을 가지기 때문에 국한되
는 것이다. 율곡의 기는 개별자이고, 모든 개체를 가진 개별자는 각각 따
로따로 국한될 수밖에 없다. 이것이 바로 그가 주장하는 이통기국설(理通
氣局說)이다. 그는 이기(理氣)로써 이통기국의 시를 지어 읊었다. 이(理)
는 통함에서 물과 공기로, 형태로 가지런하지 못한 기(器)는 그릇과 병으
로 비유한다. 그는 다음과 같이 말한다.

　　"이통기국은 본체 위에서 나와야 하며, 또 본체를 떠나서 따로 유행을 구
해서도 안 된다. 사람의 성(性)이 물의 성과 다름은 기의 국한이요, 사람의
이(理)가 바로 물의 이(理)이므로 이(理)의 통(通)이다. 방원(方圓)의 기는
같지 않지만, 기(器) 속의 물은 동일하다. 대소의 병은 같지 않지만, 병 속
의 공기는 동일하다."(『율곡전서, 권10』,「여성호원」)

　　"물은 방원의 그릇을 좇고, 공기는 대소의 병을 따른다."(『상게서, 권10』,
「답 성호원, 이기영정우계도형」)

　　율곡이 주장하는 이통기국은 기가 하나의 근본이 되는 것은 이(理)의
통에 있고, 이(理)가 만수로 되는 것은 기가 국한되기 때문이다. 그러므로
이기는 본래 "이기본합(理氣本合)"(『상게서, 권10』)일 수밖에 없다. 다음
에서 그의 논의를 직접 보도록 하자.

"기가 하나의 근본이 되는 것은 이의 통에 있고, 이의 만수인 것은 기가
국한하기 때문이다. 본체 중에 유행이 갖추어져 있고, 유행 가운데 본체가
갖추어져 있다."(『상게서, 권10』, 「여성호원」)

결론적으로, 율곡에게 이통기국설은 형이상, 형이하 그리고 본체와의 유
행은 하나의 근본을 이룬다. 실제로 이기를 본래의 합으로 볼 때, 본체 중
에 유행이 갖추어지고 유행가운데 본체가 갖추어지는, 즉 구체세계는 이
기의 묘한 합으로 이루어진다는 논지이다.

제2장 한국의 불교철학

1. 보살정신에 의한 원효의 화쟁사상(和諍思想)

원효는 신라 진평왕 39년(617) 지금의 경북 경산군 자인면 불지 촌에서 태어났다. 성은 설(薛)씨이고 이름은 서당(誓幢)이다. 원효라는 이름은 불명이며, 고려 숙종 때 화쟁 국사라는 시호를 받기도 하였다. 그 당시 신라는 십문(十門)이라는 불교종파들 간에 벌어지는 이념적 갈등에서 원효는 하나로 쟁론을 합(和諍)하는 길이 없을까 하고 고민하다가 당나라로 유학할 것을 결정하였다. 전기(傳記)에 의하면, 그는 당나라에 가기 위해 총간(塚間)에서 하룻밤을 자게 되었다. 한밤중에 목이 말라 물을 찾다가 바가지에 물을 발견하고 시원하게 마시고는 다시 잠이 들었다. 이튿날 아침, 잠을 깨어 보니 간밤에 마신 물이 해골바가지에 고인물이라는 것을 알았다. 그때 일시에 구토가 일어나기 시작하였다. 원효는 이 순간 마음속에 와 닿는 것이 있었다. 그는 그것을 다음과 같이 읊었다.

"마음이 생한 즉 모든 법이 생기고, 마음이 멸한 즉 모든 법이 멸한다.
일체는 오직 마음이 만드는 것이다."

일체는 오직 마음이 만든다는 그의 심층적 자각이 바로 일체유심조(一切唯心造)이였다. 그는 더 이상 당나라에 갈 필요가 없다고 느끼고 다시 경주로 돌아왔다. 원효는 하나의 마음에 대한 자각이 그의 학문에 전환점을 가져오게 한 것이었다. 그는 일심의 자각으로 승속(僧俗)에 구애받지 않으려고 오직 무애행(無碍行)을 실천하기로 마음먹었다. 그리하여 때로는 산사에서 명상에 잠기는가 하면, 때로는 거문고를 즐기고 술집을 찾아 자유분방하게 술을 마시며 천촌만락을 뛰어다니며 춤추고 노래하는 등 어떠한 고정된 틀에 얽매지 아니하고 생사를 초월한, 그러한 자유분방한 삶을 살았다. 그 당시 요석공주와의 만남에서 아들 설총을 낳은 일도 바로 이 무렵의 일이었다. 우리는 승려로서 이런 일들을 파계(破戒)라든가 비윤리라고 지적할 수 있겠지만 그 당시의 상황을 고려해 볼 때, 그는 서민불교에서 오는 종파 간의 갈등과 형식윤리에서의 배제와 숨 막히게 죄어오는 신분제도에서 성골과 진골의 관습적인 부자유에서 벗어나 대자유인으로 평가되어야 할 것이다. 그는 모든 국민이 하나 되어 그들과 고통을 함께하고, 오직 중생을 위해 보살정신의 실현을 궁극의 목표로 삼고 귀일심원(歸一心源), 즉 일심의 삶을 철학적 요지로 삼았던 것이다. 아울러 그는 신라를 불국토로 다지기 위해 법보(경·율·논)를 거의 섭렵하고, 말년에 경주 분황사에 머물면서 99부 240권이라는 방대한 저술을 남겼다. 이들 저술들은 조선조에 거의 산실되었고 지금은 20부 22권만이 현존하고 있다. 현존하는 그의 대표적 저술은 『대승기신론소』, 『대승기신론별기』, 『금강삼매경론』, 『십문화쟁론』, 『발심문』 등이다. 원효의 저술 중 『대승기신론소·별기』와 『금강삼매경론』은 특히 철학 부분에서 신라정신과 종교적 이념을 담고 있어 화쟁사상(和諍思想)을 연구하는 데 지금까지 불교연구에 근간을 이뤄 오고 있다.

원효는 『대승기신론소』에서, 하나의 마음은 이원적 대립을 초월한 절대 둘이 될 수 없는 일심이문(一心二門)으로 주장하였고 『금강삼매경론』에서는, 하나의 마음을 일심의 근원과 삼공의 바다로 드러내고 있다. 그리고 일심은 둘이 아니면서 하나를 고집하지 않음의 논리가 바로 무이이불수일 (無二而不守一)이였다. 그는 자신의 철학구조를 일심이문에 두고 화쟁의 논리를 철저히 정립하였던 것이다. 그것을 이루는 골간은 첫째로, 자타가 분리됨을 극구 부정하는 이타정신(利他精神)에 있었고, 둘째로, 독립된 개체는 허용치 않음의 자리정신(自利精神)에 있었다. 이 두 명제가 서로 분리될 수 없다는 것(無二而不守一)을 강조하고 이것의 의도는 대승의 헌신적인 보살정신을 민중에게 깊이 뿌리내리려 하였다. 그는 철학함에서 차별적 고정관념을 떠나 사물을 있는 그대로 보고 인연에 따라 유는 무로 무는 유로 화해될 수 있다는 것이 유즉무(有即無) 무즉유(無即有)이다. 이것을 종합한 사유구조가 유무의 집착에서 떠나고 공에 안주하지 않고 공에 안주하지 않으면서 유무에 집착하지 않음(離邊而非中非中而離邊)이다. 그는, 이 하나의 마음은 원만하여 막힘이 없이 서로 상응함(圓融相即)으로 무애자재(無碍自在)하다고 논파하였다.

1) 하나의 마음에 존재하는 두개의 문(一心二門)

원효는 하나의 마음에 두 개의 문이 있음을 이렇게 말한다.

> "일심이란 무엇인가? 더러움과 깨끗함은 본래 둘이 아니고, 참과 거짓 또한 다르지 않다. 그러므로 하나라고 한다. 둘이 없는 자리에 모든 법의 중실(中實)함이 공(空)과 달라 스스로 묘하게 아는 성품을 가졌으니 이를 일컬어 마음이라고 한다."(『대승기신론소』)

그는 또 두 개의 문을 강조하는 의미에서 일심이문에는 불법이 포섭되지 않는 것이 없다고 설파하였다.

"별(別)은 이문의 뜻을 밝힌 것이고, 총(總)은 일심의 법을 드러낸 것이다. 이와 같은 일심이문(一心二門) 속에 일체의 불법이 포섭되지 않는 것이 없다. 생과 멸이 불이(不二)이고 동과 정이 무별이다. 이것을 일컬어 일심법이라 한다. 그러나 그 실상은 둘이 아니고 또 하나를 지키는 것도 아니다(無二而不守一)"(『금강삼매경론』, 「권3, 하」)

"(……)설사 이문(二門)이 별개의 체를 갖고 있지 않지만, 이문이 서로 어긋나고 통하지 않는 것은, 진여문중에는 이(理)가 포함되나 사(事)가 포함되지 않고, 생멸문중에는 사(事)가 포함되나 이(理)가 포함되지 않는다. 그러나 이문은 상호 포섭하여 한계를 나눌 수가 없다. 이로써 각각 모든 이법과 사법을 통섭하고 있기에 이문은 또한 서로 떨어질 수 없다. 총괄적으로 말하자면, 진과 속은 둘이 아니고 또 하나를 지키는 것도 아니다. 무이(無二)이기에 곧 일심이요. 불수일(不守一)이기에 체를 들어 이(二)가 된다. 이와 같기에 이것은 일컬어 일심이문이라 한다."(『상게서』)

원효 철학에서 하나인 마음의 구조는 일심이문에 있다. 그것은 곧 깨끗함과 더러움, 참과 거짓, 너와 나의 일체의 대립을 초월해 있다는 절대불이이며, 진여문과 생멸문 역시 분리할 수 없다고 주장하였다. 그리고 그는 중관과 유식에서 중관에는 공(空)이라고 주장하였고, 유식에는 유(有)이면서 불공(不空)이라고 주장하였다. 이것은 모두 한쪽으로 치우친 것들이다. 이러한 부산한 십문의 쟁론들을 화합하기 위해 원효는 모든 중생들이 일심이문으로 동귀(同歸)할 것을 강조하였다. 그러므로 원효가 주장하는 일심이문의 철학적 구조를 더 자세히 논의해보자.

일심이문에서 일심은 이문의 총상이고, 이문은 일심의 별상이다. 일심은 진리와 세속, 즉 진여문과 생멸문이 불이(不二)이기에 생긴 개념이며, 또 이문은 일심이라는 하나를 고수하지 않기에(不守一) 생긴 개념이다. 이문의 진여문과 생멸문은 하나가 아니기에 불일(不一)이다. 또 이문은 서로 포섭하기에 불이(不二)이다. 그러므로 원효는 모든 경의 논리가 한마음의 작용에 불과하다고 보았던 것이다. 즉 하나의 마음에서 펼침과 모음이 개합(開合)이고, 전개와 종합이 종요(宗要)이다. 여러 갈래 불교종파도 하나의 마음에서 개합과 종요로써 강이섭목(綱以攝目: 천짜기나 새끼줄로 서로 훑어서 꼬아버림)하는 사유방식으로 철학적 논리를 인식할 때, 갈라진 민중의 마음은 서로가 회통(會通)이 가능함을 시사하였다. 이 개합과 종요를 중점적으로 나타낸 부분이 『금강삼매경론』 머리의 대의이다. 원효는 이 대의를 다음과 같이 말했다.

> "대개 일심의 원천은 유무를 떠나서 홀로 청정하고
> 삼공(三空)의 바다는 진속을 융화하여 담연하다.
> 담연하기 때문에 둘은 융화하지만 그렇다고 하나는 아니다.
> 홀로 청정하여 양극을 떠나있지만 그렇다고 가운데는 아니다.
> 중간도 아니고 그리고 양극을 떠나고 있기 때문에,
> 유가 아닌 법이 바로 무에 사는 것도 아니고,
> 무가 아닌 상(相)이 바로 유에 살지 않는다.
> 하나가 아니면서 둘을 융화하기 때문에,
> 진이 아닌 일이 본디 속이 되지 않고,
> 속이 아닌 이(理)가 원래 진으로 되지 않는다.
> 둘은 융화하지만 그렇다고 하나는 아니기 때문에
> 진과 속은 성(性)이 성립하지 않는 곳이 없으며,
> 더러움과 깨끗함의 상이 갖추어지지 않는 곳이 없다.
> 양극을 떠나지만 그렇다고 중간은 아니기 때문에
> 유무의 법이 성립하지 않는 바가 없고,
> 시비(是非)의 의미가 미치지 않는 바가 없다.
> 그러므로 깨뜨리는 일이 없지만 깨뜨리지 않는 바가 없으며,
> 성립하지 않지만 성립하지 않는 것이 없기 때문에,
> 이치가 없는 지극한 이치, 그러하지 않는 위대한 그러함이다.
> 이것이, 즉 이 경의 대의(大意)이다."

원효는 『금강삼매경론』에서 일심을 일심지원과 삼공지해로 축약하였다. 여기에서 일심지원이 독정(獨淨)하려면 유무의 이변을 떠나야 한다. 만약, 우리가 유와 무라는 고정적 차별 관념에서 떠나지 않고 사유한다면 법의 본래적인 모습을 알지 못하며, 대상을 자기 속에 가두게 되는 것이다. 차별과 집착이 없는 일심으로 돌아간 마음에서 사유하면 비유비무(非有非無)의 구조를 갖게 된다. 즉 그는 일심지원의 구조는 유무를 떠나면서 공에 안주하지 않고, 그렇다고 공에 안주하지 않으면서 유무를 떠나는 것(離邊而非中 非中而離邊)이 되겠다. 삼공의 바다는 둘은 서로 포섭하면서 하나를 고집하지 않고, 하나를 고집하지 않고 둘을 서로 융섭하는 것(融二而不一 不一而融二)이었다. 아울러 둘이 아니면서 하나를 고수하는 것이 아니고 하나를 고수하지 않으면서 둘이 아님(無二而不守一 不守一而無二)에 있었다. 이것이 원효가 하나인 마음으로 되돌아가는 일심의 논리적 요지였다. 이것을 다시 부연하여 논의해보자면 다음과 같이 정리될 수 있겠다.

하나의 마음은, 원효가 당나라 유학 당시 총간(塚間)에서 얻은 일체유심조의 획기적인 대각, 즉 깨끗함과 더러움, 참과 거짓 그리고 중관과 유식의 쟁론에서 오는 유와 무, 너와 나, 긍정과 부정 그리고 철학적 관점에서 오는 진여와 생멸에서 오는 진과 속, 본질과 현상, 진리와 중생의 이문(二門)을 합하여 하나의 마음으로 동귀(同歸)함이 화쟁정신(和諍精神)의 요체였다. 원효가 주장하는 일심의 지향 점은, 어떠한 이론도 그 이론에 타당성이 있음을 인정해주면서 단지 상대의 치우친 편견과 집착을 깨닫게 해 주었으며 본래의 마음, 즉 심원으로 되돌려 이문을 회통하고자 함에 있었다.

원효 철학의 논리적 구조

① 종요(宗要)와 개합(開合)의 논리

불교철학 논리들은 절대적 진리인식이나 철학적 논의에서만 국한될 것이다. 법들이 다양하고 무량무변하다는 의미를 분석하거나 전개함을 종(宗)이라 하였고, 이문(二門)은 일심에 종합되고 요약됨에서 요(要)라고 하였다. 이 종요와 개합은 동일한 의미였다. 이것을 원효는 다음과 같이 말하였다.

> "개합이 자재하고, 입파(立破)가 무애(無碍)하고, 열어도 번거롭지 않고, 합해도 좁아지지 않으며, 정립해도 무애하고, 논파해도 잃음이 없다."(『대승기신론』)

그러므로 종요의 자타(自他)라는 것은 동이(同異)의 관계에 있지만 분석 전개함에서는 같으면서 다름(同而異)이며 종합과 요약에서는 다르면서 같음(異而同)이라는 동시의 공동범주로 보아야 할 것이다. 그러므로 다름의 종은 대립과 분열이 아니고, 같음의 요는 이체이면서 동체로 보는 논리였다.

② 긍정과 부정의 공존논리

원효는 금강삼매경의 일심지원(一心之源)에서 진속을 떠나지만 공은 아니고(離邊而非中)(긍정과 부정)공은 아니지만 진속을 떠남(非中而離邊)(부정과 긍정)으로 나타났다. 삼공에서는 유·무의 둘은 융합하지만 하나 됨이 아님(融二而不一)(긍정과 부정)과 하나 됨은 아니지만 유·무의 둘은 융섭함(不一而融二)(부정과 긍정)으로 나타났다. 그리고 부숨이 없이도 부서지지 않는 것이 없고, 정립하지 않아도 정립되지 않는 것이 없음(無破而無不破, 無立而無不立)도 부정과 긍정, 긍정과 부정이 마치 직물짜기에서 실의 교차함이나 새끼 꼬기에서 서로 맞물러 꼬이는 관계와 같은 것이다. 그리고 그것은 화엄사상에서 만물일체는 연기법에 의해 서로 상즉상입(相卽相入)하는 관계와도 동일할 것이다. 그리고 그는 이치가 없는 지극한 이치이며 그렇지 않으면서도 위대한 그러함(無理之至理, 不然之大

然)으로 무리(無理)의 부정과 지리(至理)의 긍정이며 불연(不然)의 부정과 대연(大然)의 긍정은 교차배어(交叉配語)로 되어 있었다. 그리고 도장에서 양각과 음각이 공존하는 것과도 같았고 문의 개폐작용과도 같은 논리를 갖고 있었다.

　인간이 인간답게 사는 최고의 진실한 삶은 바로 깨침의 연역에 있는 것이다. 우리는 유(有)나 무(無), 보편(普遍)과 특수(特殊), 진여(眞如)와 생멸(生滅), 진리(眞理)와 세속(世俗) …… 중 하나에만 집착하고, 한편의 입장만을 고수할 때, 우리의 사유는 왜곡되고 증상만(增上慢: 최고의 법을 깨우친 체하고 오만에 가득 참)으로 흐르게 된다. 이것이 무명의 삶이다. 원효는 이러한 어리석고, 탐내고, 성냄의 무명의 삶은 하나의 마음으로 돌아갈 것을 강조하였다. 따라서 원효가 그토록 일심(一心)을 강조한 것은 바로 귀명(歸命: Namas)에 있었던 것이다. 이 귀명은 그가 불퇴전의 의지로 불법에 귀의한다는 일생의 일대 전환이었다. 그것의 마지막 종착역은 부처(佛)요, 진리(法)이며, 승가(僧)인 삼보(三寶)에 있었다. 우리가 삼보의 마음으로 돌아갈 때 우리의 상실된 마음은 회복되고 소외되고 단절된 삶은 본래의 근원에 도달하게 되는 것이다. 마음이 대상의 노예가 되었던 부자유는 비로소 하나의 세계에 영원히 정착되고 안주하게 되는 것이다. 그리하여 원효는, 하나의 마음으로 돌아감과 우리가 무엇을 위해 사는가에 무척 고민한 것 같다. 원효에 의하면, 하나인 마음으로 복귀함은 삼보에 귀의함이고, 그것은 오직 이익중생을 위한 보살정신에 있었다. 이 보살정신(菩薩精神)은 자(慈)·비(悲)·희(喜)·사(捨)의 사무량심(四無量心)에 있었다. 이는 남을 위하여 베풀어 주고, 남의 고통을 내 고통으로 여겨 제거해주며, 남이 락을 얻는 것을 즐거워하고, 남이 나로 하여금 편안한 마음을 얻도록 할 때, 하나인 마음은 소외와 갈등에서 허덕이는 현대인에게 자기 회복의 새로운 지평을 열어주게 될 것이다.

2. 지눌의 선불교과 교불교의 융회(禪敎融會)

1) 진리 속의 성자였던 지눌(知訥)

보조국사 지눌(목우자, 1158-1210)은 의종 12년(1158) 황해도 서흥군에서 아버지 학정(學正)인 정광우와 어머니 개흥군 부인 조씨 사이에서 태어났다. 그의 나이 여덟 살 되던 해(1165) 부모가 정해준 조계의 운손 종휘 선사에게 입신하게 되었다. 지눌이란 이름은 불명이다. 그는 8세에 입산하여 25세에 승선시험에 합격하였다. 그는 전남 나주 청원사에서 『6조 단경』을 읽으면서 우연히 이런 구절을 만났다.

"진여 자성이 생각을 일으켜 육근이 비록 보고 · 듣고 · 깨닫고 · 알고 있지만, 결코 만상에 물들지 않고 진여 자성은 항상 자재하다"

그는 그때 깊은 종교적 체오(體悟)에 빠져들게 되었다. 그 후 3년 뒤 하가산 보문사에서 『화엄경』을 읽고, 더욱더 불교수행에 정진하는 계기가 되었다. 그러다가 그의 나이 41세 되던 해, 드디어 지리산 상무주암에서 대각을 얻었다. 그는 다음과 같이 말한다.

"마치 어떤 사물이 가슴에 걸려, 마음은 적과 함께 있는 것 같더니, 지리산에 있을 때 생각지도 않게 『대혜보각국사 어록』 한 권을 손안에 넣게 되었다. 그 속에는, 선정은 고요한 곳에 있는 것도 아니고 시끄러운 곳에 있는 것도 아니며, 날마다 인연이 닦는 곳에 있는 것이 아니고, 사변하는 곳에도 있지 않다. 그러나 먼저 고요한 곳이나 시끄러운 곳이나 날마다 인연이 닦는 곳이나 사변하는 곳을 버리고 탐구해서는 안 된다. 만일 갑자기 눈이 열리면 비로소 그것이 집안일임을 알게 될 것이다"(『보조전서』, 「비명」)

그는 위의 대목에서 불심의 의의를 깨치고, 저절로 가슴이 트이고 거리 낌이 없었고, 적(賊)도 한자리에 있지 않는 것처럼 느끼고 당장에 마음이 편하고 즐거웠다고 독백하였다. 그는 말년에 전남 순천 송광사에서 10년 여 간 후학지도에 전념하였으며 승려단체인 수선사를 결사하여 한국불교 를 회통하는 데 전력을 다했다. 고려 희종 6년 3월 26일 그의 나이 53세 로 생을 마감하였다. 일반적으로, "한 사람의 삶을 보려면 그 사람의 마지 막 죽음을 보라"는 말이 있다. 이것은 바로 보조국사 지눌을 두고 한 말 이었다. 그의 비명에서 그의 마지막 죽음장면이 잘 나타난다. 그 내용이 이렇게 적혀 있다.

> "지눌이 타계하던 날 새벽, 그는 송광사 맑은 물에 목욕재계하고 법당에 올라 향을 피우고 제자들에게 전날과 다름없이 일문일답의 경전 문답으로 이어졌다. 그날따라 그는 죽음이 어른거림을 알고 제자들이 눈치챌까봐 무 척 긴장하였다. 멀리 앉은 한 제자가 질문을 던진다. '옛날에 유마거사가 병 을 보이셨는데, 오늘 스님께서 병을 보이시니 유마거사의 병과 같습니까? 다릅니까? 그리고 스님이 불도에서의 진실한 도인이라면 그 증거를 우리 앞에 보이시오.'라고 질문하였다. 지눌은 이 질문을 받고, 자신의 임종이 가 까워왔음을 알고 당황할 수밖에 없었다. 이것은 오직 진리세계에만 있는 질 문임을 깨닫고 지눌은 육환장을 높이 들고 법당 위에 올라 법상을 세 번 내리치고는, '일체의 모든 진리는 이 가운데 있느니라.' 하고는 법상에 앉은 채 조용히 열반에 드셨다."(『보조전서』, 「불일보조국사 비명」)

그의 열반은 1210년 3월 27일, 국사의 나이 53세였다. 그는 대오한 후 Buddha의 계율에 전신하였고, 대중과 함께 안거하여 적극적인 보살행을 실천하였다. 그는 자신의 선의지로 대립과 편견을 극복한 진리 속의 성자 였다. 그의 저술은 『권수정혜결사문』, 『계초심학인문』, 『법집별행록절요병 입수기』, 『수심결』, 『상당목』, 『법어가송』, 『선각명』, 『원돈성불론』, 『간화 결의론』, 『화엄론절요, 3권』, 『염불요문』 등이 있다. 이 가운데 『법집별행

록절요병입수기』와『계초심학입문』은 지금까지 한국불교 승가대학 필수교재로 활용되어 왔으며,『수심결』과『진심직설』은 승려뿐만 아니라 재가불자들에게도 널리 숙독되고 있다.

그의 사상을 고찰해보기 전에 먼저 지눌이 지내온 시대적 배경을 살펴볼 필요가 있다. 그 당시 19세기 고려불교는 궁중 불교, 형식 불교로 왕실과 깊은 관련을 맺고, 무신과 문신 간의 정치적 와중 속에 있었다. 그리고 불교 내부에서는 전통적 교불교와 불립문자를 표방하는 선불교와의 마찰은 구산선문을 형성할 정도로 혼란한 시기에 있었다. 지눌은 그 당시 선(禪)을 종지로 하는 편에서는 교(敎)를 배척하고, 교를 종지로 하는 편에서는 선을 헐뜯으니 선·교를 융회하고 불교를 일신(一新)하려는 것이 자신의 타고난 과업이라고 생각하였다. 그는, 범부들이 선(禪)은 불심(佛心)이요, 교(敎)는 불어(佛語)인 것을 모르고 선(禪)·교(敎)가 원수처럼 여기는 것을 보고 돈오점수(頓悟漸修)와 정혜쌍수(定慧雙修)의 회통(會通)이야말로 한국불교가 가야 할 이정표라고 여겼던 것이다.

2) 돈오점수론(頓悟漸修論)과 정혜쌍수론(定慧雙修論)

고려의 불교계는 신라 말 선교(禪敎) 양 종에서 십문으로 나뉘어져 줄곧 자기 신앙만을 고집할 때 혼란의 양상은 더욱 가중되었다. 따라서 교종은 교리연구에만 집중했으며 선종은 교리에는 무지하면서 광선(狂禪)으로 오직 마음에만 매달려 있었다. 이러한 상황에서, 그 뒤를 이어 고려 불교계를 통합하고자 노력한 이가 바로 보조국사 지눌(知訥)이었다.

지눌의 돈오점수 사상을 이해하려면 중국불교의 선사상을 거슬러 올라가지 않으면 안 된다. 왜냐하면, 선·교의 사상체계를 이룬 경전들이 모두 중국 선불교에서 절대적인 영향을 미쳐왔기 때문이다. 그러므로 선의 계통을 간략히 더듬어 본다면, 초조 달마선사 계통에서 6조 혜능(慧能, 638

-713)에서 신회(神會, 670-762)로 이어진 것이 남종선이며, 그 후 법여 (法如)에서 남인(南印)으로 도원(道圓)에서 종밀(宗密, 780-841, 화엄종 의 제5조)로 이어져 선교일치 사상이 발단하게 되었던 것이다. 이러한 중 국 선불교는 남종선의 신회가 주장하는 돈오사상과 종밀의 선교일치의 돈 오점수 사상을 지눌이 그대로 이어받게 되었다. 그중 지눌이 선교융회할 수 있었던 기반은 혜능의 『육조단경』을 선수행의 지침으로 여겼으며 이 통현의 『화엄론』, 「여래출현품」과 임제종의 종고(宗杲, 1089-1163, 대혜) 에서 간화선(看話禪)에 있는 『대혜서』에서 깊은 감명을 받은 것이 사실이 었다. 그가 주장하는 중생교화의 목적은 돈오점수로써 중생의 다수를 차 지하는 하중기근(下中機根)에 있는 사람을 인도하고, 간화선을 통해 상기 근(上機根)에 있는 사람을 참선에 몰입하도록 하려 했던 것이다. 지눌은 선의 배경과 목적을 분명하여 선을 중심으로 하여 교를 포괄하려는 데 있 었다. 그는 돈오와 점수를 이렇게 말하였다.

"문: 스님은 돈오(頓悟)와 점수(漸修) 두 문이 모두 성인의 길(千聖軌轍) 이라 하였습니다. 깨침이란 이미 돈오했다는 것입니다. 그렇다면 점 수할 필요가 어디에 있습니까? 닦음이 점수라고 한다면 무엇 때문 에 돈오라고 합니까? 돈오와 점수의 의의를 설명하여 의심이 없도 록 하여주십시오."

"답: 돈오란 범부가 미혹했을 때 사대(四大: 地, 水, 火, 風)로 몸을 삼 고, 망상으로 마음을 삼아 본성이 곧 진리임을 모르고, 영지한 자신 이 곧 부처임을 알지 못하여 마음 바깥에서 부처를 찾아 헤맨다. 그 렇지만, 이러한 범부도 선지식의 인도를 받아 바른 길에 들어가 한 생각에 빛을 돌이켜(一念廻光) 제 본성을 보면 번뇌 없는 지혜의 성품(無漏智)이 본래 스스로 갖추어져 있어 모든 부처님과 털끝만큼 도 다르지 않음을 알기 때문에 돈오라고 한다."(『수심결』)

깨침 자체는 마음이 곧 부처라는 순간의 확인이었다. 즉 범부의 어두운 마음에서 부처의 밝은 마음으로 전환하려는 일념회광(一念廻光)에 있었다. 인간의 본성은 번뇌의 허물을 벗어난 청정한 지혜를 모두 갖고 있는 것이다. 이 무루지(無漏智)를 깨닫는 찰나(頓)가 바로 돈오(頓悟)이다. 넘어진 자가 땅을 의지하여 일어나듯이 갑자기 제 본질을 알면, 제 마음과 부처의 마음이 다르지 않음을 깨닫게 된다. 이것이 바로 지눌이 주장하는 즉심즉불, 즉심시불의 돈오인 것이다. 이미 돈오하였다면 왜 다시 점수해야 하는가? 이 점을 우리는 쉽게 간과해서는 안 될 것이다. 돈오란 순간에 획득되는 것이지만, 이것은 항상 평상심에서 수행이 증상만에 흐를 때 아만과 아집으로 젖어 있는 습기로 말미암아 다시 오염되는 성질을 언제나 갖고 있는 것이다. 이러한 사태를 막기 위해 꾸준한 수행과 자기 성찰이 요구된다. 이것이 바로 점수(漸修)이다. 그는 깨침도 중요하지만 점차 닦아 가는 노력이 더 중요하다고 강조한다. 지눌은 돈오한 후에 왜 점수해야 하는가를 다음에서 강변한다.

"점수(漸修)라고 하는 것은 비록 본성이 부처와 다르지 않음을 깨달았으나 오랫동안의 습기(習氣)는 갑자기 버리기 어려움으로 깨달음에 의해 닦아 차츰 익혀 공이 이루어져서 성인의 태(胎)를 길러 오랫동안 지나 성인이 되는 것이므로 점수(漸修)라고 한다. 마치 어린애가 처음 태어났을 때 제 근(諸根)이 남과 다른 것이 없지만 그 힘이 아직 충실하지 못하기 때문에 자못 시간이 지난 뒤에야 비로소 사람구실을 하는 것과 같다.

(……)부처는 비록 동일하나 다생(多生)의 습기가 깊고, 바람은 멈췄으나 물결은 아주 천천히 멈추기 때문이고, 이치는 나타났으나 망상이 그대로 침범한다고 하는 말과 같다. 또 종고선사도, 때때로 영리한 무리들은 흔히 힘을 많이 들이지 않고 이 이치를 깨닫고 아주 쉽다는 생각이 들어 다시 닦으려 하지 않는다고 하였다. 그러나 오랜 세월이 지나도 여전히 흘러 다니면서 생사윤회를 면하지 못한다. 한번에 깨우쳤다고 하여 뒤에 닦는 일을 버리면 되겠는가? 그러므로 깨친 뒤에도 늘 비추고 살펴보아 망념이 문득

일어나거든 결코 따르지 말고, 덜고 또 덜어서 무위에 이르러서야 비로소
구경이 되는 것이니, 천하의 선지식이 깨친 뒤에 목우하는 행위도 바로 이
닦음에서 말한 것이다."(『수심결』)

그는 돈오에 입각한 점수는 정·혜를 기반으로 하여 닦아야 한다고 강
조한다. 정·혜란 바로 돈오의 성격을 밝히는 것이다. 그리고 돈오는 정·
혜를 이론적 배경으로 삼아 선·교를 일원화하는 수행방법이다. 지눌은
정·혜를 마음의 체·용으로 보아, 정은 체로, 혜는 용으로 간주하였다.
이 둘의 관계는, 체는 용을 떠날 수 없고, 용은 체를 떠날 수 없듯이 이
둘은 서로 겸수(兼修)해야 한다는 것이다. 다시 말해서, 정(定)이란 산란
한 마음을 한곳에 집중시키는 것이며 혜(慧)라는 것은 사물을 사물대로
보게 하는 사성제 8정도의 삼학덕목에 속한다. 정은 마음의 공적한 본체
이고 혜는 마음의 영지(靈知)한 작용이다. 마음의 본체와 작용이 분리할
수 없듯이 선·정도 함께 닦아 나갈 때, 즉심·즉불의 성불을 가져오게
된다. 만약, 그러하지 못할 경우 수심(修心)함에서 정(定)에만 몰입한다면
마음의 상태가 혼침하게 되고, 혜(慧)에만 치우친다면 아만에 빠져 자유
자재한 수행은 불가능하게 되며 문자에 얽매여 불성을 체득하지 못하고
산란해지게 된다. 그러므로 정과 혜를 쌍 수해야 일체를 이루는 것이다.
우리는 반드시 정(선정)·혜(반야)를 토대로 하여 수행에 정진할 때,
선·교는 반드시 융회된다는 것이다. 지눌은 정·혜를 바탕으로 하여 돈
오한 그때의 감격을 말한다.

"나는 경전을 머리에 이고 나도 모르는 사이에 감격의 눈물을 줄줄 흘렸
다"(이통현, 『화엄경』, 「여래출현품」)

이러한 감격은 다름 아닌 선교가 둘이 아닌 하나(一)라는 확신이었다.
그는 선교융회의 중요성을 다시 다음과 같이 말한다.

"부처가 입으로 말한 것이 교요, 조사가 마음으로 전한 것이 선이다. 부처와 조사의 입과 마음은 필연 어긋나지 않는 것이다. 어찌 그 근원을 궁구하지 않고 각기 익힌 데에 안주하고 망령된 논쟁으로 어찌 헛세월만 보내려 하는가?"(이통현, 『화엄론』)

사실, 선과 교는 다르지 않다. 선은 불심이고 교는 불어(교리)이다. 마음과 말씀이 분리될 수 없다는 확고부동한 원칙이 바로 지눌의 선교융회였다. 이러한 선교융회 정신은 한국불교에 있어서 더없이 찬란한 금자탑이 되었으며 이것은 한국불교 수준을 타국에 비해 한 단계 업그레이드한 중요한 업적이 되었다. 지눌이 쌓아 올린 선교융회의 불교정신은 오늘날 우리에게도 비춰지고 있지만, 미래에도 영원히 비춰지게 될 것이다.

· 저자 ·

천병준
(千昞俊)

· 약 력 ·
저자는 경북대학교 대학원 철학과에서 석박과정을 마치고, 철학박사학위
를 받았다. 현재 경북대학교에서 〈철학의 이해〉와 〈논리와 비판적 사고〉
와 〈글쓰기〉의 강의를 맡고 있다.

· 주요논저 ·
「왕부지의 내재적 기철학」
「왕부지 기철학의 본체론」
「왕부지 기철학의 내재관적 화생론」
「원시유가의 조화론」
「퇴계의 사칠 논에서 인설에 대응한 대설의 논리」
「퇴계의 성학십도에 나타난 주경의 진의」

『왕부지의 내재적 기철학』
『동양철학의 이해』(공저)

소강 등 외 다수

본 도서는 한국학술정보㈜와 저작자 간에 전송권 및 출판권 계약이 체결된 도서로서, 당사와의 계
약에 의해 이 도서를 구매한 도서관은 대학(동일 캠퍼스) 내에서 정당한 이용권자(재적학생 및 교직
원)에게 전송할 수 있는 권리를 보유하게 됩니다. 그러나 다른 지역으로의 전송과 정당한 이용권자
이외의 이용은 금지되어 있습니다.

강좌동양 철학사상

· 초판 인쇄 | 2007년 9월 10일
· 초판 발행 | 2007년 9월 10일

· 지 은 이 | 천병준
· 펴 낸 이 | 채종준
· 펴 낸 곳 | 한국학술정보㈜
경기도 파주시 교하읍 문발리 526-2
파주출판문화정보산업단지
전화 031) 908-3181(대표) · 팩스 031) 908-3189
홈페이지 http://www.kstudy.com
e-mail(출판사업부) publish@kstudy.com

· 등 록 | 제일산-115호(2000. 6. 19)
· 가 격 | 18,000원

ISBN 978-89-534-7585-4 93150 (Paper Book)
978-89-534-7586-1 98150 (e-Book)